绍兴文理学院出版基金资助

The Institution of Gifted Middle School

International Comparison
and Suggestion

英才中学制度

国际比较与借鉴

蒋洁蕾 ———— 著

ZHEJIANG UNIVERSITY PRESS
浙江大学出版社
·杭州·

图书在版编目（CIP）数据

英才中学制度：国际比较与借鉴 / 蒋洁蕾著. --杭州：
浙江大学出版社，2022.5
ISBN 978-7-308-22515-1

Ⅰ.①英… Ⅱ.①蒋… Ⅲ.①中学教育－教育研究
Ⅳ.①G632.0

中国版本图书馆CIP数据核字(2022)第061906号

英才中学制度：国际比较与借鉴
YINGCAI ZHONGXUE ZHIDU GUOJI BIJIAO YU JIEJIAN

蒋洁蕾　著

策划编辑	吴伟伟	
责任编辑	陈　翾	
责任校对	丁沛岚	
责任印制	范洪法	
封面设计	米　兰	
出版发行	浙江大学出版社	
	（杭州市天目山路148号　　邮政编码　310007）	
	（网址：http://www.zjupress.com）	
排　　版	杭州林智广告有限公司	
印　　刷	广东虎彩云印刷有限公司绍兴分公司	
开　　本	710mm×1000mm　1/16	
印　　张	20.75	
字　　数	330千	
版 印 次	2022年5月第1版　2022年5月第1次印刷	
书　　号	ISBN 978-7-308-22515-1	
定　　价	68.00元	

序

　　我的学生蒋洁蕾的专著《英才中学制度：国际比较与借鉴》即将出版，她恳请我为她的新书作序。平生第一次给人作序，我有点犹豫。一来自己是个平庸的学者，不是什么大师或名师，不能为该书的出版"增光添彩"。二是自己对该书的主题"英才教育"（或天才教育、精英教育、资优教育）没有精深的研究。由于是自己的学生，情理上难以拒绝，于是勉强答应下来。

　　序言有各种各样的写法。多数序言侧重于介绍书稿的主题或内容要旨，进而评析书稿内容的学术价值与实践意义。不过，在这里，我想换种写法：从最近十年多年，自己对英才教育这个主题的一些认识与理解、思考与探索入手，最后回到书稿本身。

　　我对天才教育的兴趣源于2005年。这年的秋天，我作为访问学者，到美国宾州印第安纳大学（IUP）学习进修半年。在这期间，我对该校图书馆收藏的教育类学术著作进行了较为系统的检索与浏览。令我吃惊的是，该校图书馆有关天才教育的学术著作十分丰富，而国内的相关研究成果却少得可怜！于是，我想尽各种办法将部分学术著作的相关章节复印下来，准备回国后好好研究一番。但令人惭愧的是，回国后诸事繁杂，注意力转移，"好好研究一番"的愿望并未实现。不过，在撰写《一个模子不适合所有的学生：差异教学的原理与实践》

（华东师大出版社，2008）时，从美国访学带回来的相关研究资料得到了利用。书中第九章的标题是"关注另类'弱势'儿童——面向天才学生的差异教学"。从严格意义上讲，这章的内容谈不上"研究"，它只是对美国天才教育的研究成果作了一些教材意义上的介绍与梳理。

2008年下半年，由我指导的比较教育专业硕士生唐璇正在考虑毕业论文的选题。带着前两年到美国做访问学者留下的对美国天才教育研究及实践先进性的深刻印象，我主动向唐璇推荐了"中美天才教育的比较及启示"这一选题。在这篇毕业论文中，唐璇从发展历史、政策文件、管理与服务机构、研究力量与成果、学习资源、培养模式、师资供给等不同角度，对中美天才教育进行了全方位的比较与分析，发现我国天才教育不论在哪个方面，都与美国存在较大的差距。美国的天才教育始于1868年密苏里州圣路易斯学校的加速教育方案，算下来至今已有150多年，而我国只有40余年的历史。在研究方面，美国天才教育研究学者众多、成果丰硕，涉及的主题十分广泛，包括：天才教育的理论基础、天才儿童关键特征及其鉴别、天才教育立法与政策建议、天才教育课程与项目开发、天才教育教学模式、天才儿童领导力与创造力培养、天才儿童社会情感发展、天才儿童人格发展与心理咨询，等等。其中，光是针对天才儿童心理与行为特点的研究，就涵盖女性天才儿童、少数民族天才儿童、贫困天才儿童、残疾天才儿童、低学业成就天才儿童、有学习障碍的天才儿童等不同类型天才儿童的特征及培养。在实践方面，美国不仅有专门的天才教育法案（如1988年的《雅各布·戴吉维斯天才学生教育法》），还颁布了K-12年级的天才教育项目标准，并且针对天才教育的师资来源，专门制定了天才教育专业的教师入职认证标准，各大学的教育学院也纷纷设立了有关天才教育的职前教师培养计划。作为对天才教育的支持，美国设有各种专门的天才教育研究机构、专业组织与协会、专业杂志，以及为家长、教师提供天才教育咨询服务的各种网站。

中美天才教育的研究与实践为何有这么大的差距？其实，中美教育研究及实践的差距并不单单体现在天才教育领域，其他许多领域、许多主题也存在类似的代际差距。其间有我们自身的一些特殊情况。比如，有些人以为，中国是社会主义国家，这种国体性质从根本上决定了我们必须把教育的"平等"或"公平"置于教育发展的首位。在这些人看来，倡导英才教育、天才教育或精英教育，背离了我国教育的政治属性。果真如此吗？难道社会主义国家就不需要英才教育、天才教育或精英教育了吗？回答这个问题，取决于我们如何界定这里所讲的"英才"或"精英"，如何理解教育所追求的"民主"与"公平"。

论及英才教育、天才教育或精英教育的合理性，就不能不提及我国的重点学校制度。20 世纪 90 年代中后期，围绕重点学校制度的存废问题，《教育参考》杂志曾组织了一场规模不大不小的学术大讨论。部分学者认为，重点学校制度有它存在的历史与现实合理性，主张继续办好重点学校，即便这种制度带来某些弊端，也不应当废除它，正确的做法是对它进行改革或改良；部分学者认为，尽管重点学校制度的产生有其历史合理性，但随着社会历史条件的变迁，重点学校制度的存在弊端日益显现，发展到现在已经是弊大于利，因而，主张逐步废除这种教育制度，并寻求制度的转型。争论双方都承认，重点学校制度的产生有它的历史合理性，主要分歧在于对其现实合理性的判断。双方争论的焦点主要有：①重点学校的举办既然是特定社会历史条件的产物，那么，改革开放多年后的今天，举办重点学校的社会历史条件是否发生了根本性的变化？如果回答是肯定的，那么，举办重点学校这项政策是否也要跟着进行必要的调整？②举办重点学校本质上是将才智优异的学生集中起来，配以最好的教育资源，用最优秀的教师去教他们，这种集中培养的方式相对于把天才儿童分散到普通学校加以融合式培养，到底哪一种培养方式更为有效？③重点学校的举办一直标榜"效率优先"，效率最终体现在精英人才的培养上。那么，重点学校是否或者究竟在多大程度上培养出了国家建设和社会发展所急需的各种人才？比如，重点高中一直引以为豪的"三高"产出（高升学率、高重点大学录取率、高竞赛获奖率），是否就能证明重点学校的"产出"是高质量的？④重点学校的举办过程，是否真正体现或践行了"因材施教"的教育理念？因材施教作为重要的教育理念，没有人能够否认它的合理性。但在实践层面上，怎样做才算是真正意义上或名副其实的"因材施教"，是一个大问题。⑤举办重点学校，是否或者在多大程度上损害教育的公平，包括教育资源配置、教育机会分配、教育竞争的公平性？从教育社会学的角度看，重点学校的举办，是否妨碍或在多大程度上妨碍了社会阶层的流动，加剧了社会阶层的固化？

围绕上述五个方面的争论，我和洁蕾多次以专题研讨的方式进行对话式探讨与交流，交流的成果以《重点高中存废的理论迷思》为题，发表在《全球教育展望》2014年第11期。这篇论文对上述五个方面的疑问作了逐一的理论分析。论文指出，在当前各种批评声音中，最有杀伤力的是：重点高中打着因材施教、为国家培育英才的口号，实际上大搞应试教育那一套；相对于办学的"高起点"（优质生源）、高投入（优质的教育资源配置），简单的"三高"产出并不能证明重点学校为国家和社会培养出了真正的精英人才。如果引入"增值评价"的理念与办法，那么，重点高中在办学质量上的"增值"效应，未必就一定高于普通的非重点学校。这表明，重点高中的举办之所以令国人失望，根本的原因不在于这种制度本身过时了、落后了，而是我们举办重点高中的理念与思路出现了方向性的错误（迎合应试教育）。就现状而言，现在谈论重点高中的废除为时尚早，我们需要的不是废除，而是改良与改进。现在最要紧的是，重点学校必须从应试教育的束缚中、从"三高"产出带来的心理满足中摆脱出来，真正按精英教育的内在规律去办学。至于重点高中的举办是否损害了教育的公平，要看具体情况，不能一概而论。比如，单以重点高中的学生绝大多数来源于社会的中上阶层，并不能证明重点高中的举办加剧了社会阶层的分化、阻碍了社会阶层的流动，因为社会阶层的分化与固化，在很大程度上是一个社会问题或政治问题。20世纪60年代，科尔曼（James S. Coleman）向美国国会提交的《关于教育机会平等的报告》（即《科尔曼报告》）发现，学生家庭背景与学业成绩具有极强的相关性，教育平等受制约于社会的经济平等。这意味着，即便废除重点学校制度，学生的学业成绩依然会有差距，而且这种差距在很大程度上是由学生出身背景的差异所导致的。当然，杨东平在博客文章《我为什么批评人大附中》中所反映的、存在于少数重点高中的那种教育垄断现象的确存在。杨东平认为，人大附中之所以"北清率"远高于其他重点高中，是由于这所学校以超常教育改革为名，申请到了一项特殊的教育政策，即：保留初中部。为了确保优质生源，该校初中部率先举办面向小学生的奥数培训，通过层层选拔与淘汰，将全市高分考生悉数招入初中部，进而为高中部源源不断地输送优质生源，这就是人大附中高考神话的秘密之所在。杨东平认为，人大附中以教育实验为名大搞特殊化，依靠特殊政策"掐尖"、垄断优质资源，用这样的方式举办重点学校明显损害了教育的公平竞争，也违背了新修订的《中华人民共和国义务教育法》。如果杨东平陈述的事实是真的，那么，人大附中的办学确有不公平竞争的嫌疑。民间流传这么一种说法，说所有那些在升学率竞争中"金光灿灿"的牛校，仅仅改变招生政策（如就近入学）就可以将它们打回原形。这个批评确实尖锐，迄今为止没有哪所重点高中的校长可以拍着胸脯说，即便实行地段招生、就近入学，他也可以通过提升教育教学质量创造"三高"的奇迹。从这一角度看，拥有优质的生源，并不是举办重点学校的"原罪"。举办重点高中作为实施英才教育、天才教育或精英教育的一种具体形式，其实施对象不可能是一群未经鉴定与选拔的原始学生群体，如果是那样的话，英才教育、天才教育或精英教育就不复存在。对我们来说，对学生是否拥有优异的潜能与禀赋进行鉴别与选拔，是实施英才教育、天才教育或精英教育的前提性条件。如果我们仅仅依据重点学校的生源是经过挑选的优质生源（比如根据中考的考分高低决定学生能否进入重点高中）这一点，就断定举办重点学校违背了教育的民主或公平原则，那么，我们就彻底否定了举办英才教育、天才教育或精英教育的必要性或可能性。从古希腊的亚里士多德到当代的罗尔斯（John B. Rawls），哲人眼中的"公平"并不总是意味着毫无差别的"同等对待"，有时则意味着"有差异的区别对待"。当代教育学者胡森指出，所谓"教育机会均等"并不是指机会的同一性（这是老的观念），新的机会均等意味着向每个儿童提供适合其个人特点的发展方式和教育机会，使每个学生都能在原有的基础上"增值"，都能最大限度地实现其内在的潜能。如此理解的教育公平，其实质就是因材施教，就是满足每个儿童不同的独特需要。因此，判断重点高中的举办是否损害了教育公平，标准不在于生源的差异，而在于学生是否实现了充分的"增值"。关于这一点，杨东平先生对人大附中的批评很少提及，这是令人遗憾的。

上述论点在洁蕾的博士学位论文《重点高中制度存废问题研究》中都有所体现与反映。有了上述这些基本观点"打底"，再回头去看20世纪90年代中期那场围绕重点学校存废问题的学术争论，就感到问题不再那么扑朔迷离、摇摆不定了。不过，洁蕾的博士学位论文不只停留在价值层面，她还试图通过历史回顾、国际比较、现状调查、理论辨析四个不同维度的研究，最终从制度层面探讨重点高中制度变革的路径选择及其可能性。在论文的最后部分，她提出了六种可能的制度变革路径，但其实最核心、最关键的还是第一条，即：继续保留重点高中制度，但要从内部对现有的重点高中制度进行深层次的改造。其思路就是：从应试教育中摆脱出来，走内涵式发展道路，不断探索和遵循精英教育的内在规律，把那些具有天赋异禀的儿童培养成民族、国家和社会真正需要的精英人才。

顺着这一思路，在洁蕾博士毕业后，我对重点高中如何走内涵式发展道路，又作了进一步的思考与探索。相关探索主要集中在两个方面：一是有感于北大社会学教授郑也夫对"精英伦理教育"的强调，对精英伦理教育的内涵及必要性作了理论性的阐释，论文发表在《湖南师范大学教育科学学报》2017年第5期。二是依据学界和前人的相关研究成果，提出在智力上受过良好教育的人的四条标准，依据这些标准质疑重点高中学生在智力上是否受到足够充分的训练，并针对重点高中学生智力训练的不足提出开设荣誉课程的对策与建议。论文发表在《教育发展研究》2021年第8期。这两篇论文的发表，在某种意义上得益于围绕洁蕾博士论文展开的那段师生互动经历。正是这段经历，让我知道哪些问题是关键问题、哪些问题是次要问、哪些问题已经得到解决、哪些问题尚未得到解决，那些尚未得到解决的关键问题，即是未来进一步努力的方向之所在。从2008年至今，围绕英才教育、天才教育或精英教育，我陆续发表了5篇论文，其中2篇是与洁蕾合作完成的，这不正是教学相长的体现吗？古人云，"学然后知不足、教然后知困"，教学可以相长，真的是千古至论！

时光过得飞快！自2016年6月洁蕾博士毕业离开上海以来，转瞬之间，不知不觉快六年了。她初为人师，承担了较为繁重的教学任务，又添了二宝，但科研上并未放松，仍在围绕博士学位论文的选题作后续研究与探索，这是让我感到比较欣慰的地方。呈现在我面前的这部书稿，实为博士学位论文第二章"重点高中制度存废的国际比较"的拓展与延伸。在研究的思路上，该书贯穿了史论结合、先"分"后"总"的方法论意识。第一至六章分别陈述了中国、德国、英国、美国、日本、韩国英才中学的发展历程、发展特征、学理争论，第七章尝试从价值层面和技术操作层面对世界各国英才中学制度的异与同、利与弊进行综合分析。在价值层面，该书重点阐述了英才中学制度及其实践所追求的公平与效率是什么，厘定了重点学校制度所应追求的人才观或精英观，指出了以追求"三高"为典型特征的现行重点高中制度及教育模式，并非真正的英才教育、天才教育或精英教育。在实践操作层面，作者从政策立法、鉴别选拔、课程设置、教学改革、师资培养和教育研究等七个方面，对世界各国如何实施英才教育、如何推动英才教育发展的国际经验作了评介。上述两个方面在一定程度上深化了博士学位论文的相关研究。

学无止境，探索无止境。在英才教育、天才教育、精英教育这个主题上，值得深挖的内容还有许多。例如，天才儿童的社会情感发展问题、低学业成绩天才儿童的发展问题、天才儿童集中培养与分散式培养孰优孰劣的问题、实施英才教育是否会加剧社会阶层的分化或阻止社会阶层的流动问题、重点学校办学质量与绩效的增值评价问题、改革开放40年来高考状元发展现状的追踪调查问题，所有这些问题都是国内现有研究鲜有涉及或虽有涉及、但研究不够深入的问题。即便是引进和介绍西方国家英才教育、天才教育、精英教育已有的研究成果与实践动向，也不能说我们现有的这类研究已经做得很充分、很全面、很完善了。国内学者对西方学者已有研究成果的引介与评述是否及时、准确，相关理解与把握是否正确、深入，都要打个大大的问号。

我希望洁蕾能围绕上述问题，在英才教育、天才教育或精英教育领域持之以恒地研究下去，拿出更多更好的研究成果来。近两年来，我对天才儿童的社会情感发展或资优生德育问题、低学业成就天才儿童的发现与培育问题产生了研究的兴趣。如果有可能，我们还可以进一步合作探究下去。

以此互勉，是为序。

夏正江

2022年4月14日于上海师范大学

前　言

　　当代国际竞争实乃人才竞争，而人才的竞争又充分表现为教育的竞争。在国际竞争日益"白热化"，中美贸易战升级以及全球"新冠"疫情持续的当下，英才培养问题显得更有时代性和战略性。英才如何培养是一个充满理论和制度张力的国际共性问题。事实上，当今世界各国对"国家实施英才教育"达成了共识。各国对于英才培养问题的关注、研究和支持日渐加强，譬如纷纷出台英才教育的政策制度，给予英才教育财政支持，探索有效的英才安置方式，开展英才教育课程教学实验，等等。众所周知，英才教育是一个涵盖幼儿园、小学、中学、大学、研究生培养的领域。英才的安置方式主要包括英才学校、英才班级以及各种英才项目。英才教育研究包含的内容和范围宏大，本书则聚焦高中阶段的英才学校制度，综合采用文献分析法和比较研究法对国际上英才教育领域具有典型性的中国、德国、英国、美国、日本、韩国的英才中学制度进行研究，探讨英才中学制度的共性与个性。英才中学制度的国际比较虽然只是英才教育研究领域的"冰山一角"，但是打开了通往高中阶段英才教育的大门，能帮助我们进一步厘清英才中学制度的价值追求和内容变革。

　　本书共分为 7 章。绪论交代了英才中学制度研究的必要性，回顾了有关英才中学制度的研究现状，界定了"英才中学"的概念以及六国英才中学的具体名称（中国重点中学、德国文理中学、英国文法中学和公学、美国学术高中、日本超级科学高中、韩国英才中学）。

第一至六章分别以中国重点中学制度、德国文理中学制度、英国文法中学制度和公学制度、美国学术高中制度、日本超级科学高中制度及韩国英才中学制度作为分析对象，围绕制度的历史嬗变、英才中学的发展特征（数量变化、培养目标、选拔方式、课程设置、办学条件、师资力量等）以及学理争论（教育公平问题、教育效率问题、考试选拔问题、英才培养质量问题等），对上述六国的英才中学制度进行纵向的历史回顾和横向的发展特征与学理争论的剖析。

第七章整体审视各国英才中学制度的共性与个性，探寻英才中学制度的价值追求、英才中学制度的内容设计。六国英才中学制度背后的共性价值逻辑是对教育效率和教育公平的追求。第一，衡量英才中学制度"教育效率"高低的根本指标是"英才中学是否真正培养出高质量的英才"。第二，英才中学制度符合差异性公平的原则，体现了"人人受适切的教育"的理念。英才中学制度不是单个政策文件，而是系统化的制度体系。基于此，我国应通过持续变革来制定和完善英才中学制度体系，具体可从英才教育政策立法、识别选拔、高阶课程开发、教学改革、师资培训、教育研究等方面来实现。

目录

1

绪 论

一、问题提出

教育除了肩负着提高国民整体素质的任务，还应当承担起为国家培养高精尖人才的重责。这是由教育的功能所决定的。教育的功能主要体现为社会功能和个体功能两方面。从社会功能来看，教育理所当然具有为国家培养各级各类人才的职责，其中显然包括精英人才。从个体功能来看，教育承担着促使个人成才和社会化的功能，由于个体差异性的客观存在，教育必然要为个体差异性的体现和发展尽可能地提供机会和平台。由此，促使优异学生的良性发展便是教育的题中应有之义。换言之，教育对英才的培育是必然的。

（一）追求卓越与优秀是人类永恒的主题

人类文明之所以能发展到今天的高度，贡献最大的是各领域的精英人物。正如美国已故文化评论家、《时代》周刊编辑威廉·亨利（William Henry）在《为精英主义辩护》（*In Defense of Elitism*）一书中所评论的那样，精英主义就是要向高标准看齐，而这个高标准并不掌握在大众手里。"我们中间有的人比其他人更出色，也就是说，更聪明，更勤奋，更博学，更能干，更难以取代。一些观念比其他观念更深刻；一些价值观比其他价值观更有生命力；一些艺术作品比其他艺术作品更具有普遍价值；一些文化比其他文化更完善，因而更值得学习研究，虽然我们不敢明说。"① 社会学者郑也夫笃信英雄史观。在他看来，"大众史观"既不能解释动物的演化，也不能解释人类的进步。动物演化遵循"差异存活"的规律：对某一物种的生存进化而言，多数成员的特征是此前环境的产物，而后随着环境的剧变，多数成员由于不能适应新的环境而被淘汰，只有少数异类才能渡过难关得以延续生命。久而久之，当年少数异类的特征变成了如今该物种多数成员的特征，这就是动物界的"适者生存"。对人类而言，虽然进化的方式与动物界有所不同（人类主要靠"文化进化"，动物主要靠"体质进化"），但二者均贯穿着"精英史观"，均有赖于物种中的少数异类。对人类而言，这个"异类"就是少数政治精英、文化精英或科技精英。郑也夫指出，他虽然不赞同帝王将相版的英雄史观，但支持以"文化科技"为支点的精英史观。②

（二）英才教育是大众文化的解毒剂

美国教育学者布鲁姆（A. Bloom）在 1987 年出版发表的《走向封闭的美国精神》（*The Closing of the American Mind*）一书中，对美国教育中充斥着的文化相对主义、历史虚无主义倾向进行了猛烈的批评。他认为，美国学校没有引导学生去接触西方历史上流传下来的那些伟大的著作和伟大的思想，反而极力去迎合社会上大众的口味与需求。在这种错误思想的影响下，教育变得越来越平庸和浅薄，越来越丧失批判性。"我们的学校，不再是产生深刻思想的摇篮。教育机构没能完成教育学生的基本任务，也不能为严肃的学习和学术的发展提供一个好的场所。我们接受错误的平等信条，拒绝普遍的优秀标准。"③ 布鲁姆的老师施特劳斯（L. Strauss）从政治哲学的视角，对现代社会日渐盛行的"大众民主"（mass democracy）作了深刻的批判。"大众民主"信奉价值多元论和文化相对论，崇尚普遍的平等，强调所有的生活方式都是合法的。在"大众民主"盛行的时代，普遍的意见、大众的口味、公共舆论占据着主导地位。其结果就是，

---

① 郭宇宽 . 精英和民粹，各有一亩三分地 [N]. 南方周末，2009-09-03.

② 郑也夫 . 吾国教育病理 [M]. 北京：中信出版社，2013：284-285.

③ 奥恩斯坦，汉金斯 . 课程：基础、原理和问题 [M]. 柯森，主译 . 南京：江苏教育出版社，2002：46.

"大众文化"泛滥，整个社会陷于集体的平庸。其典型症状如：精神生活贫乏，阅读兴趣下降，闲暇生活娱乐化、粗鄙化，生存至上，个人主义、物质主义盛行。[1]为了克服"大众民主"带来的上述弊端，施特劳斯极力主张实施"自由教育"（liberal education），并认为这种教育"永远只能是少数人的义务和特权"。[2]在施特劳斯看来，自由教育是大众文化的解毒剂，自由教育的根本目的就是引导学生去阅读人类历史上那些伟大的作品或经典著作，追求个体心智的自由与解放，帮助人们走出柏拉图意义上的"洞穴"。

（三）高中阶段是英才早期培养的摇篮

众所周知，世界范围内从未停止过对精英人才培养的探索和研究。尤其是第二次世界大战以来，各国进一步认识到精英人才的重要性，在有关研究和试验方面投入了大量的人力物力财力。21世纪以来，各国普遍采取了支持精英人才教育的政策、计划、投资支持和立法保护。[3]各国一致认为高中阶段是精英人才早期培养的摇篮并且以各种实践来落实这一认识。譬如美国的学术高中、韩国的科技高中、日本的超级科学高中、英国的资优生学院等便是对这一认知的直接回应。自"钱学森之问"成为社会领域的热门话题以来，我国国家层面对精英人才的培养给予了前所未有的重视，决心通过教育体制的全面改革，建立一体化的涵盖基础教育到高等教育的系统化的精英人才培养模式。而高中阶段便承担了精英人才早期培养的重要任务。《国务院关于基础教育改革与发展的决定》《普通高中课程方案（实验）》《国家中长期教育改革和发展规划纲要》都对高中阶段进行精英人才早期培养作出了政策上的阐述和说明（见表0-1）。地方层面也就高中阶段精英人才早期培养开展了试验。例如，北京2008年成立了北京青少年科技创新学院，实施"翱翔计划"，依托多所中学开展高中阶段创新人才早期培养的有益尝试。再如，上海也实施了普通高中学生创新素养培育实验项目，上海中学、华东师范大学第二附属中学、复旦大学附属中学、上海交通

---

[1]　周雁翎，周志刚.隐匿的对话：通识教育与自由教育的思想论争[J].教书育人（高教论坛），2012（6）：17–23.

[2]　沈文钦.自由教育与美好生活：施特劳斯学派自由教育观述评[J].北京大学教育评论，2006（1）：33–45.

[3]　叶之红.关于拔尖创新人才早期培养的基本认识[J].教育研究，2007（6）：36–42.

大学附属中学成为首批实验学校。受此影响，其他地方也开展了类似的探索和实践。如：2010 年，陕西启动了"春笋计划"，天津市启动青少年科技创新人才培养工程；2011 年，江苏省教育厅遴选 14 所普通高中创新人才培养试点学校。[①]

表 0-1 "高中阶段是英才早期培养的摇篮"的政策依据

年份	政策名称	相关阐述
2001	《国务院关于基础教育改革与发展的决定》	"有条件的普通高中可与高等学校合作，探索创新人才培养的途径。"
2003	《普通高中课程方案（实验）》	"大力推进教育创新……为造就数以亿计的高素质劳动者、数以千万计的专门人才和一大批拔尖创新人才奠定基础。"
2010	《国家中长期教育改革和发展规划纲要（2010—2020）》	"高中阶段教育是学生个性形成、自主发展的关键时期，对提高国民素质和培养创新人才具有特殊意义。……推进培养模式多样化，满足不同潜质学生的发展需要。探索发展和培养创新人才的途径。""探索贯穿各级各类教育的创新人才培养途径；鼓励高等学校联合培养拔尖创新人才；支持有条件的高中与大学、科研院所合作开展创新人才培养研究和试验，建立创新人才培养基地。"

　　另外，从各学段性质和任务的比较来看，高中阶段也应当为精英人才的脱颖而出创造条件。义务教育是面向个体的强迫教育，国家应尽可能为所有学生提供相同的教育。高等教育即使重视通识教育，其本质上还是一种专业化教育。而普通高中教育对象多是 15~18 岁的青年，这一阶段是年轻人个性和才能开始显露与获得发展的关键阶段[②]，也是学生开始分化的重要时期。对此，高中教育应当注重尽可能为不同学生提供符合其天性发展的各种教育。就那些潜能优异的学生而言，高中教育应当有所作为，为他们的脱颖而出提供适切的教育。这就要求高中承担起培养精英人才的任务。诚如一些学者所言，高中是拔尖创新人才脱颖而出的起飞基地，直接影响着我国未来科技人员队伍乃至于整个社会经济发展所需的各类专业人才队伍的质量。[③]

　　综上所述，当代国际竞争实乃人才竞争，而人才的竞争又充分表现为教育

① 郑太年，赵健.国际视野中的资优教育：拔尖创新人才培养的理论、政策与实践[M].上海：华东师范大学出版社，2012：205.

② 霍益萍.普通高中现状调研与问题讨论[M].上海：华东师范大学出版社，2010：31.

③ 霍益萍.普通高中现状调研与问题讨论[M].上海：华东师范大学出版社，2010：31.

的竞争。"英才"如何培养是一个充满理论和制度张力的国际共性问题。二战以来，各国对于英才培养问题的关注、研究和支持日渐加强，譬如纷纷出台英才教育的政策制度，给予英才教育财政支持，探索英才安置的新的方式，等等。其中，英才中学就是一种重要的安置英才的方式，一度以制度的方式被许多国家所认同，而学界对这种方式的科学性和合理性存在一定的争议。当然，不同国家对英才中学制度的认知存在差异，这就造成了重点中学制度的不同变革路径。本书以中国重点中学制度变革作为研究的出发点和落脚点，通过横向的国际比较和纵向的历史视野展现国际范围内英才中学制度的主要变革范式，为我国重点中学制度的变革提供可能的参考路径。具体来说，以我国的重点中学制度、德国文理中学制度、英国文法中学和公学制度、美国学术高中制度、日本的超级科学高中制度和韩国的英才中学制度作为研究对象，比较这些学校的产生、变化以及未来走向，从而揭示其变迁路径。通过不同变迁路径的比较，归纳英才中学制度变迁的可能策略，为我国改进重点中学制度提供政策层面的建议和参考。

二、文献回顾

（一）回溯重点学校制度

这类研究回顾了我国重点学校制度的发展历史，并从不同的角度分析了制度嬗变的诱因。典型文献如《公平与效率的二重协奏：以改革开放以来"重点学校"政策的变迁为线索》[1]《重点学校政策的嬗变及启示》[2] 等。前者从公平与效率的视角切入分析重点学校政策的具体嬗变，即办重点学校意味着对效率优先的追求，而淡化甚至废除重点学校政策则是对教育公平的回应。后者则回顾了我国重点学校政策的诞生、停滞、复兴、退出四个嬗变阶段，在这一嬗变过程中政府的公共责任也在不断地重新定位和厘清。除此之外，类似研究还有《我国义

---

① 胡金木.公平与效率的二重协奏：以改革开放以来"重点学校"政策的变迁为线索 [J]. 中国教育学刊，2009（2）：10-13.
② 徐菁菁.重点学校政策的嬗变及启示 [J]. 教育研究与实验，2014（4）：74-78.

务教育阶段重点学校制度的历史回顾及思考》①《个人利益抑或公共利益：教育改革的两难困境——从我国重点学校制度的沿革说起》② 等。

（二）坚持办好重点学校

1. 重点学校办学经验

这类研究从学校或教育局的立场出发对所开展的重点学校建设工作进行经验的总结，实则讨论了如何办重点学校的问题。譬如，《办好重点中学，加速人才培养》《我们是怎样抓重点学校工作的》《努力办好一批重点中学》《为四个现代化培养人才打好基础》《依靠市委领导，努力办好重点学校》《加强党的领导，努力办好重点中学》《关于办好重点高中的几点认识》《对重点中学再创辉煌的思考》等。③ 从中可见办好重点学校的举措有：从思想上认识到办重点学校的重要性；从办学条件上确保重点学校的优先发展（领导、师资、教学资源等优先配置等）；从教学上进行教学改革和实验以此积累成功的办学经验；等等。

2. 办重点学校的理由

这类研究一般申明了办好重点学校的主张④，并从经验或理论等层面阐述办好重点学校的种种理由。代表文献有《试谈办重点学校的几方面问题》《调整巩固提高 办好重点学校——试论重点学校的由来、作用及其发展方向》《重点学校与基础教育之内在联系论略》《重点中学存在的价值——兼议重点中学所受之非议》《应当办好重点中学》《重点中学可以休吗？》《重点中学还是要办好》等。⑤

第一，办重点学校是最有经济效益的做法。在陈韶峰看来，重点中学的教

---

① 刘远碧．我国义务教育阶段重点学校制度的历史回顾及思考 [J]．河南教育（基教版）2009（1）：4–5．
② 朱丽．个人利益抑或公共利益：教育改革的两难困境——从我国重点学校制度的沿革说起 [J]．基础教育，2009（1）：27–30．
③ 文献来源另见下文及参考文献。
④ 潘习敏在《试谈办重点学校的几方面问题》一文中表达了"重点学校不仅要办，而且要办得更好"的观点；方勋臣在《重点中学可以休吗？》中指出"重点中学不但一定要办，而且一定要办好"；罗钰润在《调整巩固提高 办好重点学校——试论重点学校的由来、作用及其发展方向》中指出"按重点的要求办好一批发展一批，再办好一批，再发展一批"；等等。参见：潘习敏．试谈办重点学校的几方面问题 [J]．内蒙古社会科学，1982（3）：27–30．罗钰润．调整巩固提高 办好重点学校：试论重点学校的由来、作用及其发展方向 [J]．黄石教师进修学院学报，1985（1）：49–53．
⑤ 文献来源另见下文及参考文献。

育效益主要体现为在短时间内培养大量的人才并且开展教育教学改革的尝试①。罗珏润认为，与教育搞平均主义相比，教育办重点学校从长远看是最有经济效益的；平均主义的做法，不仅有损教育质量，甚至连教育数量都无法保证。②

第二，办重点学校符合我国国情和教育发展的客观实际。在"又穷又急"的境况下平均分配教育资源，齐头并进势必不可能在短时间内有所成效，而办重点学校则能够在短时间内培养大量的建设人才，以此满足经济和社会建设对人才的需求。潘习敏认为，设立重点学校符合我国的国情，新中国成立初期我国实施重点学校制度是出于当时高质量专门人才的缺乏；"文革"以后我国恢复重点学校制度也是考虑到在教育资源十分短缺的情况下集中力量培养大量建设人才。③

第三，办重点学校有利于集中力量培养人才，实现快出人才、多出人才、出优秀人才的目标。傅禄建、方勖臣等从经验事实出发论证重点学校培养出了大量的精英人才。傅禄建指出："重点中学的教育实践也已证明，无论它在承担主要为国家培养高等院校合格新生的任务中，还是在学科竞赛中为国争光，德智体全面发展，或是学校教育改革中，生源投入是投得其所的，它是重点中学积累几十年的办学经验，努力开展教育改革而取得的，是我国教育改革的宝贵财富。"④方勖臣认为，在国际中学生数理化奥林匹克竞赛中，我国学生的获奖成果遥遥领先，且他们中的绝大部分来自重点中学；科技精英、高科技人才的培养，离不开重点院校的培养。重点中学以相对较低的投入，短时间内收获了较高的收益，不仅为高校培养了大量的后备人才，也为社会输送了一大批合格的劳动者。⑤

第四，办重点学校是因材施教原则在学校教育中的反映。吕晓红、傅禄建、陈少峰、方勖臣等人均用当代教育心理学的研究成果来论证重点学校存在的合

① 陈韶峰. 重点中学的存在价值：兼议重点中学所受之非议 [J]. 学校管理，1994（1）：8–9.
② 罗珏润. 调整巩固提高 办好重点学校：试论重点学校的由来、作用及其发展方向 [J]. 黄石教师进修学院学报，1985（1）：49–53.
③ 潘习敏. 试谈办重点学校的几个方面问题 [J]. 内蒙古社会科学，1982（3）：27–30.
④ 傅禄建. 应当办好重点中学 [J]. 教育参考，1996（1）.
⑤ 方勖臣. 重点中学可以休吗？[J]. 教育参考，1996（2）.

理性，指出重点学校为那些智能优异儿童提供了快速成长的平台。譬如，陈韶峰认为："重点中学的存在是'分化教学、因材施教'的需要，它与真正的教育平等并不矛盾。"[1] 方勋臣进一步指出，"教育机会均等原则也绝不意味着人人给予均等培养"[2]，而是让每个儿童的天赋得到充分发展。傅禄建指出，"人才的差异也应反映在对待人才的教育、培养上"[3]，不同的学生在能力、发展性向上均存在很大的差异，对于那些特别聪明或者学业成绩表现良好的学生应当实施特别的教育。吕晓红认为，只有对发展水平不同的学生采取不同的教育方法、教材进度以及不同的教育内容，才能使我们所培养的大批学生乃至每个学生都成为对社会、对祖国有用的人才。[4]

第五，重点学校能够对一般学校起到办学和人才培养的示范作用。傅禄建承认，由于学校条件差异以及校际关系等问题的存在，重点学校的一些教育教学改革无法广泛推广，但事实表明，"重点中学的许多成功经验，无论在学校的管理体制改革、学校的办学特色方面，还是在教学方法改革、第二课堂开展以及教育科学研究等方面，对于推动一般中学，提高教育质量整体水平起到了促进作用"。[5] 吕晓红认为，重点学校通过"以点带面"的方式带动一般学校的发展，为一般学校提供先进的教育改革经验、科学的教育管理经验、各个学科有效的教育教学方法等。

第六，国际上存在培养智力、能力较好学生的"重点中学"。吕晓红指出，埃及有模范学校、实验学校、天才学校，美国也有英才寄宿制学校。[6] 傅禄建认为："创办重点中学并不只是我国在特定条件下的特有措施，在世界范围内，它是为智力、能力较好学生发展服务的学校，当然，也具有为所在国家培养各自所需要的优秀人才服务的性质。因此，只要有这类儿童存在，只要国家需要尽

---

① 陈韶峰 . 重点中学的存在价值：兼议重点中学所受之非议 [J]. 学校管理，1994（1）：8-9.
② 方勋臣 . 重点中学可以休吗？[J]. 教育参考，1996（2）.
③ 傅禄建 . 应当办好重点中学 [J]. 教育参考，1996（1）.
④ 吕晓红 . 重点学校与基础教育之内在联系论略 [J]. 教育评论，1988（1）：36-39.
⑤ 傅禄建 . 应当办好重点中学 [J]. 教育参考，1996（1）.
⑥ 吕晓红 . 重点学校与基础教育之内在联系论略 [J]. 教育评论，1988（1）：36-39.

快地培养优秀人才，它就有存在的必要。"①

第七，办重点中学是社会和教育分工的需要。由于社会本身需要适度分工，这就要求教育也具有分工的特征。对此，重点中学与一般中学在双重任务（一是为高等院校输送人才；二是为社会培养大量的优秀后备力量）中有所侧重地选择，是教育分工在中等教育内部的一种具体化的表现，根本目的是更好地完成双重任务。

第八，办重点中学体现了能力公平。高智能儿童是客观存在的，对这些儿童进行特别培育，乃是开掘人才资源中的"富矿"②；重点学校承担着英才培育的重责③，是"英才奠定坚实基础的摇篮"④。另外，重点中学整体上按照学业能力大小选拔学生。在优质教育资源有限的情况下，相较于按照家庭出身、社会地位、就近入学等方式分配优质资源，按照能力大小分配是最为公平的，在分数面前人人平等，保证了人人能够通过考试和能力大小的竞争进入重点中学，尤其是那些家庭经济困难或处于社会弱势地位的学生能够通过勤奋努力改变命运。何雪莲认为，重点学校对于草根学生来说是最不花哨、最可能指望的公平形式，凭借自身的稳扎稳打和天资勤奋，草根学生能够完成"变身"，考上重点学校以此改变自身的命运。⑤

（三）主张废除重点学校

20世纪90年代以来，主张废除重点学校制度的文献渐多，这类研究立足于重点学校在办学过程中存在的种种弊端，从不同视角表达了坚决废除的主张。代表论文有《"重点校"政策可以休矣》《再论"重点校"政策可以休矣》《三论"重点校"政策可以休矣》《重点校政策的病理剖析》《"重点学校"及其政策理应成为历史——兼与方勋臣同志商榷》《"重点学校"的消亡与"特色学校"的回归——与傅禄建同志商榷》《精英主义教育体制与重点学校》《重新审视重点

---

① 傅禄建.应当办好重点中学 [J].教育参考，1996（1）.
② 傅禄建.应当办好重点中学 [J].教育参考，1996（1）.
③ 吕晓红.重点学校与基础教育之内在联系论略 [J].教育评论，1988（1）：36–39.
④ 吕晓红.重点学校与基础教育之内在联系论略 [J].教育评论，1988（1）：36–39.
⑤ 何雪莲.重点学校：从理念回归常识——与杨东平教授商榷 [J].教育科学研究，2010（6）：20–23.

学校制度》《告别重点学校》《取消重点学校制度具有可行性吗？》《该不该取消
"重点学校"？》《基础教育"重点校"政策分析》《基础教阶段重点学校制度对
我国教育公平的影响》《重点学校制度的社会学再批判》《从政策到现实：就近入
学新政如何落地关键是能否破除重点学校制》等等。① 按照不同视角，可将已有
文献分为以下几类。

1. 重点学校损害教育公平

这类研究基于损害教育公平的视角表达废除重点学校制度的主张，阐述了
重点学校制度所造成的校际资源配置、学生教育机会和教育质量等方面的不公
平。譬如，杨东平的《重新审视重点学校制度》《告别重点学校》《该不该取消
"重点学校"》《取消重点学校制度具有可行性吗？》等文章均是从教育公平的视
角来看待重点学校制度的反教育性和不合理性。概言之，重点学校在教育资源
的配置、学生受教育机会、教育竞争方面均造成了不公平，其反教育性已经暴
露无遗并让人深恶痛绝，应当坚决废除重点学校。持同样观点的还有王善迈、
王香丽。王善迈的《基础教育"重点校"政策分析》阐述了重点学校制度所造成
的不利影响，具体表现为人为扩大了城乡间、学校间在资源配置和教育质量上
的差距，导致了教育公平的缺失，导致了群体间入学机会不公平。他由此建议，
从制度入手，推进教育管理制度、人事制度、财政制度改革，缩小校际差别，
逐步取消"重点校"政策。② 王香丽指出，重点学校制度造成了教育资源分配的
不均衡，拉开了不同阶层子女接受教育机会的差距（即重点学校制度有利于优

---

① 参见：钟启泉．"重点校"政策可以休矣 [J]．教育参考，1996（1）．钟启泉．再论"重点校"政策可以休
矣 [J]．教育参考，1996（3）．钟启泉．三论"重点校"政策可以休矣 [J]．教育参考，1996（4）．邓志伟．重点
校政策的病理剖析 [J]．教育参考，1996（4）．张炳元．"重点学校"及其政策理应成为历史：兼与方勉臣同
志商榷 [J]．教育参考，1996（5）．张华．"重点学校"的消亡与"特色学校"的回归：与傅禄建同志商榷 [J]．
教育参考，1996（2）．金生鈜．精英主义教育体制与重点学校 [J]．教育研究与实验，2000（4）：18–21．杨东平．重
新审视重点学校制度 [J]．群言，2005（4）：20–24．杨东平．告别重点学校 [J]．南风窗，2005（7上）：33–35．
杨东平．取消重点学校制度具有可行性吗？[M]// 杨东平．杨东平教育随笔：教育需要一场革命．上海：上海
人民出版社，2007．杨东平．该不该取消"重点学校"？[M]// 杨东平．有多少状元能够真正成才．南京：南
京师范大学出版社，2010．王善迈．基础教育"重点校"政策分析 [J]．教育研究，2008（3）：64–66，89．王香
丽．基础教育阶段重点学校制度对我国教育公平的影响 [J]．教育评论，2010（6）：3–6．屈廖健，贺证栋．重
点学校制度的社会学再批判 [J]．江苏教育学院学报（社会科学），2011（2）：4–6．杨东平．从政策到现实：就
近入学新政如何落地关键是能否破除重点学校制 [J]．基础教育改革动态，2014（7）：25．
② 王善迈．基础教育"重点校"政策分析 [J]．教育研究，2008（3）：64–66，89．

势阶层子女就读），不利于城乡子女接受优质教育的机会均等（重点学校的城乡分布的不均衡不利于农村家庭的孩子接受优质教育）。她认为，在"教育公平"成为主要价值取向的背景下，应当尽快取消重点学校制度，出台更多的补偿性举措，尽量减少家庭背景所造成的学生入学机会的不公平。[①]

2. 重点学校固化社会阶层

这类研究认为，不同社会阶层就读重点学校的机会是有差异的，重点学校有利于社会优势阶层就读。譬如，屈廖健和贺绍栋的《重点学校制度的社会学再批判》从社会学的角度批判了重点学校制度，认为其阻碍了社会阶层的正常流动，破坏了教育公平，以损失大多数人的利益为代价，故而应当逐渐废除。[②]杨东平等人曾就高中学生的社会分层和教育机会获得进行了抽样问卷调查，研究表明，无论是在城市还是在农村，高中教育的阶层分化都十分明显，中上阶层的子女更容易进入重点中学，而中下阶层的子女则更多分布于普通中学。[③]由此，杨东平认为："重点学校制度正在成为复制和凝固社会差距的制度。"[④]

3. 重点学校秉持精英主义

这类研究认为，重点学校是精英主义的代名词，存在着严重弊病，应当加以废止。譬如，金生鈜的《精英主义教育体制与重点学校》指出了重点学校实施精英主义教育所带来的弊端，"重点学校教育的精英主义导向虽然在效率原则的指导下实现了高升学率，但对整个教育体系的发展与教育平等化是不利的"；重点学校形成了以精英主义为导向的教育选拔机制，"仅仅使所有入学的求教育者"参与教育的等级竞争中，成功的比率是既定的，而大部分将不断地被淘汰出去，成为教育的局外人"；这种等级化的体制不利于社会公民平等地接受教育和提高全民素质，故而该制度应加以改革甚至废除。[⑤]

4. 重点学校损害教育质量

这类研究分析了重点学校对教育质量的损害。譬如，逯长春的《浅谈"重点

① 王香丽.基础教育阶段重点学校制度对我国教育公平的影响 [J].教育评论，2010（6）：3-6.
② 屈廖健，贺绍栋.重点学校制度的社会学再批判 [J].江苏教育学院学报（社会科学），2011（2）：4-6.
③ 杨东平.中国教育公平的理想与现实 [M].北京：北京大学出版社，2006：178.
④ 杨东平.告别重点学校 [J].南风窗，2005（7上）：33-35.
⑤ 金生鈜.精英主义教育体制与重点学校 [J].教育研究与实验，2000（4）：18-21.

中学"政策对我国教育质量的长期影响》在肯定了重点学校制度在历史上的贡献及合理性的基础上，从教育环境、教育质量两方面阐述了重点学校造成的负面影响。[①] 从破坏教育环境来看，重点学校刺激了学校间办学行为的功利化，过分强化应试教育；重点学校破坏了公平竞争的教育环境，以垄断生源、师资等方式确保优秀发展以及发展效益。从有损教育质量来看，重点学校对教育改革以及受教育者的成就动机、人格素养、身体健康都存在着负面影响。基于此，逯长春认为应当立即废止重点学校政策。

5. 重点学校已不适应时代

这类研究认为重点学校存在的社会历史条件已经消失，因而重点学校的消亡是必然的。譬如，张炳元在《"重点学校"及其政策理应成为历史——兼与方勋臣同志商榷》一文中指出，重点学校是特定历史阶段的产物，"是在一定的历史条件下产生的，也将随着这种历史条件的消失而逐渐消亡"，是"为了解决教育的复兴与脆弱的经济之间的突出矛盾而用重点扶持和行政命令的方式促成的"；这些学校与自发发展起来的名牌特色学校不能混为一谈，也不等于实验学校和示范学校。[②] 随着市场经济的推进，重点学校固有的优势（主要为高升学率）受到了时代发展以及对人才需求变革的挑战，因此，重点学校终将走向消亡。

（四）改革重点学校制度

这类研究文献以批判重点学校存在的种种弊端为基点，其不同于主张废除重点学校的研究——认为与其讨论"存"与"废"，不如聚焦于如何改革重点学校，使其能够在真正意义上起到示范性的作用，培养真正的精英人才。

1. 重点学校制度调整与变革

这类研究聚焦于重点学校政策的调整，认为在义务教育阶段应当废止重点学校，但在高中阶段应当调整相关的政策以期更好地改良重点高中的办学。譬如袁振国的《论中国教育政策的转变——对我国重点中学平等与效益的个案研究》一书从教育平等与效益及其关系的视角分析重点中学与非重点中学的政策及

---

① 逯长春. 浅谈"重点中学"政策对我国教育质量的长期影响 [J]. 教育探索，2012（5）：23-25.
② 张炳元. "重点学校"及其政策理应成为历史：兼与方勋臣同志商榷 [J]. 教育参考，1996（5）.

其实践，讨论重点中学政策是否应该延续，是否需要进行必要的调整和变革。[①]
袁振国的实证研究表明，重点中学与非重点中学之间在经费、师资、设备、校
舍等方面存在的差异是确证无疑的。重点中学政策造成了基础教育阶段的不平
等。从教育效益看，重点中学的设立就是为了追求教育效益，事实上在重点中
学设立之初其教育效益是值得肯定的；但由于片面追求重点中学的办学效益，在
资源有限的条件下必然使得绝大多数的非重点中学的办学效益低下，整体上不
利于我国国民素质的提高。重点中学在发展过程中出现的片面追求升学率，过
分强调竞争等现象带来的消极影响显然是巨大的，即便在短时期内选拔出了大
量的人才，但从长远看，在过分注重应试氛围下成长起来的学生的发展潜力不
大，因此这种做法实则损害了教育的效益。在袁振国看来，教育平等与教育效
益并不必然构成对立关系，它们可能此消彼长，也可能共同提高或者两败俱伤。
因此，应该打破只有牺牲平等才能提高教育的质量和效益的思维方法，努力追
求平等水平高、效益水平也高的目标。[②]举办重点中学政策的利弊得失需要认真
严肃地进行检讨和反思。重点中学政策改革势在必行。[③]为此，袁振国提出四条
政策建议：第一，普及义务教育应该是国家公共教育政策的基础，是财政投入的
重点，应竭力予以保证；要像抓重点学校那样抓薄弱学校。第二，确立基础教育
的基准，保证基础教育所有学校的人员、经费、设备、校舍、图书等的基本条
件，保证基础教育的基本质量，每年确定一定比例的在基准线以下的学校，作
为重点改善扶持的对象；根据发展的情形，逐步提高基础教育基准线。第三，义
务教育与非义务教育脱钩，义务教育阶段坚决取消重点中学，首先保证义务教
育阶段的平等办学。第四，高中阶段的重点学校实行成本分担，并逐渐加大个
人投资份额。选择性学校逐步转变为民办学校，国家给予常规性的（许多国家
是给予公办高中相当的）投资，超出一般高中办学水准所需的经费，由学校

---

① 袁振国.论中国教育政策的转变：对我国重点中学平等与效益的个案研究 [M].广州：广东教育出版社，
1999：2.

② 袁振国.论中国教育政策的转变：对我国重点中学平等与效益的个案研究 [M].广州：广东教育出版社，
1999：108.

③ 袁振国.论中国教育政策的转变：对我国重点中学平等与效益的个案研究 [M].广州：广东教育出版社，
1999：108.

和学生自行解决。^①

再如，范国睿的《新世纪重点中学改革与发展的思考》阐述了改良重点中学的必要性以及改良的具体路径。知识经济时代创新精神和实践能力日益成为人才素质的核心。重点中学应当承担起创新人才培养的重担，故而重点中学应当立足自身进行系统化的教育教学改革。范国睿从理论上探讨了新世纪重点高中的改革，具体而言，确立新的教育目标、深化教育教学改革、走内涵发展和持续发展之路、发挥良好辐射作用。在教育目标上，以培养创新型人才为归旨；必须进行办学体制的全面改革，探索课程和教学改革的新路径、新方法；建设一支一流的师资队伍，确保重点中学发展有足够的高质量的人力资源，走教育科研创新之路；致力于良好组织文化的建设；通过向薄弱学校输出教育资源、人力资源等途径发挥重点中学的辐射作用，建设开放性的学校教育体系。^②

2. 重点中学向示范中学转型

这类研究认为，重点中学应当进行改革并向示范中学转型。譬如高金峰、杨小微的《从"倾斜"到示范——重点中学的存废之争及其超越》回顾了重点中学存废双方的主要观点，认为既然重点中学"实存名亡"的现象不可能改变，没有必要纠结于"存"与"废"的争论，而应当超越存废之争，故问题的关键应当是回答"如何办好重点中学"。在他们看来，"如何办好"的问题比"办不办"的问题更紧迫。他们提出，重点中学应当真正办成"示范性中学"。在办学理念上，重视为学生的终身发展打好基础；在办学思路上，应当坚持走内涵式发展道路，通过变革课堂教学、管理制度、学校文化等来实现内涵式发展，真正起到优质教育的示范作用。文章还提出，要对重点中学办学质量进行科学评估，建立评估的指标体系，真正促进重点中学向示范性、实验性学校转型；重点中学应与薄弱学校联合办学，发挥其在办学理念、管理制度、教育科研等方面的辐射功能；另外，媒体对重点中学的报道应关注其办学特色、改革成效上，而非仅限于其重点率、升学率和获奖率。^③再如，王蔚起的硕士学位论文《从重点中学到示范

---

① 袁振国. 论中国教育政策的转变：对我国重点中学平等与效益的个案研究 [M]. 广州：广东教育出版社，1999：111–113.

② 范国睿. 新世纪重点中学改革与发展的思考 [J]. 山东教育科研，2001（2）：33–37.

③ 高金峰，杨小微. 从"倾斜"到示范：重点中学的存废之争及其超越 [J]. 基础教育，2011（2）：55–60.

性高中的转型研究》运用文献法和例证法分析了重点中学向示范性高中转型的必然性，以及示范性高中未来的发展方向，还从办学思想、办学政策、办学行为、办学特色等方面建议转型后示范性高中的具体发展路径。①

3. 重点学校向特色学校转型

这类研究认为，重点学校应当向特色学校转型，走特色发展之路。譬如邱建军在《教育均衡发展视域下"重点学校"的反思与其转型》一文中指出，既然实际情况中是"取而不消"，那就没必要纠结于到底要不要取消，重点是应该对"重点学校"的转型进行研究。在他看来，"重点学校"应当转向"特色学校"。首先，特色学校关注学生的个性发展，即学生的全面发展；其次，特色学校以特色管理促进学校的特色发展，即开展个性化管理，打造学校品牌。②

张华主张废除重点学校，但提倡重构一种新的学校发展的范式以代替重点学校。在他看来，重点学校理应随着教育改革深入而消亡，取而代之的是特色学校的回归。③所谓特色学校，是在坚持教育公平原则的基础上，通过挖掘学校内部潜力并结合特定社区的需要而自然形成的，其本质特征是学校的个性化，其终极目的是促进人的发展与社会的发展。④张华还认为，我国的重点学校最初是作为特色学校出现的，但在发展过程中由于过于强调升学率，从而逐渐抛却了特色，因此，重点学校应当向特色学校回归。重新定位学校的发展方向，通过学校文化品牌建设，而非升学率来提升学校的特色。在特色学校的建设过程中应当从学校的理念、课程、教学、评价等方面加以落实。

靳林的硕士学位论文《重点学校的形成及未来发展建议》以贵阳市重点学校为例，探讨了重点学校的发展及其所发挥的作用、存在的问题、未来的发展走向。未来，应当在政策层面淡化重点学校，在实践层面推动重点学校的转型，建立与地方特色、社区环境、学校办学传统相结合的特色学校。⑤

------

① 王蔚起. 从重点中学到示范性高中的转型研究 [D]. 长沙：湖南师范大学，2010.
② 岳建军. 教育均衡发展视阈下"重点学校"的反思与其转型 [J]. 教育探索，2012（4）：89-91.
③ 张华. "重点学校"的消亡与"特色学校"的回归：与傅禄建同志商榷 [J]. 教育参考，1996（2）.
④ 张华. "重点学校"的消亡与"特色学校"的回归：与傅禄建同志商榷 [J]. 教育参考，1996（2）.
⑤ 靳林. 重点学校的形成及未来发展建议 [D]. 长春：东北师范大学，2007.

4. 重点学校向优质高中转型

这类研究提出了重点学校向优质高中转型的主张。譬如，束晓霞的《走向优质均衡："重点高中"的发展困境与路径选择》指出，重点高中在追求"效率优先"的背景下为国家培养了大量人才，但随着高中教育的普及化以及促进教育公平成为国家教育改革的主旋律，重点高中要依赖自身的良好底蕴回归自主，"在内涵发展、质量提升中率先成为优质高中，成为高中教育优质均衡的促进者"。[①]再如，吴颖民的《"重点学校"应向"优质教育品牌"转型》以经验总结的方式论证了那些依靠政府教育资源配置倾斜政策扶持起来的重点学校应当向优质教育品牌（民间所谓的"名校"）转型，走内涵优化发展道路，从历史的优越性中超越出来，打造自身优质品牌。具体的做法为：对内，通过优化管理体系、课程结构、教学模式等方式提升学校发展潜能；对外，通过集团化办学、扶持薄弱学校、输出优质教育资源等方式发挥学校的示范性。[②] 王后雄的《"重点学校"问题及其背后之坎》认为："经过几十年的发展，重点学校建设进入一个转型时期，除了政府要作出适当政策调整外，重点学校也应从自己履行社会伦理责任层面重新审视自身建设和发展中的问题。"[③] 文章详述了重点学校在公平与正义、示范作用与社会责任方面存在的问题，指出重点学校制度之坎表现为重点学校的实际定位与政策目标相去甚远，即实际中一些重点学校实施的是功利化的办学（考试竞争），致使重点学校教育步入了狭隘的精英主义教育之列，与重点学校政策原本所设定的目标（一是培养优秀人才；二是发挥示范性作用）背道而驰。他从制度层面和重点学校行动层面提出了跨越这道"坎"的若干建议，比如：政府应当对教育资源进行合理配置，适当合理地向薄弱学校倾斜以缩小差距；重点学校应当提高自身的社会责任意识和行动水平。"重点学校不仅要成为教育教学技术上的示范，还应当成为道德规范上的示范，把社会利益和学校共同的利益放在首位，在追求共同利益的过程中实现自身利益和示范价值。"[④] 重点学校应当走

---

① 束晓霞. 走向优质均衡："重点高中"的发展困境与路径选择 [J]. 江苏教育研究，2011（2A）：24–27.
② 吴颖民. "重点学校"应向"优质教育品牌"转型 [J]. 中小学管理，2004（3）：18–21.
③ 王后雄. "重点学校"问题及其背后之坎 [J]. 中国教育学刊，2009（8）：19–22.
④ 王后雄. "重点学校"问题及其背后之坎 [J]. 中国教育学刊，2009（8）：19–22.

"名校"的发展道路，注重对教育本真的追求，注重办学个性和学校文化的积淀，承担更多的社会责任。

（五）国外重点学校制度

国际上存在着类似于我国重点高中的学校，与本书直接相关的几类学校为德国的文理中学、英国的文法学校和公学、美国的学术高中、日本的超级科学高中和韩国的科学英才高中。

1. 德国文理中学制度

（1）关于德国文理中学学制改革的研究

周海霞的《G8 还是 G9？——德国文理中学教育制度改革之再改革》对近年来德国一些州恢复文理中学九年学制的改革的历史前情、相关争议、未来走向做了分析。[①] 该文介绍了 2003—2007 年德国将文理中学学制从魏玛共和国时期保留下来的九年改为八年的相关情况。尤其指出了实施该举措的缘由：一是缩短德国学制，以此与世界基础教育领域十二年学制相一致；二是通过学制改革优化德国中等教育的教学内容。在此基础上就德国各州 G9 转为 G8 的具体进程做了简要介绍，对该制度所引发的争论进行了概括。支持该制度的不乏知名政治家，比如德国前总理施密特（H. Schmidt）和科尔（H. Kohl）等。但反对声音更多，称该改革具有"灾难性的名声"，全德范围内有近 80% 的家长不愿让孩子上八年制文理中学。因为虽然学制缩短了，但学生的学习内容并未缩减、学业要求并未降低，由此增加了学生学习负担和学业压力。学制缩短引发了两届学生同时毕业的不利境况，加重了高等教育的负担。高中毕业生人数翻番致使同一年申请大学的人数大量增加，由此引发了连锁反应，譬如某些大学城出现一房难求、房租和房价上涨的情况。有鉴于此，近年来德国的一些州恢复了九年制文理中学。而这又一次引发了德国民众的热议。赞成恢复九年制文理中学的理由主要有：八年制文理中学造成学生学业压力过重，缩短学制使得学生尚未做好准备就脱离了学校；八年制文理中学通过强化方式压缩教学计划导致学生在学校里不得不去面对那些以他们的成熟度而言远远不足以应对的内容。反对恢复九年制文

① 周海霞 .GB 还是 G9？—德国文理中学教育制度改革之再改革 [J]. 外国中小学教育，2013（8）: 22–27.

理中学的一方则认为：八年制可确保学生提前一年上大学以及提前一年完成职业培训，可早一年开始职业生涯；另外，调查表明八年制文理中学毕业的学生成绩并不逊色于九年制毕业生。①

（2）对德国中等教育结构改革的研究

彭正梅的《分轨还是合轨：关于德国中等教育三元制的一些争论的考察》对德国中等教育三元制（文理中学、实科中学、主体中学）的发展历史和相关争论做了梳理，并阐述了三元制的成因。该文认为德国三元制在经过历次的争论和改革之后，仍然是当今德国中等教育的体制。②在历史上，德国中等教育三元制面临着种种争论，其背后反映的是人们对教育质量和教育公平的追求。当下德国中等教育三元制体现了一种务实的教育公平，不仅对优秀人才进行充分教育，同时还对资质平庸者加以培养。

（3）关于要不要废除文理中学的探讨

大体上存在两大阵营：废除派与支持派。废除派主要有德国左派党、德国社会民主党、绿党联盟、教育和科学工会等，支持派包括德国基督教民主联盟、德国自由民主党、德国教师协会等。废除派认为：其一，不同社会阶层的子女入读文理中学的机会存在显著差异。一项研究揭示，就读于文理中学的学生中50%来自德国上层社会。③德国教育和科学工会的研究表明，中产阶层中处于平均能力水平的孩子能被文理中学录取，但工人阶级的孩子通常要有相当好的学业表现才能够进入文理中学就读。文理中学选择学生的时候并不仅仅看学业表现，还看行为、背景和社会阶层。④芬德（H. Fend）的研究表明，文理中学的作

---

① 项目"Kess 12–Studie"的调查表明，在汉堡市，G8学生所取得的成绩优于G9学生。（数据来源：http：//www.spiegel.de/schulspiegel/wissen/kess–studie–zu–g8–undg9–acht–jahre–gymnasium–reichen–aus–a–869483.html）另外，从2011年开始，巴登符腾堡州的州立学校发展研究所受该州文化教育部的委托，每半年对G8学生和G9学生进行一次平行班成绩的抽样调查，结果表明，G8学生和G9学生的成绩并未呈现显著性差异。其他联邦州的调查结果也显示，两者之间在成绩上差异较小。（数据来源：http：//www.3sat.de/page/?source=/nano/gesellschaft/164082/index.html）

② 彭正梅. 分轨还是合规：关于德国中等教育三元制的一些争论的考察 [J]. 基础教育，2012（6）：112–118.

③ Ehmke et al.PISA 2003–Der Bildungsstand der Jugendlichen in Deutschland–Ergebnisse des 2[M]. NewYork：Internationalen Vergleiches，2004：244.

④ Demmer M.Arbeiterkinder müssen Superschüler sein…um nach der Grundschule aufs Gymnasium zu gehen[N]. Erziehung und Wissenschaft，2009–01–05.

用并不像人们所普遍认为的那样；家长的社会阶层而不是学校，决定了学生的人生轨迹。从文理中学毕业后进入大学，再追随他们的父母的足迹进入高薪高地位的职业领域。① 其二，文理中学并没有提高学生的学业成绩。马克斯·普朗克人类发展研究中心（the Max Planck Institute for Human Development）并不认为就读于实科学校和文理中学能够提高学生的智力。文理中学学生的标准化考试成绩高于综合学校和其他学校，这并不代表文理中学对于提高学生的学业成绩有显著的帮助。相反，一些研究指出综合学校更加注重培养学生的"独立性、团队合作能力、创造力、解决冲突的能力和开阔的心胸"，这些品质是标准化考试无法测出来的。另有研究表明，文理中学的成功是以牺牲主要学校为代价的，导致了主要学校的大灾难。②

支持派则指出，其一，文理中学是"伟大的平衡器"，帮助学生跳出不利的境地，是唯一能够让工人阶层的学生追赶上中产阶层家庭的学生的学校。其二，德国文理中学提供高质量的教育教学，是德国最好的中等教育学校。德国教师协会（the Deutscher Lehrerverband）主席克劳斯（J. Kraus）指出，德国的文理中学是世界上最好的教育机构，不应当废除。有研究指出，就读文理中学的 10 年级学生在一项标准化数学考试中的成绩高出就读综合中学的 10 年级学生一个标准差，这意味着 2~3 年的学校教育。③ 其三，文理中学符合家长多样化选择的需要，为才能和天赋突出的学生提供了发展的良好平台。德国基督教民主联盟（the Christian Democratic Union）认为应当设立多种多样的学校以供选择，文理中学便是其中一种。波法拉（R. Pofalla）（德国社会民主党总书记）指出，废除文理中学具有"平均主义"的意味，那些主张废除文理中学的人实际上忽视了学生天赋才能和需求的多样性。

---

① Fend H.Schwerer Weg nach oben : Das Elternhaus entscheidet über den Bildungserfolg–unabhängig von der Schulform[N].Die Zeit，2008–01–04.Leffers J.Gesamtschule folgenlos，bildung wird vererbt[N].Der Spiegel，2008–01–03.

② Wiarda J–M.A new class of education[N].Guardian，2009–09–21.

③ Tücke M.Psychologie in der Schule，Psychologie für die Schule : Eine themenzentrierte Einführung in die Psychologie für（zukünftige）Lehrer [M].Münster : LIT Verlag，2005 : 126–127.

2. 英国文法中学制度和公学制度

（1）文法中学制度

第一，文法中学的历史演变研究。这类研究探讨了不同历史时期文法中学的相关政策、发展情况。典型论文有《英国文法学校的历史特征及其教育启示》、《中世纪英国文法学校初探》；相关书籍有王承绪的《英国教育》，徐辉、郑继伟的《英国教育史》，易红郡的《从冲突到融合：20世纪英国中等教育政策研究》，瞿葆奎的《英国教育改革》，王承绪、徐辉的《战后英国教育研究》、祝怀新的《英国基础教育》，等等。[①] 这些文献总体上反映了英国文法中学制度的历史发展脉络，不同政党对要不要办文法中学的辩论以及文法中学的发展概况等。

第二，文法中学办学模式研究。这类研究把文法中学作为英国中等教育体制中的一类学校加以考察，讨论了文法中学的历史发展、办学特征、各政党之间的争论等。譬如，孔凡琴的博士学位论文《多维视阈下的英国高中教育办学模式研究》从精英与大众、公平与效率、普职融合三个视域来考察英国学术型、综合型、职业型三种高中的办学历史、特征、办学模式等。对学术型高中的考察涉及"二战前的精英主义教育价值取向下的文法学校和公学""二战后至20世纪80年代的大众化高中教育办学模式"，其中夹杂着英国党派和学术界对于要不要办文法中学和公学的争论。[②]

第三，文法中学的社会公平问题研究。譬如，埃德温（T. Edwards）等人的《分离但公平？学术型教育与职业教育》[③]、沃福德（G. Walford）的《私立学校：传统、变革与多样性》[④] 等著作关注了英国中等教育体制的社会公平问题，在他们看来，英国中等教育各个阶段和各类学校中广泛存在着社会公平问题，迫切需要改变这种现状。

第四，要不要继续开办文法学校的调查和争论。譬如"英国文法中学联盟"的《文法学校调查报告》就当前要不要新办文法学校开展了民意调查，考察了文

---

① 文献来源另见下文及参考文献。

② 孔凡琴. 多维视阈下的英国高中教育办学模式研究 [D]. 长春：东北师范大学，2011.

③ Edwards T.Separate But Equal? A Levels and GNVQs[M].London：Routledge，1997.

④ Walford G.Private Schooling：Tradition，Change and Diversity[M].Liverpool：Paul Chapman Publishing Ltd，1997.

法学校在促进社会流动、提升学业成绩等方面的具体效能。^① 此外，《废除文法学校：文法学校无法修复受损的教育体系》^②《文法学校之争的多样化观点》^③《文法学校之争：专家对选择性教育的支持和反对意见》^④ 等文献整体上呈现了当前英国国内在此问题上的具体观点。

（2）公学制度

国外的典型文献有《公学生活》（*Life in Public Schools*）、《公学现象》（*The Public School Phenomenon*）、《公学革命》（*The Public School Revolution*）等。沃尔福德的《公学生活》一书，有一部分从文化学和社会学的角度揭示了公学对贵族文化和贵族社会的再生产，涉及教育机会均等和就业平等等社会问题。哈迪的《公学现象》第十八、第十九部分分别讨论了公学的生存、公学与社会争议问题。约翰·雷的《公学革命》聚焦于公学改革，探讨了各方对于公学命运的观点以及公学所采取的重大改革。该书站在公学改革的立场探讨了关系公学生存的重大问题。书中将公学面临的挑战分成三部分来讨论。第一部分为1964年以前有关公学的批评性主题，包括公学的阶级性、服务贵族和精英主义取向；第二部分为1964—1979年来自政治的挑战，回顾了工党对废除公学的态度、公学委员会的调查报告等。此外，"公学对政治挑战的反应"和"公学对20世纪60年代批评性主题的反应"可谓该书的出彩之处。前者主要涉及改善公共关系、成立独立学校信息社（ISIS）、哈特斯利辩论（Hattersley Debate）以及独立学校联合委员会的作为等。后者包括调整公学的内外关系、变革预备学校、公学的学术革命等。该书具有启发意义的鲜明观点为：①面临挑战公学加快改革步伐，但其中公学引起的社会正义缺失和教育机会不均等问题依然存在；②解决教育机会不均

① ComRes.MIP Grammar Schools Poll[EB/OL]. [2021-12-25].http：//www.ngsa.org.uk/downloads/MIP_Grammar_Schools_Survey_April_2015.pdf.

② Do away with grammar schools; they won't fix our broken education system[EB/OL].（2013-12-18）[2021-12-25].http：//www.telegraph.co.uk/education/educationopinion/10524956/Do-away-with-grammar-schools-they-wont-fix-our-broken-education-system.html.

③ Opinion：The grammar school debate–An opportunity for distinctiveness?[EB/OL].（2012-01-26）[2021-12-25].http：//www.libdemvoice.org/opinion-the-grammar-school-debate-an-opportunity-for-distinctiveness-26805.html.

④ The great grammar school debate：See the experts'arguments for and against selective education[EB/OL].（2014-11-26）[2021-12-25].http：//www.buckinghamtoday.co.uk/news/more-news/the-great-grammar-school-debate-see-the-experts-arguments-for-and-against-selective-education-1-6439432.

等问题的关键并非废除公学，而在于努力改善公学的办学；③只要家长和学生对公学具有需求且公学的确对其具有吸引力，那么公学就将继续生存和发展。

国内的文献有原青林的《揭示英才教育的秘诀：英国公学研究》，其采用史论结合的方式就英国公学的产生、几次重大的变革做了详细的研究；对公学在19世纪面临挑战的时代背景、原因、改革，以及20世纪中期公学面临的现代挑战做了系统化的阐述。① 祝怀新的《英国基础教育》叙述了公学所面临的挑战以及公学的具体应对。②

3. 美国学术高中制度

这类研究主要探讨了美国的择校运动中新建立的磁石学校中以学术为特色的一些高中的办学制度。磁石学校尤其是以学术为特色的学术高中曾在美国国内得到了广泛的支持，承担着促进学校多样化、提升学校质量及学生学业水平的主要职责。但这类学术高中在建立与发展中也招致了许多人的反对。一些有关磁石学校效能的研究表明，磁石学校并没有像当时所设想的那样在提高学业成绩、促进种族融合、促进教育公平等方面有所作为。

首先，磁石学校是否有助于学生的学业成绩提高？许多研究表明，磁石学校的学生具备更高水平的学业成就。譬如，比富尔科（R. Bifulco）等比较了美国康乃迪克州那些获得磁石学校教育券且进入磁石学校就读的高中生与那些获得教育券却选择一般公立学校就读的高中生在康涅狄格学术成就测试（CAPT）中的学业成绩，结果表明前者的阅读和数学成绩更好。③ 贝茨（J. R. Betts）等比较了在美国圣地亚哥联合学区中一直就读磁石学校的高中生和那些就读2~3年后失去磁石教育券的高中生的学业成绩，结果表明，前者在加州标准化测验中的数学成绩远远高于后者。④ 一些学者研究了参与不同磁石计划的高中生的学业水平，如比较了休斯敦独立学区内105所学校参与不同磁石计划和学生的学业

---

① 原青林.揭示英才教育的秘诀：英国公学研究 [M].哈尔滨：黑龙江人民出版社，2005.

② 祝怀新.英国基础教育 [M].广州：广东教育出版社，2003：120.

③ Bifulco R, Cobb C, Bell C. Can interdistrict choice boost student achievement? The case of connecticut's interdistrict magnet school program[J].Educational Evaluation and Policy Analysis：2009（4）：323-345.

④ Betts J R, Rice L A, Zau A C, et al. Does School Choice Work? Effects on Student Integration and Achievement[M]. San Francisco：Public Policy Institute of California，2006.

成绩，发现学校内部的磁石计划、独立的磁石学校以及附加性的磁石计划都对学生的学业成绩有积极作用。[①]原因主要在于磁石学校拥有更高的生均费用、更多的资源投入、安全有序的学习环境的创设、更普遍的选拔性招生以及更多的优质教师。但也有研究认为，磁石学校在提高学生学业水平方面的作用并不大。埃斯波西托（C. L. Esposito）使用2002年教育纵向研究数据库中有关学生和学校水平的数据，比较了全国920所不同类型学校的学生学业水平，结果表明，传统公立学校的10年级和12年级学生的数学成绩均略高。因此，他认为提高学校的办学水平比改变学校类型更有助于提高学生的成绩。[②]

其次，磁石学校是否促进了种族融合？西格尔-霍利（G. Siegel-Hawley）、弗兰肯贝格（E. Frankenberg）、科布（C. D. Cobb）、彭塔（M. Q. Penta）等人的研究均表明、磁石学校有助于促进种族融合。[③]但也有一些研究者通过实证调查指出磁石学校并未促进种族融合，而是进一步固化了种族隔离。譬如米克尔森（R. A. Mickelson）和其同事指出磁石学校在维持种族多样性方面的表现并没有好于传统公立学校。磁石学校对种族融合的影响取决于所在学区的人口构成，假如一所磁石学校所在学区均以少数族裔学生为主，那么这所学校肯定是一所由少数族裔学生构成的学校，种族融合与多样性也无从谈起。[④]另有研究表明，磁石学校的种类以及所采取的招生方式等对种族隔离有一定的影响，那些更倾向于采用选拔性招生政策（学业水平、成绩等）的磁石学校比那些采用论文、面试等招生形式的学校的种族隔离程度更高。[⑤]而当下美国大部分的磁石学校在招

① Houston Independent School District.Assessment of Student Performance in Magnet Programs 2006–2007[EB/OL].[2021–12–25].http：//www.houstonisd.org/ResearchAccountability/Home/SP_Magnet/2007/Intro 2006–07.pdf.

② Esposito C L. School type and mathematics achievement：A comparison of magnet and public secondary schools using the Educational Longitudinal Study of 2002 Data Set[D]. Storrs：University of Connecticut，2010.

③ Siegel–Hawley G，Frankenberg E.Magnet school student outcomes：What the research says[EB/OL]. [2021–12–25].http：//www.prrac.org/pdf/DiversityResearchBriefNo6.pdf; Cobb C D，Bifulco R，Bell C. Evaluation of Connecticut's inter district magnet schools[EB/OL]. [2021–12–25].http：//www.education.uconn.edu/research/CEPA/assets/Final Magnet Report.pdf.Penta M Q. Comparing student performance at program magnet，year–round magnet，and mon–magnet elementary schools[J].Evaluation and Research Report，2001（1）：1–12.

④ Mickelson R A，Bottia M，Southworth S.School choice and segregation by race，class，and achievement[EB/OL].[2021–12–25].https：//nepc.colorado.edu/sites/default/files/CHOICE–08–Mickelson–FINAL–EG043008.pdf.

⑤ Frankenberg E，Siegel–Hawley G.The forgotten choice? Rethinking magnet schools in a changing landscape[EB/OL]. [2021–12–25].https：//civilrightsproject.ucla.edu/research/k–12–education/integration–and–diversity/the–forgotten–choice–rethinking–magnet–schools–in–a–changing–landscape.

生政策上是参考学业水平考试成绩，因此磁石学校在促进种族融合方面的实际效能是不高的。另外，斯乔斯（R. M. Straus）通过定量和定性的方法，对355篇有关磁石学校教育的报纸文章进行研究，结果显示，磁石学校虽然起初被视为种族融合行动的一部分，但是这种正面诉求在不断淡化；当下，磁石学校通常只作为优异学术成就的提供者而被谈及，种族融合的使命基本上被其忽视了。①

再者，磁石学校是否促进了教育公平？戴维斯（T. M. Davis）就磁石学校是否提高了少数族裔学生的入学机会进行了研究，比较了磁石学校与非磁石学校中少数族裔的入学机会。结果表明，两类学校在少数族裔学生入学机会上并无明显差异，但在荣誉班级的入学方面，磁石学校中少数族裔学生的入学机会稍高。②但据此并不能推断出"磁石学校促进教育机会公平"。另有研究表明，磁石学校通常比非磁石学校招收更少的低收入家庭学生。在一些竞争性较强的学区，存在着十分明显的"撇牛奶"（skimming milk）现象，即磁石学校从附近的非磁石学校挑走最聪明或最具有潜能的学生。还有研究者分析了8个城市学区的72所磁石学校的入学标准，发现有14所学校采取了适度或者严苛的选拔方式。另外，一项针对达拉斯8所磁石高中的调查表明，磁石学校学生的成绩显著高于所在学区的平均水平。磁石学校设置高门槛挑选优异学生，无疑让许多学生失去入学选择的机会。

4. 日本超级科学高中制度

这类研究聚焦于以下两个主题：日本建立超级科学高中制度的成因、日本超级科学高中的办学特色及效果。

其一，日本建立超级科学高中制度的成因。这可以归结为两大层面。第一层面：缘自日本经济社会发展的客观需要。20世纪90年代，受到亚洲金融危机的影响，日本经济发展速度减缓，更重要的是，日本意识到原创科学技术对于国家战略和经济增长的重要性，由此，日本国内不断强化依靠科技兴国的政策

---

① Strauss R M.Reconstructing Los Angles magnet schools : Representations in newspapers[J].Peabody Journal of Education，2004（2）：98–121.

② Davis T M. School choice and segregation : "Tracking" racial equity in magnet schools[J].Education & Urban Society，2014（4）：399–433.

制度。第二层面：缘自20世纪90年代以来日本高中多样化发展的政策导向。日本通过教育"例外措施"来实现从教育的形式平等到实质平等的转变。日本超级科学高中的建立正得益于日本高中多样化发展的政策。

其二，日本超级科学高中的办学特色及效果研究。日本文部科学省要求所有的超级科学高中都提交有关科学教育的年度发展报告。日本文部科学省每隔五年发布日本超级科学高中的调查报告，总结归纳超级科学高中的办学经验、特色，存在的不足以及下一阶段的改进措施。总体来看，日本超级科学高中的办学卓有成效，具体体现在课程、教学、配套措施等方面。比如，超级科学高中已建立各具特色的、旨在培养未来科学家的高阶的课程体系。日本通过调动社会各界的力量来提升超级科学高中办学水平，比如企业、高校、研究机构与日本超级科学高中共同研发课程、择定教学方式等。

5. 韩国科学英才高中制度

科学英才高中是韩国英才教育制度实施的一种主要方式。国内有关韩国科学英才高中的研究散见于韩国英才教育相关文献，其聚焦于以下三个问题：韩国科学英才高中创办的历史背景、韩国科学英才高中的办学特色、韩国科学英才高中办学的争议。

其一，韩国科学英才高中创办的历史背景。研究普遍认为，韩国科学英才高中是韩国为谋求科技创新、经济发展、国家综合国力提升而设置的。创建的另一背景是韩国政府针对"教育平准化"所带来的教育问题（升学率降低、人才外流、人才培养的特色不显著等）进行调整和纠偏。

其二，韩国科学英才高中的办学特色研究。研究认为，韩国科学英才高中在办学目标、课程、招生、教学方法等方面都有一定的特色。如，培养未来在理科方面有突出成就的科学家，体现了培养目标的精准化和专业化。又如，在招生方面打破常规，科学英才高中有自主招生权，通过考试、面试等方式综合选拔英才。

其三，韩国科学英才高中办学的争议研究。部分研究指出，韩国科学英才高中的存在间接导致了韩国普通家庭教育成本增加，促发了新一轮的私教竞争，造成了教育不公平。另外，科学英才高中的英才鉴别方式也受到争议。

（六）已有研究的简要评述

综上可见，在英才培养过程中，"重点中学"（不同国家对该类学校的具体称呼不尽相同）是一种国际上普遍使用的英才安置方式。不同国家提出建立重点中学的理由却有着某种相似性，一方面出于社会对英才的需求和呼唤，另一方面是出于对潜在天赋才能的尊重和开发。上述两点是重点中学存在的根本性支撑。

各国的重点中学是如何创建和发展的？上述研究作出了一定的回答，但这种回答是从某一国出发作出的阐述；已有研究尚未对不同国家的重点中学制度进行系统化比较。有鉴于此，本研究将比较不同国家的"重点中学"制度，重点考察各国"重点中学"制度的嬗变历程以及当前重点中学发展到了什么程度、有哪些具体的特征等。

三、研究对象的选择与界定

"英才中学"是指以选拔性考试作为入学标准，并集中对学业表现优异或在某方面有天赋才能的学生进行教育教学的中学。"英才中学制度"是指英才中学的组织及其管理运行规则。具体来说，英才中学制度是指各个制度制定主体（国家、地方教育局、学校等），为培养高层次高水平拔尖创新人才而出台的与人才培养相关的一系列价值规范与行为准则的总称。它包括英才儿童的定义、识别、培养和管理等有关的教育政策，也包括与英才教育/中学有关的某些法律法规和领导人讲话，还包括一些地方教育行政部门乃至某些学校的具体管理行为等。众所周知，当今国际竞争愈加表现为拔尖创新人才的竞争。英才的培养问题已成为国际共性问题，任何一个致力于国际竞争力提升的国家都把提高英才质量作为战略追求。无论是发达国家还是发展中国家，都把英才中学作为实现高质量拔尖创新人才培养的主要形式。本研究按照英才中学创办的历史、办学质量、发展特征等维度来选取国际比较对象，最终选取中国的重点中学、德国的文理中学、英国的文法中学和公学、美国的学术高中、日本的超级科学高中和韩国的科学英才高中作为研究对象，探讨上述六国的英才中学制度的历史变迁，在英才中学制度背景下英才中学的发展特征以及针对英才中学制度所引发的学术争论。以下分国别对英才中学进行界定。

（一）中国的重点中学

1.重点中学的概念界定

首先需要明确的一点是，这里所谈论的重点中学特指重点普通中学，不包括重点职业中学[①]。目前学术界存在两种有关"重点中学"的界定。

第一种观点认为，重点中学是重要的或主要的中学[②]，与其相对应的是次要的、一般的学校。该定义通过对"重点"进行词语解释，然后顺理成章地给重点中学下了定义。这一并不严格的定义初看之下有望文生义之嫌，提出该定义的研究者也并未就该定义的合理性做出辨析。但本书通过考察重点中学产生的政策文件之后，发现该定义有一定的合理性。

众所周知，我国办重点中学的初衷是集中有限的人力、物力、财力先办好一批基础好、教学质量好的学校。所谓办重点，就是我国先相应集中一批合格的教师，集中一部分财力和物力，按照办学的规模、规格和要求，把这所学校建设好、办好，建设一所办好一所成形一所，建设一批办好一批成形一批。[③]国家领导人以及教育政策文件中多次重申了上述初衷。这充分体现了中国共产党军事战争中常用的战略思想，即"集中优势兵力各个击破"。按照这一思想，学校的发展不能平均用力，而是要区别对待，先重点后一般。那么究竟哪些学校

---

① 20世纪90年代，我国掀起了评选重点高中的热潮。在我国，所谓的重点高中评比其实包括两类：一类是重点普通高中的评比，另一类是重点职业高中的评比。1990年8月16日，国家教委发布《省级重点职业高级中学的标准》，拉开了我国重点职业高中建设的序幕。与此同时，国家教委办公厅发出《关于职业高级中学开展评估认定"省级重点职业高级中学"的通知》。各省市根据该通知的精神开展了认定工作，第一批全国共认定了206所省级重点职业中学，1992年和1995年分别开展了第二批和第三批认定工作，分别认定了260所和429所。在省级重点职业高中认定的基础上，1994年，国家教委开始创办国家级重点职业中学，并制定了《国家级重点职业高级中学标准》。这一年，在学校自评，省、自治区、直辖市复评的基础上，国家教委认定了296所国家级重点职业中学。
② 靳林在其硕士学位论文中对重点学校进行了界定，原文中是这样论述的：重点学校是重要的或主要的学校。参见靳林.重点学校的形成及未来发展建议[D].长春：东北师范大学，2007：6. 由于重点高中是重点学校中面向高中生的那一类，所以这一定义也适用于界定重点高中。
③ 罗珏润.调整巩固提高 办好重点学校：试论重点学校的由来、作用及其发展方向[J].黄石教师进修学院学报，1985（1）：49-53.

有"重点"的资格呢？有的学校办学质量好，有的学校办学质量低下；有的学校培养人才的效率高，有的学校培养人才的效率低。按照当时的理解，那些办学质量好的、培养人才效率高的学校就是所谓的"主要的""重要的"学校，反之则是"次要的""一般的"学校。教育要先抓那些"主要的""重要的"学校，然后以点带面，带动一般学校的发展。

从上述分析看，最初确定的重点中学名单并非政府任意的行为，那些具有候选资格的重点中学本身应当具备较好的办学质量、较高的人才培养效率。而被确定为重点中学的学校可能是教育家自发办学形成的优秀学校，也可能是中央人民政府新举办的学校。前者经中央人民政府接管基本成为公办学校。这些学校历史悠久，具有深厚的底蕴，与当时新办的学校相比，在社会声誉、管理水平、教师质量及设备条件上更好一些。许多学校进入了1949年后确定的首批重点中学名单之中，比如天津市的南开中学、南京市的金陵中学、广州市的广雅中学和上海市的南洋模范中学等。[①] 本身的发展基础加上政府的政策扶持，确保了这些学校的快速成长。后者是由中央人民政府新举办的"重点中学"，比如典型的"县一中"。这类学校属于"强政策扶持型学校"[②]，一般一个县扶持一所重点中学，确保将成绩最优秀的学生选拔出来加以培养。

第二种观点认为，重点中学是那种得到国家政策支持并享受国家各方面资助和优待且具有高升学率的中学。持这一观点的典型代表有张华、钟启泉、王后雄等学者。张华明确指出，"重点学校"[③] 是在政策倾斜的基础上，在竞争升学率的过程中逐步形成的，其基本特征是高升学率。[④] 钟启泉认为"高升学率"是我国重点学校最基本的特征。[⑤] 王后雄认为："在我国，重点学校的特定含义主要是指在国家'有重点地'发展基础教育政策指引下，按照一定标准评估、确定

---

① 周峰，高慎英.优质学校成因及其创建路径 [J].教育科学研究，2009（4）：28-31.
② 周峰，高慎英.优质学校成因及其创建路径 [J].教育科学研究，2009（4）：28-31.
③ 重点学校、重点中学、重点高中三者是依次包含关系。重点学校包括重点小学、重点初中、重点高中甚至重点大学。重点中学则涵盖重点初中和重点高中。中华人民共和国成立以来，我国建构了一个层层重点的学校体系。本书虽以重点高中为研究对象，但仍属于重点学校、重点中学的范畴，因此在定义上重点高中完全可以借鉴重点学校、重点中学的定义。
④ 张华."重点学校"的消亡与"特色学校"的回归：与傅禄建同志商榷 [J].教育参考，1996（2）.
⑤ 钟启泉."重点校"政策可以休矣 [J].教育参考，1996（1）.

的不同级别的重点学校。"① 他们均认为重点学校是政府政策推动下的产物，政府在这一过程中起到至关重要的作用，主要体现在：为重点学校提供大量的资金拨款，为重点学校配备最先进的教学设备，调拨最优秀的教师到重点学校任教，选拔最优秀的学生到重点学校就读，等等。从办学结果来看，重点学校区别于非重点学校的最主要特征是"高升学率"。该定义较为客观地反映了我国重点学校的特征，指出了重点学校受到争议的核心所在，即我国的重点学校完全是行政指令的产物，而非依靠先进办学理念自发成长起来的学校。人们真正质疑的并非重点学校本身，而是政府对重点学校的各方面倾斜所造成的重点学校对优秀教育资源的垄断。

综上可见，第一种定义指出了有资格成为重点的中学本身应当具备的条件基础，第二种定义指出了重点中学得到政策倾斜后的发展特征。基于上述分析，本书形成了以下基本判断：所谓重点中学，就是以培养各类英才为目的、办学质量优异的中学。具体可分为两类：第一类是在先进教学理念指引下由民间教育家（团体）自发办学成长起来的优质学校；第二类则是依靠政府政策倾斜而发展起来的重点中学。

第一类重点中学有如下特征：①民间自发办学形成，也许在发展过程中会得到政府的资助，但其始终具有办学的自主权；②以培养英才为目标的学校，具有一套严格的精英选拔标准，具有丰富的精英培育实践经验；③办学质量优异，培育了大量的社会精英，并得到民间的认可。虽然这类重点中学在办学过程中也受到了一定的争议，但是总体上发展势头良好，并且在世界范围内得到了认可。

第二类重点中学应同时满足以下几个特征：①基本为公立学校，少数非公立学校则采用民办公助形式；②国家在经费、办学设施、师资等方面予以倾斜；③办学质量往往高于其他一般学校；④通过选拔才能就读，选拔标准一般为学业成绩，因此学生大多为学习成绩优异的学生。

---

① 王后雄. "重点学校"问题及其背后之坎 [J]. 中国教育学刊，2009（8）：19–22.

2. 重点中学与实验学校、示范性高中、特色高中的关系

与重点中学经常放在一起讨论的学校类别有"实验学校""示范性高中""特色高中"等。以下将通过对含义和特征的辨析来说明三者与重点中学之间的具体关系。

何谓实验学校？《教育大辞典》指出："担负探索和检验某种教育理论或进行教育改革试验任务的学校。"① 一般是教育家实践某种教育理念而发起的个人办学，比如 18 世纪瑞士教育家裴斯泰洛齐（J. H. Pestalozzi）创办的新庄孤儿院，主要试验其将教学与生产劳动相结合的主张；19 世纪杜威的芝加哥大学实验学校、英国的夏山学校；20 世纪 30 年代前后中国教育家陶行知、陈鹤琴等创办的实验学校；等等。而中华人民共和国成立以来所创办的实验学校均为公办学校，"在中华人民共和国成立后，为探索、检验社会主义教育改革设想和教育理论，各省、市、区普遍设立了实验小学和实验中学"② 。《辞海》中"实验学校"的定义为："对学制、教学计划、教材或教学方法进行实验的中小学和幼儿园。主要由中央、地方教育行政部门或师范院校设立。有些实验学校附属于师范院校，亦称附属实验学校。"③ 明确指出了实验学校的公办性质。由此可见，中华人民共和国成立以来我国的实验学校基本是政府扶持的公办学校。这类学校一般拥有最先进的教学设备、最优秀的师资队伍、最突出的教学质量，因此往往是民众所向往的学校。另外，这类学校一般设有选拔学生的标准，尤其是实验中学，因为具有较高的教学质量和较好的社会声誉，往往生源充足，这就需要进行一定的选拔。有研究者指出，20 世纪 80 年代出现一批以"实验学校"冠名的优质学校，大多办学条件较好，得到更多的政策扶持，也开展了一些教改实验研究。这类学校虽然在名称上不称其为"重点学校"而突出其"实验"特征，但其实是重点学校的一个变种。④ 有鉴于此，我国的实验高中基本符合第二类重点高中的特征。

---

① 顾明远.教育大辞典（增订合编本）（下）[M].上海：上海教育出版社，1998：1418.
② 顾明远.教育大辞典（增订合编本）（下）[M].上海：上海教育出版社，1998：1418.
③ 辞海编辑委员会.辞海 [Z].上海：上海辞书出版社，1999：1921.
④ 周峰，高慎英.优质学校成因及其创建路径 [J].教育科学研究，2009（4）：28-31.

何谓"示范性高中"？示范性高中的正式提出源于 1995 年国家教委出台的《关于验收 1000 所左右示范性普通高级中学的通知》。其中明确指出，在 1997 年前后分三批建设并评估验收 1000 所左右示范性普通高级中学（简称示范性高中），并出台了示范性高中评估验收的标准。《示范性普通高级中学评估验收标准（试行）》明确指出："国家教委评选的示范性高中是指全面贯彻教育方针，模范执行教育法律、法规和有关政策，办学思想端正，积极开展教育教学改革，教师素质和办学条件好，管理水平和教育质量高，办学有特色，学生德智体全面发展，社会和高等院校对其毕业生评价较好，有较长的办学历史，在省（自治区、直辖市）内、外有较高声誉的普通高级中学。"示范性高中的评选标准非常苛刻，仅校园基础设施建设这一条就把许多学校拦在门外。比如，"图书馆藏书量为每生 50 册以上，报刊种类达到 150 种以上，工具书、教学参考书种类达到 300 种以上"；再如体育设施的要求，"位于城市市区的学校有 300 米环形跑道，位于市郊、县城和农村学校有 400 米标准环形跑道"。除了原本的重点高中之外，很少有其他学校能够达到上述标准。因此，多数研究者认为示范性高中的评估只是重点高中评估的一个变种。上海市的实验性示范性高中的相关数据提供了一个典型的例子。1982 年的统计数据表明，上海市共有重点高中 26 所，2005 年上海市评选出第一批实验性示范性高中共 28 所，这 28 所实验性示范性高中中有 21 所赫然见诸 1982 年上海市重点高中的名单中，所占比重达 75%，这说明上海市第一批实验性示范性高中基本被原来的重点高中所承包。原先未进入第一批实验性示范性高中名单的 5 所老牌重点高中，在接下来的几次评估中也都成为实验性示范性高中。[①] 以上分析即便不能直接推论出实验性示范性高中就是重点高中，但至少表明两者一脉相承。学界一般认为示范性高中是重点高中的变种，两者本质上并无区别。譬如，马少兵认为："在实际操作过程中，一些地方用示范性高中取代了重点高中，一些地方用星级学校代替了重点学校，示范性高中、星级高中与传统的重点高中并没有实质区别。"[②] 卢乃桂、许庆豫指

---

① 统计数据来源于《中国教育年鉴（1949—1981）》以及《上海教育年鉴》。参见：《中国教育年鉴》编辑部. 中国教育年鉴（1949—1981）[M]. 北京：中国大百科全书出版社，1984.

② 马少兵. 重点高中相关利益主体博弈分析 [J]. 教学与管理，2009（2）：5-7.

出："重点中学的概念被置换为示范性中学，但是，名称的更换丝毫没有改变重点中学的实质。"[1] 从本书对重点高中的界定来看，示范性高中也符合重点高中的四个特征。

何谓"特色高中"？随着《国家中长期教育改革和发展规划纲要（2010—2020年）》提出高中多样化和特色化发展以来，各地开展了特色高中的建设。所谓特色高中，目前尚未有统一的定义，但各地建设特色高中的政策文本显示，特色高中主要通过培养目标、课程教学、教育手段和资源、办学模式、评价方式等的变革以实现特色化和多样化发展。从理念上看，特色高中政策的出台为原来的重点高中指明了发展和变革的方向，能够促进重点高中分类化、多样化、特色化发展，满足不断增长的多样化的教育需求。但事实上是否达成了该目标，重点高中是否实现了多样化和特色化发展，在未曾做大范围的实证调查之前，尚不能够做出肯定或否定的回答。但是从近年各地特色高中的评比来看，能够进入特色高中行列的大多是原来的重点高中。以浙江省为例，2011年制定了《浙江省普通高中特色示范学校建设标准（试行）》，并于2013年、2014年和2015年分别评选出了三批特色示范高中，这一标准的出台意味着浙江省长期以来重点高中的评选已退出历史舞台。从评选结果[2]来看，2013年评选出的32所特色示范高中，29所为原来的省一级重点中学，占90.63%；2014年评选出的13所中，11所属于原来的省一级重点中学，占84.62%；2015年评选出的28所中，26所为原来的省一级重点中学，占92.86%。由此可见，即便评选的标准有所改变，更强调高中在课程、教学、管理等方面的特色，但也无法撼动原来重点高中在这次评选中的地位。未来浙江省特色示范高中的评比是否会更倾向于"普通高中"，研究者不敢妄加预测，但就目前来看，"特色示范学校"还是"豪门"的天下。在研究者看来，从政策出台的目的看，特色高中的评比本质上是为原来的重点高中作出了发展导向的指引，究竟能起到多大的效果目前尚不可知，但

---

[1] 卢乃桂，许庆豫.我国90年代学校分层及其教育平等效应分析[J].教育研究与实验，2001（4）：22-25，49.
[2] 统计数据根据浙江省教育厅《2013年省一级普通高中特色示范学校评估结果公示》和《2014年省一级普通高中特色示范学校评估结果公示》整理而来。

很有可能仍然是"换汤不换药"的局面。

综上可见，当下虽然在官方的文件中不提重点高中，代之以"实验高中""示范性高中""特色高中"等称号。但无论评比标准如何变，原来的重点高中仍然是新的评比中的大赢家。因此，这些所谓的新的评比政策在某种意义上也是一种变相的重点高中政策。

（二）德国的文理中学

德国的文理中学（gymnasium）亦称文理中学，是德国分轨教育体制中承担培养学术人才的"一轨"，于1538年由斯特拉斯堡市督学斯图谟（J. Sturm）创办。创办之初主要培养封建君主国官吏。"最初修业8年，后增至10年。课程几乎均为拉丁语和希腊语，忽视自然科学。18世纪在德国普及。19世纪初，经教育家洪堡的教育改革，建立毕业考试制度，合格者才有资格进大学。故此类中学成为学生升大学的唯一阶梯。改革后，学校加强数学、历史、地理教学，并开始将自然科学列入教学计划，但仍偏重拉丁语和希腊语。1955年被《杜塞尔多夫协定》规定为专业学生升入高等学校做准备的学术性中学。其毕业证书即是升入大学的凭证。分古代语言、现代语言和数学—自然科学三种基本类型。三类中学的区别在于所传授的外语不同，但核心课程相同，包括德语、两门外语、历史、地理、社会知识、数学、自然科学、艺术、音乐、体育。70年代，其高级阶段（十一至十三年级）实行重大改革。"[①]1972年，文化教育部部长会议通过关于文理中学高级阶段改革的决定。经过一段时间的试验，于1977—1978学年在所有文理中学实行。改革的中心是通过广泛设置选修学科，把文理中学传统而固定的制度，改变成注重个别教育计划的制度。改革后的高级阶段，在组织上成了相对独立的部分，而第一阶段在课程上与其他几类中学趋于接近，更便于几类中学的沟通。[②]1988年，根据各种批评意见和实践中出现的问题，德国文化教育部部长会议对1972年以来的课程改革做了某些纠正和补充，扩大了必修课程的数量，更加强调各专业课程的连续性，对选修课程作了一些限制，以便

---

① 顾明远.教育大辞典（增订合编本）（下）[M].上海：上海教育出版社，1998：1588.
② 贺国庆.战后德国文理中学的发展与变革[J].外国教育研究，1999（2）：17-20.

保证高年级整个专业课程的完整结构。这也是确保文理中学质量的重要措施之一。可以预料，在今后相当长的时间里，文理中学仍将是德国主要的、不可或缺的中等学校类型。[①] 从上述分析可见，德国文理中学具有如下的几个基本特征：第一，主要以升学为目的，培养学术型人才；第二，课程设置偏向学术（虽然经过改革之后分为基础型课程和较为高级的课程，但高中阶段主要偏向学术）；第三，在发展过程中遭遇一定的批评并进行改革。这些特征与我国重点中学具有一定的相似性。

（三）英国的文法中学和公学

英国学校系统中与我国重点高中有类似特征的学校有文法中学和公学。《国际教育百科全书》在介绍英国教育体系时，有一段这样的描述："5 至 16 岁是英国法律强制入学的年龄。为这个年龄段开办的学校由政府资助，有两种体制，即'两级'制或'三级'制。'两级'制由小学和招收高才生的重点中学或非重点中学构成。"[②] 这里所指的英国的重点中学即是文法中学和公学，这两类学校堪称英国的学术型高中[③]，约占英国高中教育体系的 10%。

所谓文法中学，《教育大辞典》中是这样界定的："西方一种历史悠久的普通学校类型。英国近现代主要中等教育机构。最早约出现于 10 世纪，初受教会管辖。17 世纪初英国有 300 余所，以伊顿、哈罗等 9 所公学最著名。自英国在北美建立殖民地并于 1635 年首创波士顿拉丁文法中学后，亦逐渐成为 17、18 世纪美国中等学校的主体。18 世纪后兼事升学准备和培养牧师、医生、律师、商业金融人员等，休学年限延长为 6~7 年，学习拉丁语的古典气息仍浓，但现代语和自然科学的教学亦日益加强。英国 1902 年的《巴尔福教育法》授权地方教育当局兴办和资助文法中学，把它作为英国中等教育的主体，增设自然科学课程。1944 年《巴特勒法案》将其正式纳入国家学校教育系统，作为儿童 11 岁通过一次选择性考试所能升入的中等学校之一。课程一般包括古典语（主要是拉

---

① 贺国庆．战后德国文理中学的发展与变革 [J]．外国教育研究，1999（2）：17–20.
② 胡森．国际教育百科全书（9）[M]．贵阳：贵州教育出版社，1990：392.
③ 孔凡琴、邓涛的研究指出，"英国学术型高中的主体是公学和文法中学的第六学级"。孔凡琴，邓涛．英国学术型高中探析 [J]．教育理论与实践，2013（26）：20–22.

丁语）、英国语言和文学、现代外语、自然科学以及音乐美术等，注重学术基础的培养；最后一二年程度更深，以便学生毕业后能通过'普通教育证书'考试，进入大学。1965 年英国教育和科学部第 10 号通告废除 11 岁考试，并大力推行综合中学，文法中学的主体地位随之丧失。"① 从以上的表述中可见英国文法中学的以下几个特征：第一，一度是英国中等教育的主体，并得到英国当局的法律政策的支持（包括教育经费的支持）；第二，曾遭遇有关存废的争论，争论的结果反映在国家政策中，最终政府废除了关系到文法中学招生的 11 岁考试制度；第三，文法中学以学术和升学为目的，并在课程设置上深刻体现出这一目的。由此可见，文法中学与我国的重点高中有着极高的相似性。

何谓公学？祝怀新指出："英国公学是从捐办文法中学中发展而来的一种私立中学，其名为'公'（public），实际上与它最初产生时的慈善性和无偿性有关，这一'公'字的含义包括了两层意思，一是指这种学校提供的教育与营利性质的私立（private）或家庭教育不同，它带有慈善性质；另一意思是指它向全国各地开放，而不像大多数捐办文法中学那样只招收本地的学生。"② 祝怀新从产生方式来定义公学，揭示了公学本身所具有的一些特征。但这些特征在公学的发展过程中逐渐被淡化，其由于得到当时政府的全力支持而发展迅速，教学质量显著，逐渐成为统治阶级和上层社会子女的教育首选，进而发展成为一种收取高昂学费的私立教育。《教育大辞典》的定义即说明了公学的这一特性："公学是指英国专为贵族、教士和资产阶级子女设立的私立、寄宿、以升学为宗旨的中等学校。源于中世纪的文法中学。在英国国民教育中自成体系，并以为牛津大学、剑桥大学输送新生为主要目的，故有大学预科性质。"③

（四）美国的学术高中

美国大学预备高中主要包括私立和公立两大类。前者是指私立的精英高中，后者是指近年来各地所设立的公立的学术高中。公立大学预备高中的来源非常

---

① 顾明远.教育大辞典（增订合编本）（下）[M].上海：上海教育出版社，1998：1618.
② 祝怀新.英国基础教育 [M].广州：广东教育出版社，2003：120.
③ 顾明远.教育大辞典（增订合编本）（上）[M].上海：上海教育出版社，1998：449.

广泛，有来自磁石项目的高中，也有来自天才教育项目的学校，因此许多公立大学预备高中既是磁石高中，又是天才教育学校。虽然这些公立大学预备高中共同面向资优学生，但是在不同州有不同称呼。

在纽约州，这些公立学术高中有一个统一的名称——"特殊高中"。唯有那些得到纽约州法律认可的高中才能以此冠名。目前，纽约共8所这样的学校。其中有7所采用纽约州统一且严格的入学考试来选拔学生。各个学校根据自身的办学定位和招生要求设置学术标准，选择符合标准的学生就读。这些学校中有4所属于磁石学校。这也表明了美国磁石学校中有面向资优学生的学校。

在弗吉尼亚州，面向资优学生的学术性高中统称为"州长学校"。目前，全州共20所州长学校，其中仅2所是全日制的学校，另外的均为"联合学校"。这两所全日制学校是托马斯·杰弗逊科学技术高中（Tomas Jefferson High School for Science and Technology）和麦琪沃克州长学校（Virginia and Maggie L. Walker Governor's School for Government and International Studies）。前者是4年制的完全学校，后者是2年制的。这两所学校都进入美国最好的公立高中名单（美国《新闻周刊》评选的精英高中名单）。而联合学校，顾名思义便是许多学校联合起来组成的学校，是指在某一区域设置的面向区域内所有中学的资优学生的一种非全日制的高中。入读这些联合学校的学生平时在母学校就读，唯有到了特定的时间段（比如周末、暑假等）才聚集到联合学校接受特别的资优教育。这些学校大部分也属于磁石学校。

（五）日本的超级科学高中

日本的超级科学高中（Super Science High School）是日本英才教育的一种形式，是近年来日本致力于深度建设和发展的学校形态之一，以培养国际上有影响力的未来科学家为目标，受到日本政府的肯定和重视。2002年，日本指定了第一批超级科学高中，发展至今，此类学校在日本国内取得了较为突出的培养效果。2021年，日本文部科学省公布的针对超级科学高中的调查报告就指出："超级科学高中培养了大批优秀的科技人才"，开发了自成体系的科技人才培养的高中课程体系，比如设置了探索性的"理科探索基础""理科研究"等课程。

（六）韩国的英才中学

1983 年，韩国在《基础教育法》规定建立 "特殊目" 高中以（特色、个性化为目的设立的高中），随后光州科学高中、大田科学高中、庆南科学高中陆续成立。科学高中招收在数学和科学方面才能超群的学生，主要采用加速培养的方式，部分毕业学生可直升韩国科学技术院。

2002 年，韩国颁布《英才教育振兴法》，第 6 条规定：为实施英才教育，在现有高中课程以下的各级学校中指定部分各级高中，可转换及重新设立与运营英才高中。随后，釜山科学高中（后更名为 "韩国科学英才高中"）转换为第一所英才高中，经过一年的在选拔方式、课程设置、高中管理等方面的准备，于 2003 年 3 月开始招生。首尔科学高中、京畿道科学高中、大邱科学高中也转换为英才学校。

第一章

CHAPTER
1

————

中国重点中学制度

如果把教育比喻成跑步，那么制度就是跑的路线和规则，路线和规则直接影响跑步的速度、方式。教育制度对教育发展有着重要影响，甚至会重构教育样态与格局。重点中学制度是中华人民共和国成立以来教育领域的一项重要制度，在某种意义上奠定了我国基础教育学校的发展格局。该制度历经嬗变，几经存废，以新的样态留存至今。本章将具体阐述我国的重点中学制度究竟如何嬗变、嬗变的具体原因，以及制度嬗变下的重点中学具有哪些发展特征。

第一节　中国重点中学制度的历史嬗变

许多研究者都对该制度的嬗变做过较为系统的梳理。胡金木认为改革开放以来我国的重点学校政策经历了三个阶段：第一阶段（20世纪70年代末到80年代），"办好重点学校，多出人才，出好人才，适应经济发展需要"；第二阶段（20世纪80年代中期持续到90年代末），"关于取消重点学校的大讨论，重点学校成为一个问题"；第三阶段（20世纪90年代到21世纪），"关注教育均衡发展，义务教育阶段取消重点学校，重点扶持薄弱学校"。[①] 刘远碧也将重点学校制度区分为三个阶段："改革开放初期，重点学校制度全面恢复，重点中小学进一步发展"；"20世纪80年代中期，开始实施九年义务教育，义务教育阶段采取就近入学政策"；"90年代以来，推行素质教育，明确提出中小学不设重点校（班）"。[②] 袁振国将重点中学制度划分为七个时期，即延安时期、20世纪50年代前期、1958年"教育大革命"、20世纪60年代前期、"文化大革命"时期、20

---

① 胡金木．公平与效率的二重协奏：以改革开放以来"重点学校"政策的变迁为线索 [J]．中国教育学刊，2009（2）：10–13．

② 刘远碧．改革开放以来我国义务教育阶段的重点学校制度问题及其思考 [J]．内蒙古师范大学学报（教育科学版），2008（12）：11–16．

世纪 70 年代末以后、20 世纪 90 年代以来。① 在参照上述分类的基础上，本书将中华人民共和国成立以来我国的重点学校政策嬗变划分为五个时期："1949—1966 年：重点学校制度的建立和巩固""1966—1976 年：重点学校制度的彻底废除""1976—1990 年：重点学校制度的全面复兴""1990—2000 年：重点学校制度的新样态和大辩论""2000 年至今：重点学校制度的精细化和理性审视"。

一、1949—1966 年：重点学校制度的建立和巩固

重点学校制度的建立离不开特定的社会历史背景，研究重点学校制度问题首先要回到该制度产生之初的历史之中寻找其实然状态。

（一）重点学校制度出台的可能缘由

重点学校制度究竟是怎么产生的？"重点学校的历史的产生似乎已经消失在时间的迷雾之中。1980 年对中国十几所大学及许多中学行政管理人员所做的采访，都没有能弄清楚，这个制度究竟是怎样产生的，谁应对此负责。"② 可见，已很难说清该制度因何而产生。若一定要追问答案，则只能根据当时的政治经济与社会发展的背景以及教育发展的自身逻辑进行一定的推测。

1. 源于战争和革命时期的战略思维

"集中力量"是中国共产党在战争和革命时期最重要的战略思维之一。该思维在军事上体现得可谓尽善尽美。在敌我军事力量、武器配备、物资储存等悬殊的情况下，"集中力量"确保了将最有限的物资和人力集中起来从而发挥出巨大合力。毛泽东在《论持久战》等文章中提出"集中优势兵力，各个击破"的军事战略原则。这一军事战略原则在 1949 年后得到了继承和发扬，被用来安排和指导新中国的经济、教育、社会等各方面的建设和发展。中华人民共和国成立初期，内有南方地区的战争尚未结束，外有以美国为首的国际社会"封杀"，中央政府尽最大的力量接管和改造社会。随后，我国实行了第一个五年计划并将

① 袁振国 . 论中国教育政策的转变：对我国重点中学平等与效益的个案研究 [M]. 广州：广东教育出版社，1999.
② 麦克法奈尔，费正清 . 剑桥中华人民共和国史（1949—1965）[M]. 金光耀，等译 . 上海：上海人民出版社，1990.

发展重工业作为社会经济建设的首要任务。当时国家投资的一半以上均用于工业，其中近90%用于生产资料生产部类，比如冶金、机器制造、电力、煤炭、石油和化工，仅有少量的工业投资（约3%）用于扩大农用机械和化肥的生产。[①]面对内忧外患的形势，中央政府选择了"优先发展重工业"的方针。而在教育领域，这种"有重点地发展"便体现为重点学校制度的出台，集中有限的教育资源先重点办好少数学校，以确保社会各方面人才的有效供应。

2. 源于延安时期的教育实践

历史学家苏珊娜·佩珀（Suzanne Pepper）指出，中国的重点中学制度源自延安时期的教育经验，与苏联没有任何关系，是中国共产党抗战时期经济政策的自然延伸。[②] 延安时期办"模范小学"和"中心小学"的教育实践为中华人民共和国成立以后重点学校制度的产生提供了范例。当时的陕甘宁教育厅颁布的许多教育政策均指向促进这两类学校的发展。1938年8月颁布的《陕甘宁边区小学法》第四条规定："完全小学或初级小学办理完善的，得呈报为模范小学。"[③] 同时颁布的《陕甘宁边区建立模范小学暂行条例》指出："所谓的模范小学就是办学质量优良并且能推动其他小学发展和树立国防教育模范的学校。"[④] 该条例对模范小学最低限度的标准（包括学生数量、教学设施设备、学级编制、课程编配、教

---

① 麦克法夸尔，费正清.剑桥中华人民共和国史（1949—1965）[M].金光耀，等译.上海：上海人民出版社，1990：164.
② Pepper S.China's Universities：Post-Mao Enrollment Policies and Their Impact on the Structure of Secondary Education：A Research Report[M].Ann Arbor：University of Michigan，1984：20-21.
③ 陕西师范大学教育研究所.陕甘宁边区教育资料（小学教育部分）[M].北京：教育科学出版社，1981：12.
④ 模范小学最低限度的标准规定如下：（1）初级小学学生要有二十名以上，完全小学学生要有四十名以上。（2）在设备上须具备操场、桌凳、黑板及学生仪器。（3）对于表册，须制备课程表、点名册、清洁检查表、学校大事记、学生年龄统计表、学生家长职业统计表。完全小学除上述各项外，并须制备教职员履历表，学校组织系统表。（4）在编制上，如学级编制、课程编制，都能依照教育厅的规定，并能全部实施。（5）在组织上，应成立俱乐部，且能经常进行工作，学生年龄较小的须参加儿童团，年龄较大的参加少先队。完全小学除上述各项外，如教职员在三人以上者，须经常举行校务会议。（6）在教学管理上，须按照国防教育的原则，即注重集体的自动的学习与集体的民主的精神，并能训练小先生到三人以上。（7）社会活动，须按照规定进行下列工作：抗战宣传及一般改良社会的宣传（如破除迷信、放足、戒烟、剪发）；优待抗属；帮助自卫军放哨、锄奸等工作；领导两个以上识字组或开办一次夜校。（8）能经常访问学生家长，并举行联欢会或恳亲会，与群众发生亲密的关系。（9）能影响附近小学，推动它们前进。（10）工作有计划，并能按期（完小一月一次，初小的两月一次）向第三科报告工作。（材料选自《陕甘宁边区建立模范小学暂行条例》）

学管理、社会活动、家校关系、社会影响等）做了详细规定，尤其规定模范小学将享受办公经费的优待，并且办公经费将与招生人数同步增加。其中，属于初小的模范小学（学生 20 名以上）给予 0.15 元的办公费用，30 名以上每增加 10 名加办公费 0.5 元，以此类推；属于完小的模范小学（学生 40 名以上）给予 4 元办公费，50 名以上加办公费 1 元，60 名以上以此类推。此外，按照学校需要酌量给予设备费或教具。[①] 另外，《关于扩大与改进小学的决议》再一次强调坚持建立完全小学和模范小学，加强小学教育的正规化和按照基本标准建设。[②]1941 年 12 月 25 日，《陕甘宁边区教育厅指示信——关于提高小学质量的指示》提出 "建立中心小学"，对学校的学生数、教职员人数和教学方法、教学设备、学校选址以及教研活动做出了说明。[③] 这一规定为中心学校的建设提供了质量标准，反映了陕甘宁边区集中有限的相对优势的教育资源办学的早期实践。在此类政策的推动下，延安按照要求适当合并了完小和初小，以便集中人力、财力办好小学教育，提高教学质量，经过几年的改造、合并，到 1944 年，延安已有完全走上正规化的小学 14 所，学生 716 人。[④]

由此可见，建立 "模范小学" 和 "中心小学" 的目的在于促进教育的正规化和提高教育质量。"模范小学" 和 "中心小学" 在教育经费（当时的教育经费十分有限，很多学校都是非正式的教学点或识字班，正规享受政府教育经费资助的学校十分少）、师资力量、教学设施设备等方面都享受一定的优先照顾政策。可以说这是边区中央政府首次尝试用 "重点学校" 的思路进行办学。"40 年代初，

---

① 陕西师范大学教育研究所. 陕甘宁边区教育资料（小学教育部分）[M]. 北京：教育科学出版社，1981：14—16.

② 陕西师范大学教育研究所. 陕甘宁边区教育资料（小学教育部分）[M]. 北京：教育科学出版社，1981：17.

③ 陕西师范大学教育研究所编辑的《陕甘宁边区教育资料（小学教育部）》一书中十分详尽地规定了中心小学的办学条件以及所承担的任务：（1）每校学生，依各县不同情况，得在三十、四十、五十名以上……经常到校者不得少于三十、四十、五十名；（2）每个学校教职员要有二人至三人（内校长一人，教员一人或二人），学识能力、威信是全县教员的最好者；（3）能按照教育厅规定的课程标准授课，且教学管理也都应采取新的方法，并运用灵活；（4）学校的教室、校舍、桌凳、游戏场等设备，要适合中心小学设备标准；（5）校址要设在交通较便、人口集中、校址宽大、将来有发展条件的中心地区；（6）中心小学要组织附近小学教员对教育理论和教学管理的研究和讨论，并推动他们积极改进学校。

④ 中国人民政治协商会议延安市委员会文史资料委员会. 延安文史资料（第 6 辑）[M]. 延安：中国人民政治协商会议延安市委员会，1992：3.

边区的教育制度经历了一段时间的'正规化'，其目的在于提高教学质量，使教学内容标准化。根据1942年颁布的指示，就小学而言，上述目标将通过减少学校数目，淘汰那些办得太差的，巩固那些办得较好的学校来加以实现。其中最好的学校将被命名为'中心学校'，这种学校实际上是后来发展起来的有争议的重点学校制度的前身。那些最好的教师和设备将集中在中心学校，而中心学校则负有指导附近那些条件较差学校的义务。"① 上述论证表明1949年以后的重点学校制度具有深刻的历史根源。办重点学校是政府在处理教育发展的数量和质量的关系时作出的一种政策选择。在资源匮乏以及教育发展十分不充分的境况下，办重点学校是政府抓教育正规化和质量的秘密武器，通过在短时间内集中有限的财力、物力、人力率先办好少数学校，辐射和带动其他学校的发展。

3. 源于国家倾向性资源配置政策

中华人民共和国成立以来，我国资源分配的核心领域是国防、重工业以及经济，而非社会文教事业。中华人民共和国成立初期到第一个五年计划实施期间，我国财政经费预算绝大部分用于经济建设和国防，即每年国家经费预算的六七成都用于上述两项，用于社会文教事业的经费不到20%（见表1-1）。而这不到20%的经费也并非仅用于教育事业，其支出范围包括文化、出版、教育、卫生、中医、公费医疗、体育、档案、地震、海洋、通信、广播电影电视、计划生育、自然科学、社会科学、抚恤、社会福利救济和自然灾害等项事业。平均来算，教育领域大约能分配到1%的经费。国家倾斜性地把十分有限的经费集中起来办大事，设立重点学校以满足国家建设对人才的需求。可见，重点学校制度的出台背后虽然有客观的因素（国家整体上较为贫穷），但也是主观上资源倾向性分配的结果（将有限的资源绝大部分分配到经济和国防领域）。

---

① 麦克法奈尔，费正清.剑桥中华人民共和国史（1949—1965）[M].金光耀，等译.上海：上海人民出版社，1990：205.

表1-1　中华人民共和国成立初期我国各项财政经费预算或决算

单位：%

年份	经济建设支出	社会文教事业支出	国防支出	行政管理费	债款支出	对外援助	其他支出	增拨银行信贷资金	总预备费
1950	25.5	11.1	41.5	19.3					
1954	45.5	14.7	21.1	9.6					
1955	46.9	10.9	22.2	7.3	2.3	1.6			
1956	52.2	12.7	20.0	7.8	2.5	2.2			2.6
1957	46.7	16.5	18.9	8.4	2.8	1.7	0.9	2.1	2.0
1958	53.7	14.8	15.1	6.1	3.1	1.3	0.9	2.4	3.3

注：数据来源于中华人民共和国国家统计局。除1955年为决算数据外，其余年份均为预算数据。空白项表示数据缺失。

4.源于对教育"提高"任务的响应

"普及"和"提高"是中华人民共和国成立初期办教育的两大任务。为完成"普及"的任务，国家实施教育"向工农开门"的政策，除正规教育外，也把各种非正规的教育形式（夜校、扫盲班等）纳入国家教育体系。这对于提升国民的文化水平具有重要作用，满足了新中国建设对各类人才的需要。教育的"提高"任务是指提升教学质量，培养国家建设所需要的各方面的尖端人才。这主要靠普通教育来实施。当时，由于经费、资源有限，不可能确保所有实施普通教育的学校共同发展，为了能在短时间内"又快又好"地培养各类人才，国家提出办重点学校的方针。

5.源于国家对各类人才的迫切需求

国家经济建设和国防事业发展有赖于尖端人才。可以说，尖端人才培养的数量和质量决定了国家经济和国防的未来前景。然而，事实上我国当时的人力资源状况不容乐观。连年战争使得科技事业几近荒废，人才储备匮乏。据统计，中华人民共和国成立初期，我国近80%的人口是农民，文盲人数为4.32亿，文盲率高达80%。[1] 在如此高文盲率的背景下，人才培养的数量和质量根本无法得

---

[1] 麦克法夸尔，费正清.剑桥中华人民共和国史（1949—1965）[M].金光耀，等译.上海：上海人民出版社，1990：205.

到保证。人才匮乏的现实与迫切需要尖端人才的国家发展愿景之间产生了巨大的矛盾，亟须在短时间内解决。最终，国家选择用重点学校制度来解决这对矛盾，着力于建立从小学到大学的尖端人才培养体系。

（二）重点学校制度的正式出台

中华人民共和国成立初期，教育领域呈现出正规学校、非正规学校和工农学校三足鼎立的局面。1953 年 1 月召开的政务院文化教育委员会会议对 1950—1952 的教育工作进行了评价和总结，一致认为：三年来，文教部门基本完成了恢复工作，有了一些发展，并在恢复和发展的过程中对原有的文教事业进行了改革和调整，获得显著成绩。但三年的文教工作也存在着一些明显的不足，其中最明显的表现为：工作计划性不够，盲目性很大；追求数量，忽视质量。[①] 有鉴于此，会议提出了"整顿巩固、重点发展、提高质量、稳步前进"的文教工作方针。随后几年，这一方针被广泛强调。1953 年 5 月，毛泽东在中央政治局会议上指出，教育应当有重点地发展，要举办重点中学。随即，教育部发出通知，要求在全国积极充实和重点办好高级中学和文理中学，以逐步提高中学教育质量，培养合格毕业生；并指出各省（区、市）可根据地方实际状况选定学校，并要求在此类学校中再选择一两所领导干部素质更优、教师质量及设备条件更好的中学作为重点，以取得经验，推动一般。这是 1949 年以来重点学校制度首次见诸国家公文。

1953 年 6 月，教育部在北京召开了第二次全国教育工作会议并再次强调应当有步骤、有重点地发展普通教育，同时提出并讨论了《关于有重点地办好一些中学和师范学校的意见》。[②] 同年 7 月，教育部将此次会议关于中学和师范教育工作的几项决定通知各地，其中第一条便是"有重点地办好一些中学与师范，取得经验，指导一般"。1954 年 5 月，教育部发出通知，要求继续办好 1953 年所确定的重点办好的中学。在上述文件的指导下，中华人民共和国成立初期我国的重点学校制度应运而生。

---

① 陈守林，等. 新中国教育大事纪略 [M]. 长春：吉林大学出版社，1990：15，33–34.
② 陈守林，等. 新中国教育大事纪略 [M]. 长春：吉林大学出版社，1990：37.

（三）重点学校制度遭遇"滑铁卢"

1955 年，国家提出加快"一五"计划建设，教育领域"巩固提高"的教育方针也转变为"加速发展"。[①]受此影响，学校数量快速增加，就学人数极大增加。由于人才培养数量超过了经济建设和社会发展对人才的需求量，很多高等小学毕业生和初中毕业生面临就业困难。1956 年，中共八大批评了社会发展过程中的"浮夸风"，并提出了"调整、巩固、充实、提高"的总方针。这一方针有助于纠正各领域"加速发展"所带来的负面影响，但其在随后几年并没有得到有力贯彻和落实；相反，"加速发展"的方针被进一步强化，全社会逐步进入"大跃进"时期。

"大跃进"深刻改变了中国教育的局面。1958 年 3 月，教育部召开第四次全国教育行政会议，目的是反对保守思想、促进教育事业的"大跃进"。[②]同年出台的《关于教育工作的指示》标志着"教育大革命"正式开始。该指示的总体思想概括起来便是"动用一切力量多快好省地办学校"，其直接表现是加快增加学校数量、扩大学校规模。

在教育"大跃进"过程中，有过几次纠偏的政策行为。比如，1959 年 1 月，中共中央办公厅向教育部党组传达中央书记处会议有关教育工作的几项决定。其中一项就指出："要保证重点学校的质量，在基本上不削弱重点学校的前提下照顾一般学校。"1959 年 5 月，中共中央转发教育部党组出台的《关于一九五九年教育事业发展计划的意见》，其中提到"要继续贯彻'两条腿走路'的方针，既要注意普及，又要保证重点"。[③]1959 年 9 月，中共中央发出通知，要求高等和中等学校立即组织教职员和高中以上学生，认真学习党的八届八中全会的决议及有关文件，展开一场反对右倾机会主义、保卫总路线的学习和辩论。据此，各级学校开展了保卫"三面红旗"的学习运动，围绕着"人民公社是否办早了、办糟了""全民炼钢是否得不偿失""'大跃进'是好得很，还是糟得很""怎样

---

① 在 1955 年 12 月召开的全国普通教育、师范教育事业座谈会上批判了教育方面的保守思想，确定 1956年的教育工作方针是"加速发展，提高质量，全国规划，加强领导"。
② 陈守林，等.新中国教育大事纪略 [M].长春：吉林大学出版社，1990：93–94.
③ 陈守林，等.新中国教育大事纪略 [M].长春：吉林大学出版社，1990：104.

对待革命的群众运动"等问题，并结合教育工作的实际，展开了大辩论。这场大辩论和反右倾运动不仅没有纠正"大跃进"造成的问题，还使错误延续了更长时间，直接导致了在"反右倾、鼓干劲"口号指导下的教育事业继续"大跃进"。1960年，教育部部长杨秀峰做了题为《做教学改革的促进派》的报告，号召文教工作者配合我国工农业生产"大跃进"，配合农村和城市人民公社化运动，配合技术革新和技术革命，把文化革命推向新高潮。[①]

"教育大革命"时期，我国教育事业的天平倾向于"增加学校的数量和规模"。譬如，1959年的教育目标就强调：全国在3~5年内，基本上完成扫除文盲，普及小学教育，以及使学龄前儿童大多数能入托儿所和幼儿园的任务。大力发展中等教育和高等教育，争取在15年左右的时间内，基本上做到使全国青年和成年，凡是有条件的和自愿的，都可以接受高等教育。用15年左右的时间基本普及高等教育，然后再用15年左右的时间从事提高工作。事实上，这一时期办学速度十分惊人。统计表明：1958—1960年，各类各级教育都迅速膨胀，甚至成倍增长。高校数1960年比1957年增长了562%，高中数1960年比1957年增长了214%，初中数增长了192%，小学数增长了133%。可以说，所有的教育政策和实践都围绕着如何有利于增加学校数量和扩大学校规模来设计。大部分新办学校隶属于企业、矿区、公社，学校的日常经费开支也基本由这些主体来筹措。由于这些办学主体的经济实力并不强，新办学校缺乏教育经费、设备、师资的情况时有发生。此外，"增加数量和扩大规模"对原有重点学校的发展也产生了影响。首先，在教育资源十分有限的情况下，不断新办学校势必会消耗政府的财政经费和资源，从而影响到对重点学校的财政投入。其次，重点学校也难逃扩大规模的命运，规模的提升势必要补充更多的师资，在师资整体有限的情况下，一些重点学校放宽了师资选拔的标准，吸纳了很多不合格的教师。

（四）重点学校制度的系统建立

1959年4月，周恩来在全国人民代表大会上所作的《政府工作报告》中指出："在各级全日制的正规学校中，应当把提高教学质量，作为一个经常性的基

---

① 陈守林，等. 新中国教育大事纪略 [M]. 长春：吉林大学出版社，1990：117.

本任务，而且应当首先集中较大力量办好一批'重点'学校，以便为国家培养更高质量的专门人才，迅速促进我国科学文化水平的提高。"当时新上任的教育部部长杨秀峰也指出："提高各级全日制学校的质量，并且在全日制学校当中，挑出一批学校，作为重点，着重提高质量，使之成为教育事业中的骨干。"1962年4月，教育部在北京召开全国教育会议，强调认真办好一批重点学校。[①]1962年底，国家正式出台了办好重点学校的专门文件——《关于有重点地办好一批全日制中小学的通知》，涉及办重点学校的目的、宗旨，重点学校的确定原则，重点学校的办学要求，办好重点学校的具体措施、组织领导等内容。该文件的出台使各地建设重点学校有了参照和方向，促进全国重点学校的第一次大发展。

1963年1月，教育部就重点办好一批中小学的有关问题复函云南省教育厅，指出两点：其一，要保持和逐步办好一定数量的全日制中小学，作为教育事业合理布局的稳固基础，与高一级学校形成"小宝塔"。这类学校的数量和规模要考虑和高一级学校的招生保持适当比例，高中应该全部包括在这类学校内。其二，有重点地办好一批基础较好的学校，是指先集中力量办好一批拔尖学校。从中可见：各学段都应建立重点学校，且学段越高重点学校数量越少；当时所有的高中都属于重点学校；被确定为重点的学校应当具有良好的发展基础。此外，1963年1—2月，教育部分别在上海、天津组织召开了中学办学经验交流会议，探讨办好全日制中学的有效举措。在国家行政人员的大力推动以及相关教育政策的保障下，我国基础教育领域正式建立了覆盖省、市、县，涵盖"小学—初中—高中"的重点学校制度。

二、1966—1976年：重点学校制度的彻底废除

1966年，"五七指示"指出："教育要革命，资产阶级知识分子统治我们学校的现象，再也不能继续下去了。"[②]这成为教育领域"大革命"的纲领。1966年12月，中共中央发布《关于农村无产阶级文化大革命的指示（草案）》，第九条规

[①] 陈守林，等.新中国教育大事纪略[M].长春：吉林大学出版社，1990：131.
[②] 《中国共产党编年史》编委会.中国共产党编年史（1966—1977）[M].太原：山西人民出版社，1992：2559.

定:"中等学校放假闹革命,直到明年暑假。"① 同年出台的《关于改革高级中学招生办法的请示报告》指出:过去的招生办法是"业务第一、分数挂帅",是资产阶级的办法;应废除现行高级中学招生考试办法,实行推荐与选拔相结合的办法招生。② 这就意味着以能力大小作为标准的中学招生选拔制度的终结,取而代之的是出身背景。这与重点学校制度所秉持的按照能力大小选拔学生的做法相悖离。

"文革"对教育和人才的冲击是空前的。首先,人才流失严重。仅国家干部被立案审查的就占当时国家干部总人数的17.5%,特别是中央和国家机关副部级以上和地方副省级以上的高级干部被立案审查的竟高达75%。那些热爱祖国、愿意为人民服务的知识分子,被污蔑为"反动学术权威""臭老九",遭到打击和迫害。据不完全统计,仅"文革"中制造的冤假错案就有200多万件,受到错误处理的有几百万人,而不同程度受到株连的估计有上亿人之多。③ 在教育界,仅教育部所属单位和17个省市,受诬陷、迫害的干部教师就有14.2万余人;在科学技术界,仅中国科学院直属单位、第七机械工业部的2个研究院和17个省市,受诬陷、迫害的科学技术人员就有5.3万余人;在卫生界,仅卫生部直属14个高等医学院校674名教授、副教授中,受诬陷、迫害的就有500多人。文艺界人士,仅文化部及其直属单位受诬陷、迫害的就有2600多人。④ 其次,教育体制在一定程度上被废止。"文革"期间宣扬读书无用论,反对智力教育,废除择优选拔体制,讲求"身份"和"血统论"。

"文革"期间,教育发展最大的特征是废除一切可能涉嫌双轨制的教育类型,比如重点学校、职业学校等。各类学校不再以追求学术上的竞争为目标,半工半读与全日制学校之间的界限变得相当模糊。此外,"文革"期间的教育发展注重教育规模和数量。据统计,"文革"期间普通中学、"戴帽"中学增长了700%。总而言之,以放弃学术标准为代价,换取了形式上的单轨制的教育平等。

---

① 中央教育科学研究所.中华人民共和国教育大事记(1949—1982)[M].北京:教育科学出版社,1984:408.
② 高奇.新中国教育历程[M].石家庄:河北教育出版社,1996:221.
③ 李安增,王立胜.1976—1982年中国当代史[M].北京:新华出版社,2004:18.
④ 转引自李安增,王立胜.1976—1982年中国当代史[M].北京:新华出版社,2004:23.原始资料来源于《中华人民共和国最高人民检察院特别检察厅起诉书》。

在此背景下，重点学校制度在政策层面已经被彻底废除。

三、1976—1990 年：重点学校制度的恢复与调整

粉碎"四人帮"之后，教育到底怎么办，确立怎样的教育思想、教育制度和教育策略，才能补救"文革"10 年人才培养的损失，才能符合现代化发展的需求，这是全国上下都迫切关心的问题。痛定思痛，人们很快达成了基本共识："教育必须为社会主义建设服务，社会主义建设必须依靠教育"；教育的根本目的就在于为我国的经济和社会发展培养各级各类能坚持社会主义方向的人才。[①]邓小平主抓教育工作，工作重点即是恢复"文革"之前的教育体制，其中当然有重点学校制度。

（一）重点学校制度的恢复

当时国家把恢复和建设重点学校作为满足国家经济建设和人才需求的主要举措。国家主要领导人在公开场合多次阐述办重点学校的主张。1977 年 5 月，邓小平在《尊重知识，尊重人才》中指出："抓科技必须同时抓教育。从小学抓起，一直到中学、大学。我希望从现在开始做起，五年小见成效，十年中见成效，十五年二十年大见成效。办教育要两条腿走路，既注意普及，又注意提高。要办重点小学、重点中学、重点大学。要经过严格考试，把最优秀的人集中在重点中学和大学。"[②]1978 年 2 月，华国锋在题为《团结起来，为建设社会主义的现代化强国而奋斗》的政府工作报告中强调：各行各业都要高度重视和大力支持教育事业；努力办好各级各类学校，首先是办好重点大学和重点小学。1978 年 4 月，邓小平在全国教育工作会议上发表讲话并强调：为了加快速度造就人才和带动整个教育水平的提高，必须考虑集中力量加强重点大学和重点中小学的建设，尽快提高它们的教学水平和教学质量。

在国家主要领导人的极力推动下，教育部正式公布了"文革"结束以来的第一个有关重点学校的文件——《关于办好一批重点中小学的试行方案》。该方案

---

① 袁振国.论中国教育政策的转变：对我国重点中学平等与效益的个案研究 [M]. 广州：广东教育出版社，1999：32.

② 邓小平文选（第 2 卷）[M]. 北京：人民出版社，1994：40—41.

详细规定了办重点中小学的目的、任务、规划、招生办法，提出全国重点中小学形成"小金字塔"结构，并在经费投入、办学条件、师资队伍、学生来源等方面向重点学校倾斜；确定了北京景山中学、北京新华小学、天津南开中学、上海师范大学第二附属中学等 20 所学校为教育部直属的重点学校。1979 年 8 月，鉴于整个国家财政体制的改变，经教育部与各地商定，这 20 所学校改由所属的省（区、市）教育部门领导管理，或委托地、县（区）领导管理。

为了更好地贯彻国家的重点学校政策，也为了尽快提升教育质量，1980年 7 月 28 日至 8 月 4 日，教育部在哈尔滨召开了全国重点中学工作会议。会议交流了办好重点中学的经验，分析研究了存在的问题，讨论修改了《关于分期分批办好重点中学的决定》。1980 年 10 月，经国务院批准，教育部颁发了《关于分期分批办好重点中学的决定》。该决定包括四部分内容：办重点中学过程中存在的一些主要问题，重点中学的主要作用和办学基本要求，办好重点中学应努力抓好的工作，办重点中学的规划。该决议明确了办好重点中学的三条基本经验：必须模范贯彻执行德、智、体全面发展的方针；严格按教育规律办事；培养的学生质量高。《关于分期分批办好重点中学的决定》也提出办好重点中学的措施：搞好领导班子建设；建设一支合格的教师队伍；改革和加强学生的思想政治工作；认真进行教学改革；确定学校的规模；改善办学条件，充实和更新教学设备。[1]

各地根据国家重点中学政策并结合地方发展现状有针对性地出台了地方层面的重点学校政策。譬如，上海市教委批准了《关于设置本市重点中小学的请示报告》，吉林市教育局出台《依靠市委领导，努力办好重点学校》，福建省教育厅提出《努力办好一批重点中学》。除出台政策外，地方政府还召开了重点中学研讨会。譬如，1984 年 2 月，广东省在江门市召开了省重点中学（部分县重点中学、侨中）会议，着重研究如何按照"三个面向"的要求，把重点中学办成高质量、有特色的中学。1985 年 6 月，又在深圳中学召开了重点中学校长研讨会，着重研究新时期中学教育的培养目标和开展改革的问题。

---

[1] 陈守林，等. 新中国教育大事纪略 [M]. 长春：吉林大学出版社，1990：266-267.

（二）重点学校制度的调整

国家教育部门承认重点中学办学过程中存在严重问题，但仍然坚持要办好重点中学，试图通过政策的调整对重点中学的办学进行规范以期能充分发挥重点中学的示范作用和最大限度地培养优秀人才。如《关于当前中学教育几个问题的通知》指出："近两年来，各地集中一定力量办了一批重点中小学，起了积极作用，应当继续办好。"一些政策对重点中学人才培养的规格做了说明。譬如，1981 年 4 月颁布的《全日制六年制重点中学教学计划（试行草案）》指出："重点中学应模范地贯彻德、智、体全面发展的方针，培养有社会主义觉悟的有文化的劳动者，为高一级学校输送合格新生，为社会培养优良的劳动后备力量。"1983 年 8 月，教育部在《关于进一步提高普通中学教育质量的几点意见》中就重点中学存在的诸如应试教育、考试竞争、学生负担重、损害了一般学校的利益等问题做了回应，提出重点学校应当进行内部改革，尊重教育规律办学，应当处理好重点与一般的关系，重点中学与一般中学之间应当互帮互助、协同进步。

四、1990—2000 年：重点学校制度的新样态

20 世纪 80 年代末 90 年代初，应试教育已演变成为我国教育领域的一大痼疾[1]，到了不得不变革的境地。诚如桑新民所言，整个 20 世纪 90 年代我国基础教育改革发展的主旋律为由选拔淘汰式的传统升学教育模式向全面提高新一代国民素质的社会主义现代化教育模式转轨。[2] 国家教育政策文件中多次言及"素质"和"素质教育"。比如，1985 年，《中共中央关于教育体制改革的决定》提出提高国民素质，多出人才，出好人才。1993 年，《中国教育改革和发展纲要》指出："中小学要由'应试教育'转向全面提高国民素质的轨道。"1995 年出台的《中华人民共和国国民经济和社会发展"九五"计划和 2010 年远景目标纲要》提出：改革人才培养模式，由"应试教育"向全民素质教育转变，改革教学内容和课

---

① 应试教育的弊病主要表现为：只重视文化知识教学而轻视德、体、美及劳动教育；把升学作为基础教育的目的，甚至作为唯一目的；只重视重点校、重点班、毕业班和"拔尖学生"而放弃其他大部分学生；只强调知识的记忆和积累而忽视创造性、思维能力的培养；只抓学生考分，不顾学生身心健康；等等。

② 桑新民 .90 年代教育发展的趋势和提出的教育哲学课题 [J]. 教师教育研究，1990（3）：6-12.

程设置，加强学生综合素质的培养。1997 年，国家教委印发的《关于当前积极推进中小学实施素质教育的若干意见》指出："改革人才培养模式，由应试教育向全面素质教育转变，这是我国国民经济和社会发展对中小学教育提出的要求，是基础教育面临的一项重大任务。"在整个国家教育从应试教育向素质教育转轨的背景下，重点学校制度又将有着怎样的命运呢？

（一）义务教育阶段淡化重点学校制度

早在 20 世纪 80 年代，学界就对"义务阶段要不要办重点学校"提出了质疑。因为重点学校的存在致使义务教育阶段"择校热"愈演愈烈，也造成过早激烈竞争的局面。有鉴于此，国家出台淡化义务教育阶段重点学校的相关政策。首先，出台义务教育阶段就近入学政策以限制重点小学和初中的择校热。比如，1982 年，《关于当前中小学教育几个问题的通知》指出："小学教育属于普及性质，今后重点小学招收新生一律实行就近入学，不进行入学考试。"1986 年，《中华人民共和国义务教育法》规定："地方各级人民政府应当合理设置小学、初级中等学校，使儿童、少年就近入学。"其次，出台改革初中招生考试制度的相关政策。比如，1985 年教育部印发了长春等 5 市初中招生办法改革的经验材料，要求各地积极而稳妥地取消初中招生考试，逐步实现小学就近直接升入初中学习，并要求各地从 1986 年招生开始执行。[①]1988 年，教育委员会出台《关于转发天津、大连、济南市初中招生制度改革情况的通知》，要求"取消小学升初中的升学考试，实行就近入学"。

到了 20 世纪 90 年代，国家淡化义务教育阶段办重点学校的态度更加明显。1993 年，国家教委副主任柳斌在全国初中教育工作会议上的讲话中指出："义务教育阶段不应分重点校（班）和非重点校（班）。"他还在《基础教育要更好地为建设社会主义市场经济体制作贡献》一文中指出："义务教育是以法律手段强制推行的普及教育，因此在义务教育阶段不提倡搞重点小学、重点中学，而是要求凡承担义务教育的学校办学条件要标准化。小学不搞重点，初中淡化重

---

① 中国教育年鉴编辑部.中国教育年鉴（1985—1986）[M].北京：中国大百科全书出版社，1986.

点，要标准化，都要达标。"[1] 同年，国家教委出台的《关于减轻义务教育阶段学生过重课业负担、全面提高教育质量的指示》规定："义务教育阶段不应分重点学校（班）与非重点学校（班）。"1994年，《关于全面贯彻教育方针，减轻中小学生过重课业负担的意见》重申了这一规定。1997年，《关于规范当前义务教育阶段办学行为的若干原则意见》明确提出："坚持义务教育'免收学费''就近入学'及'平等受教育'的原则，不得人为地加大校际在办学条件、生源上的差距。义务教育阶段公办学校不得招收'择校生'和变相'择校生'，不设重点校（班）等。"

（二）高中阶段强化重点学校制度

20世纪90年代，虽然义务教育阶段办重点学校的趋势淡化，但高中阶段仍提倡要办好重点。时任国家教委副主任柳斌就曾指出："高中阶段从未讲不办重点。不但要办，而且要办好一批重点。目前也不设想每个县办好一所重点高中，有的县还没有这能力。到本世纪末，能不能提办好一千所重点高中，平均两县一所，要求在办学条件标准化的基础上还要实现教育的现代化，要有示范性、实验性，要为高校输送一大批合格的新生。"[2]

国家就办好重点高中出台了专门的政策。1994年7月，《国务院关于〈中国教育改革和发展纲要〉的实施意见》首次就办好实验性示范性高中作出规定："每个县要面向全县重点办好一两所中学。全国重点建设1000所左右实验性、示范性的高中。"1995年7月，《国家教育委员会关于评估验收1000所左右示范性普通高级学校的通知》（以下简称《通知》）指出："验收评估1000所左右重点示范性高中是一项国家战略，旨在加速人才培养，推动普通高中教育的发展。"《通知》确定了分批建设的时间进程，于1997年前后分三批评估验收；规定了有资格申报的高中的类型，"办学卓有成效的侧重升学预备教育、实行分流教育、侧重就业预备教育的高中和特色高中等"都可申报。配套出台了《示范性普通高级中学评估验收标准（试行）》，对示范性高中的办学规模、硬件设施（包括校舍

---

[1] 中国教育年鉴编辑部.中国教育年鉴1994[M].北京：中国大百科全书出版社，1994.
[2] 中国教育年鉴编辑部.中国教育年鉴1994[M].北京：中国大百科全书出版社，1994.

面积、图书资料、实验室等）、领导班子、师资力量、教学改革、课程设置、教学质量、办学特色、社会服务等各个方面都作了详尽的规定。该《通知》和配套政策掀起了新一轮的重点高中建设高潮，各地随即如火如荼地开展示范性高中的评选工作。譬如，1994 年，浙江省教委出台了《关于进一步办好省重点中学的意见》，提出了重点中学的办学要求和建设目标：到本世纪末，全省办好 100 所左右重点中学，并使其中 50 所左右能代表浙江水平的重点中学进入全国 1000 所重点中学的行列。1999 年，浙江省教育厅制定并印发了《浙江省等级重点普通中学评估方案（修订）》，规定省级重点高中评比的流程、标准、保障机制等。1999 年 4 月，上海市《关于本市开展实验性示范性高中规划评审的意见》的发布标志上海市实验性示范性高中建设工程正式启动。此外，四川、广东、内蒙古、甘肃、贵州、海南、黑龙江、江西、山东、宁夏等地区也出台了相关政策（见表 1-2）。

表1-2　若干地区示范性高中评比政策文件

地区	年份	文件名称
四川	1995	《关于进一步办好普通高中的意见》
	1996	《四川省普通高（完）中办学基本要求》 《四川省重点中学检查验收细则》
广东	1996	《广东省示范性普通高级中学评估验收实施办法》
内蒙古	1996	《内蒙古自治区普通高中教育改革和发展的意见》
甘肃	1997	《甘肃省关于加强普通高中教育工作的意见》 《甘肃省示范性普通高中办学标准》
贵州	1998	《贵州省省级示范性普通高中办学标准》 《贵州省省级示范性普通高中评估方案（试行）》 《贵州省省级示范性普通高中评估方案实施细则》
海南	1998	《海南省示范性高中学校办学标准及评估工作指导纲要（试行）》
黑龙江	1999	《黑龙江省示范性普通高级中学标准》 《黑龙江省示范性普通高级中学建设验收方案》
江西	1999	《关于进行省示范性普通高中评估验收的通知》 《江西省示范性高中评估验收指标体系》
山东	1999	《开展国家级示范性普通高中试评估的意见》
宁夏	2000	《关于加快普通高中教育改革与发展的意见》 《宁夏回族自治区重点普通高中认定标准》 《宁夏回族自治区示范性普通高中认定标准》

五、2000年至今：重点学校制度的精细化

20世纪末，我国基本完成"普九"任务，教育改革的重点转向"如何整体提升教育质量，促进基础教育公平发展"。此后出台的教育政策大多以此为价值追求。笔者对国家出台的三个教育政策文件（《中国教育改革和发展纲要》《面向21世纪教育振兴行动计划》《国家中长期教育改革和发展规划纲要（2010—2020年）》）做了词频分析，有如下发现：《中国教育改革和发展纲要》和《面向21世纪教育振兴行动计划》中"效益"出现的频次较高，分别为11次和7次，而《国家中长期教育改革和发展规划纲要（2010—2020年）》中"效益""效率"等词语的频次远低于"公平""均衡""薄弱学校""贫困地区"等词语（见表1-3）。由此可见，我国教育政策价值取向整体上从"关注效率"转向"注重效率基础上的公平、均衡发展"。追求教育公平已成为21世纪教育发展的趋势，教育均衡化发展是未来教育的主要特征。在此背景下，重点学校政策何去何从？

表1-3　国家三个教育政策文件中"效率""公平""均衡"等词语的出现频次

政策文件名称	关键词						
	效益	效率	公平	平等	均衡	薄弱学校	贫困地区
《中国教育改革和发展纲要》	11	0	0	0	0	0	1
《面向21世纪教育振兴行动计划》	7	0	1	0	0	1	3
《国家中长期教育改革和发展规划纲要（2010—2020年）》	2	3	18	5	11	9	12

（一）等级重点高中政策

从国家层面看，法律上已废除了义务教育阶段的重点学校制度。早在20世纪90年代，一些地方就出台政策，规定在义务教育阶段不再举办重点学校。2006年修订的《中华人民共和国义务教育法》第22条规定："县级以上人民政府及其教育行政部门应当促进学校均衡发展，缩小学校之间办学条件的差距，不得将学校分为重点学校和非重点学校。学校不得分设重点班和非重点班。"但国家对高中阶段办重点的态度仍是暧昧的，表面上看已不再出台专门的重点高中

政策，大有淡化之势，但事实果真如此吗？

就地方层面来看，重点高中政策不仅没有废止，反而得到了强化。始于20世纪90年代末的示范性高中评比在21世纪的头十年得到了深化。各地细化了示范性高中评比政策，有的省份建立了从省级到区县级的层层示范性高中体制，有的省份还形成了等级重点高中制度。

比如上海市就建立了"市—区县"两级示范性高中制度。上海的实验性示范性高中评比始于1999年，以市教委出台的《关于本市开展实验性示范性高中规划评审的意见》为标志。到2001年10月，上海已有49所学校的实验性示范性高中建设规划通过了专家评审，进入实施阶段。到2003年底，上海已有28所高中通过了总结评审，并进入下一轮建设。2004年，为促进上海高中教育的改革和发展，提升上海基础教育的整体水平，上海市教委颁布了《关于进一步推进本市实验性示范性高中建设的若干意见》。该文件更加明确地强调建设实验性示范性高中的意义、价值和任务。为扩大实验性示范性高中建设范围，上海市教委在市级实验性示范性高中建设的基础上，又进一步推出了区县实验性示范性高中建设项目。2005年10月，上海市教委颁发《关于加强本市区县实验性示范性高中建设的若干意见》，规定从2005年下半年起，上海开始进行区县实验性示范性高中的评审工作试点。2007年，上海市教委又命名闵行中学、吴淞中学、南汇中学等11所学校为"上海市实验性示范性高中"。[1] 至此，上海市建立了"市—区县"两级实验性示范性高中评比体制。截至2015年6月，上海市共命名了7批56所实验性示范性高中。

再如，浙江省逐步建立了等级重点高中制度。1995年，浙江省开展首批省一级重点中学评选，共评出20所省一级重点中学。2003年，浙江省教育厅出台《浙江省等级重点普通高中评估操作标准》，规定重点高中分为三个等级，分别为一级、二级、三级，并从办学指导思想、学校组织管理、师资水平、教育科研示范作用、办学条件、教育质量等六个方面对申报学校进行等级认定。

---

① 李进.上海教育发展60年重大事件纪实[M].上海：上海教育出版社，2010：195-196.

（二）特色高中政策

2010 年颁布的《国家中长期教育改革和发展规划纲要（2010—2020 年）》专辟章节阐述高中教育的变革，其中一点便是促进普通高中的多样化和特色化发展。随后，国家相关政策文件对此作了进一步的说明和阐释。譬如，2010 年 10 月，国务院办公厅颁布《关于开展国家教育体制改革试点的通知》，提出推动普通高中多样化发展。2012 年 1 月，教育部印发了《教育部 2012 年工作要点》，强调"推动普通高中多样化发展"，"加快普及高中阶段教育，保持高中阶段教育普职比大体相当。鼓励普通高中学校办出特色，探索区域高中多样化发展和学校特色发展的模式和办法"。各地对普通高中多样化和特色化发展作了具体解读，反映在行动上便是启动了"特色高中"建设项目。据不完全统计，仅 2011 年就有天津、辽宁、大连、湖南、黑龙江、南京、福建、浙江、广西等地出台了"特色高中"建设项目的政策文件，并启动了相关的配套措施。特色高中创建分为申报、评审、立项、建设、验收等环节，一旦被立项确定为特色高中，将得到政府经费、政策等方面的支持。譬如，天津市特色高中得到市教委的专项经费支持以用于加强特色实验室、特色实验基地、特色教材建设，在课程建设上比其他高中拥有更多的自主权。从建设结果来看，虽然一些非重点高中在办学成绩上得到认可并进入了特色高中的行列，但大部分特色高中仍然是原来的重点高中。以浙江为例，2011 年浙江开展了普通高中特色示范学校建设的评比并出台了一系列的建设和评比标准。对照标准，浙江开展了多轮特色示范高中评比，被评选为特色示范高中的学校大多仍是原来的省一级重点高中。

（三）拔尖创新人才早期培养政策

《国家中长期教育改革和发展规划纲要（2010—2020 年）》指出，"推动普通高中多样化发展"。在办学体制方面，"促进办学体制多样化，扩大优质资源"；在培养模式上，"推进培养模式多样化，满足不同潜质学生的发展需要"。换言之，普通高中应当探索出适合不同潜质的学生的教育模式，不仅要为学业成绩优异的学生提供发展平台，也要为学业成绩一般或较差的学生提供适切的教育。从本质上说，普通高中多样化发展实乃应允了重点高中的继续存在。用张华的话来说，"（普通高中）多样化"的提出加剧了我国普通高中教育的精英化倾向。由于"多样化"的内容包括"培养模式多样化"，并将"发现和培养创新人才"视为"多样化"的题中应有之义，各地政府不仅继续坚守和强化重点中学政策，而且还打着"培养拔尖创新人才"旗号，投入大量经费推行所谓"雏鹰计划""春笋计划"等，选拔极少数学生作为"拔尖创新人才"的苗子进行单独培养。[①] 例如，2010 年 4 月，上海出台《关于开展"上海市普通高中学生创新素养培育实验项目"的通知》，探索高中阶段拔尖创新人才早期培养的办学机制、课程设置、教学途径、学习管理与综合评价方法。根据该文件，有资格申报"创新素养培育实验项目"的学校限于上海市的实验性示范性高中。参与实验项目的生源主要来自项目实验学校自主招生和推荐，虽是自愿参与，但学生都是学校中"一等一的高手"。上海市教委对参与项目的学校给予启动经费支持，区县教育局则提供持续配套经费。上海市的"普通高中学生创新素养培育实验项目"本质上秉持的是"优中选优"的选拔原则，是在重点高中内部设置"重点班"。以上海市 S 中学为例，该校创办了 3 个创新实验班，分别为科技实验班、工程实验班、数学实验班。与 S 中学其他平行班相比，这些创新实验班在教学条件、课程设置和师资力量方面均优势明显。在教学条件上，学校共配备了 30 个左右的现代化创新实验室供学生进行课程学习。其中科技实验班和工程试验班的学生每人配备一台手提电脑以便于相关课程的学习和探究。在课程和师资配备方面，学生除了学习基础课程外，还学习专门课程和探究性课程。基础课程中提供 1 ~ 3 门的双语授课；专门课程和探究性课程则由高校、科研院所开发与授课。创新实验人才的选拔和培养所遵照的乃是"金字塔形"的人才理论，试图将智能最优异的学生选拔出来加以集中培养，背后所体现的仍然是设置重点高中的价值逻辑。因此，此举堪称重点高中政策 2000 年以来的新样态。

　　拔尖创新人才培养试验推行至今已有十余年，各地部分重点中学与民间资本联合开办了一些民办的注重人才早期培养的"英才初中"甚至是"英才小学"。这些"英才学校"利用"民办"性质收取高额学费，在区域内大肆开展"选拔掐

---

① 张华.我国高中教育发展方向：走向综合化[J].全球教育展望，2014（3）：3–12.

尖"，给区域内的学校教育生态造成了一定的负面影响，也为资本参与优质教育分配提供了渠道，一定程度上违背了教育公平原则，不利于我国未来良好教育生态的构建。2021 年，教育部等八部委共同发布《关于规范公办学校举办或者参与举办民办义务教育学校的通知》，突出义务教育的公益性、公平性和人民性，理顺"公参民"学校体制机制，着力建构公办教育、民办教育各安其位、相互促进的教育格局。该通知是对拔尖创新人才早期培养政策的一种规范和指导。

第二节　中国重点中学的发展特征

政策制度具有导向性，我国重点学校制度的任何嬗变与调整都对事实层面重点中学的数量、资源配置、办学质量等产生影响。

一、数量上呈"M"型发展态势

我国重点中学在数量上经历了"从无到有，从少到多"的变化过程，其中"文革"时期被彻底废除，"文革"以后又经历了大发展。

（一）重点中学从无到有

20 世纪 50 年代中期，随着我国重点中学制度的出台，各地结合教育现状与社会发展需要，规定了应当重点办好的中学数量。其中，北京 20 所，江苏 14 所，天津、上海、四川、安徽、福建各 10 所，浙江 9 所，山东 8 所，河北 7 所，湖南 6 所，松江[①]、广东、河南、湖北各 5 所，广西、沈阳、吉林、山西、重庆、陕西各 4 所，云南、贵州、辽东、辽西、江西各 3 所，武汉、黑龙江、旅大[②]、甘肃、西安各 2 所，青海、宁夏、新疆、西藏、绥远、热河、鞍山、抚顺、本溪、广州、内蒙古各 1 所。全国重点中学总计 194 所，占全国中学总数的 4.4%。[③] 以上海为例，1954 年，上海市政府批准市东中学、市西中学、上海

---

① 松江省大致位于松花江右岸，来源于老吉林，1945 年 8 月 31 日国民党政府拟定重划东北行政区划时的省名。中华人民共和国成立之后，松江省成为省级行政单位。1954 年 6 月 19 日，中央人民政府决定撤销松江省建制，与黑龙江省合并。同年 8 月 1 日，两省机构正式合并。

② 旧市名。1950 年由大连市改设旅大市，1981 年复改大连市。

③ 中国教育年鉴编辑部 . 中国教育年鉴（1949—1981）[M]. 北京：中国大百科全书出版社，1984：167.

中学、育才中学、继光中学、复兴中学、虹口中学、第一女中、第二女中、第三女中等 10 所中学为重点中学，并对这些重点学校建设提出具体要求和发展目标。[①] 在确定重点学校之后，市教育行政部门采取了一系列工作措施，加强重点学校建设，主要包括充实领导力量，调配师资骨干，严格新生入学条件，适当增加设备，扩大校舍或场地，初中全部开设外语课程等。[②] 重点学校制度从出台到全面实施所用的时间非常短，这从一个侧面表明这种制度在当时的历史条件下是被绝大多数人认可的。在教育资源十分有限的情况下，重点学校制度是确保教育质量的关键。

（二）重点中学第一个发展高潮

在国家政策的扶持下，重点学校迎来了 1949 年以来的第一次发展高潮，数量显著增加，办学条件明显改善。1963 年，我国 27 个省（区、市）确定的重点中学共 487 所，占公办中学总数的 3.1%。与 1953 年相比，虽然重点中学占公办中学总数的百分比有所下降（1953 年占 4.4%），但大多数地区重点中学的数量都增加了。以北京为例，1953 年北京确定办好的重点中学数为 20 所，而 1963 年确定了 27 所市属重点中学，分别为二中、四中、五中、六中、八中、九中、二十五中、二十六中、三十一中、一〇一中、女一中、女二中、女三中、女四中、女五中、女十二中、女十三中、四十三中、四十七中、六十五中、回院附中、牛栏山中学、师大一附中、师大女附中、清华附中、北大附中、河北北京中学。[③]

（三）重点学校数量急剧下降

"文革"期间，随着重点学校制度被彻底废除，重点学校也名存实亡，重点学校的数量、师资、办学条件都得不到保障。周全华的《"文化大革命"中的"教育革命"》一书阐述了这一特殊历史时期重点学校的命运。

---

① 李进.上海教育发展 60 年重大事件纪实 [M].上海：上海教育出版社，2010：42.
② 李进.上海教育发展 60 年重大事件纪实 [M].上海：上海教育出版社，2010：42.
③ 转引自隋子辉."无产阶级政治"指导下的北京市中小学教育（1949—1966）[D].北京：首都师范大学，2012：71.

"文化大革命"批判"小宝塔"并非空穴来风。但是"文化大革命"的批评，使用的武器是文化平均主义和"阶级斗争"错误理论，把社会主义初级阶段必不可少的差别说成是"阶级分化"，批判"小宝塔"是培养少数"精神贵族"，培养学习尖子是培养"修正主义特权阶层"，划分重点学校是办"贵族教育"，搞"天才教育"，重新"对劳动人民子女实行文化专政"，从而根本否定高质量教育存在的意义，根本否定社会有意识培养高精尖人才的必要性。

这一声势浩大的批判，对一批办得卓有成效、声名远播的重点学校打击非常之大。这些名牌学校的富有教学才华的名教师，惨遭迫害，折磨致病伤残死者不少，队伍失散，设备仪器破坏，多年积累而成的经验、校风、传统，扫地以尽。北京市第二实验小学是一所重点小学，创办于1909年，位于西单手帕胡同，前身为国立北京女子高等师范学校附属两等小学堂，有悠久的良好的教育传统。"文化大革命"期间该校办"批判修正主义教育路线"展览，拿出示众的竟是拔尖学生"笔记工整的作文"和"全年无错题的算术本"。

此后取消重点学校，调走骨干，撤销优待政策，按社区就近招生，名牌学校变得毫无特色，消失在大量新办的普通社区学校之中。"小宝塔"结构的学校体系，改造成"水平面"结构，取消了小学升初中，初中升高中的竞争择校考试，学生一律就近入学，在学校里也禁止划分重点班，废止留级，实现了平均主义的机会平等。①

从这段描述来看，"文革"时期的重点学校遭遇了毁灭性的打击。表现为：大量名牌学校办学传统被毁，师资力量流失，教学仪器设备被破坏，竞争性的招生选拔体制被彻底废除，教学质量低下。

另外，邢铁回忆了"文革"时期其在河北新河中学求学的经历，从中也反映了当时重点高中招生、办学等方面的特点。

---

① 周全华. "文化大革命"中的"教育革命" [M]. 广州：广东教育出版社，1999：168–169.

新河中学原名"河北新河中学"，是省属重点中学，也是新河县的最高学府，"文革"期间一度改名为"东方红中学"。1968 年原来的学生全部离校后，停顿了两年，1970 年开始恢复招生，只招高中班。我们是 73 级，入学是经过考试的，类似现在的招生，只是简单得多，数学、物理和化学一张卷，政治、语文和英语一张卷，语文就是一个作文题"记一个三好学生"。考试成绩没有公布，我们也不在意，能上就行了，因为还不是完全按分数录取，还要有大队和公社的推荐（政治把关），家庭出身有问题的成绩好也不行，县里头头脑脑的孩子考不考都能上。……现在看来，那时候的考试确实过于简单，也很不规范，但毕竟是恢复招生考试了。①

"文革"中的学制改革，是教育革命的一个突出表现，其主要特征是把原来中小学和大学水平的"双轨制"加以合并，把重点学校与业余学校合并；并把基础教育周期缩短为 9 年，把高等教育的周期缩短为 2~3 年，使正规教育与非正规教育的界限模糊。其目的在于创造一个平等的教育机会，关注群众教育，将学校与社会相结合，缩小城乡差别，开办面向工农的单轨制群众教育。②

从邢铁的回忆来看，当时的重点高中在招生方面抛弃了成绩和能力指标。成绩优异和头脑聪明不再是重点高中选拔招生的标准。当时重点高中的教学秩序或多或少受到停课闹革命的影响，教学内容、方法等均受干扰，教学质量明显下降。

（四）重点中学第二个发展高潮

改革开放至 20 世纪 80 年代，随着重点学校制度的恢复，我国重点中学数量有了一定增长，迎来了 1949 年后的第二个发展高潮。③ 至 1979 年底，全国已

---

① 邢铁.文革后期中学生活忆述 [J].文史精华，2011（6）：30–35.
② 陈矩弘."文化大革命"时期福建教育革命研究 [D].福州：福建师范大学，2004：44.
③ 袁振国.论中国教育政策的转变：对我国重点中学平等与效益的个案研究 [M].广州：广东教育出版社，1999：32.

有重点中学 5200 多所，在校学生 520 万人，占中学生总数的 8.8%。[①]至 1981 年，全国各省、自治区、直辖市（不包括上海市）共有中学 106718 所，高中及文理中学 24447 所，重点中学 4016 所，重点中学占中学总数的 3.8%，占高中及文理中学的 16.4%。[②]与 1963 年相比，重点中学的绝对数量增长了 7.25 倍（1963年全国重点学校总数为 487 所），比重提高了 0.7%（1963 年为 3.1%，1981 年为 3.8%）。在地方上，广东省 1963 年共有 10 所重点中学，而 1986 年达到 126所（省重点中学 18 所，市、县重点中学 105 所，部门重点中学 3 所）；福建省 1963 年仅有 14 所重点高中，而 80 年代共有 90 所（含华侨重点中学 3 所），其中首批办好 17 所；陕西省重点高中从 1963 年的 10 所增长到 1981 年的 115 所；上海从 1963 年的 13 所增加到 1981 年的 76 所；山西省从 1963 年的 41 所增长到 1981 年的 291 所。

（五）重点中学数量稳步增长

20 世纪 90 年代，随着《国家教育委员会关于评估验收 1000 所左右示范性普通高级学校的通知》的出台，重点中学数量继续保持稳中增长。比如，1994年，浙江省有 92 所重点中学，比 1981 年底的 80 所增加了 12 所。1997 年，重庆市有高中校（点）279 所（处），其中重点中学 41 所。2005 年，河南省取消了原来的省、市级重点中学的称号，改称示范性普通高中，经专家评估后才能获得该称号。河南省首批确定了 57 所示范性高中，比原来全省 24 所重点高中增加了 33 所学校，增加了近 7 万个优质教育名额；同时，确定了 63 所市级示范性普通高中。[③]可见，在重点中学制度多样化发展阶段，重点中学的数量并没有减少，而是持续稳步增长。

二、关注升学率和办学特色

我国重点中学的评价标准经历了两个发展阶段。第一阶段是重点中学确立

① 中央教育科学研究所.中华人民共和国教育大事记（1949—1982）[M].北京：教育科学出版社，1984：508，568.
② 中国教育年鉴编辑部.中国教育年鉴（1949—1981）[M].北京：中国大百科全书出版社，1984：169.
③ 朱荣臻.河南省级示范性高中体育资源现状调查研究[D].郑州：郑州大学，2011：15-16.

到 20 世纪 80 年代末，主要以升学率作为重点中学的衡量标准。第二阶段是 20 世纪 90 年代至今，主要以"综合发展，关注特色"作为衡量标准。

（一）第一阶段：升学率是界定重点中学的主要指标

这一阶段的政策文件指出，所谓重点学校是指"领导干部较强，教师、校舍、设备等条件较好的全日制中、小学校（包括当地高等学校、机关、厂矿企业举办的基础教育的全日制中、小学校）"①。该描述中带有评价色彩的"较强""较好"等词语具有一定的模糊性，很难认定，因此实际操作中往往选定清晰的、量化的标准来确定重点中学，其中升学率是最主要的评价标准。当时的学校大体上被分为三类：第一类最好的学校，每年有多达 70%~90% 的毕业生考进大学；第二类学校的高考升学率一般在 15%~30%，或不到 15%；第三类包括民办中学和农业中学，它们的学生通常无法升入大学。"中考和高考升学率最高的那些学校被确定为重点，它们保证能得到最好的教师，最宽裕的经费，最好的设备，以及提供优秀的小学、中学毕业生。在中学入学考试中分数最高的学生被分入第一类学校，其他按分数高低分入下一类学校。虽然只有 1962 年在地方报纸上正式宣布过这种做法，公布过结果，但这种升学率排名次的做法却一直在内部采用，而且以后在公众心目中成为评价学校优劣的依据。"②可见，升学率决定着学校的排名以及学校所能获得的教学资源和办学设备，甚至左右着师资的配备和生源的质量。升学率实质上成为重点中学的招牌和护身符。重点中学的升学竞争十分激烈，为了备考，学生往往要废寝忘食。这种激烈的升学竞争在当时的中国是一种常态，并且得到政府高层人员的鼓励和赞同。时任福建省教育厅厅长的王于畊曾公开支持这种升学竞争。"她以其地位和声望，支持这种努力，并亲自去访问升学率高的沿海城市和学校。她激励他们继续竞赛，争取优胜红旗。另外，一名被访问的学生说，这种竞争进行得如此热切坚决，以致在经济萧条的那些年月里，他们的学校要求低年级学生把口粮的一部分捐给

---

① 《教育部关于有重点地办好一批全日制中、小学校的通知》（1962 年 12 月 21 日印发）。
② 麦克法奈尔，费正清. 剑桥中华人民共和国史（1949—1965）[M]. 金光耀，等译. 上海：上海人民出版社，1990：461.

毕业班的学生。这不但在考前知识填塞的紧张时期加强了他们的体力，而且也将全体学生吸引进了这场为学校赢得承认、为学校'争光'的斗争中去。"①

（二）第二阶段："综合发展，关注特色"是主要衡量标准

这一阶段的重点中学的评定流程是"建设—申报—评估"。各个学校根据自身办学现状，按照重点中学建设的标准建设，然后向教育行政部门申报，教育行政部分组织专家进行评估。通过评估则被认定为重点学校，再享受相关的政策优势。

这一阶段，教育行政部门看到了重点中学在建设过程中存在的种种问题，比如单纯追求升学率而忽视学生的德智体全面发展，教育教学改革停滞不前，等等。因此，教育行政部门通过明确重点中学评估标准引导重点中学加强建设。1995 年，国家教委出台了《示范性普通高级中学评估验收标准（试行）》。从国家验收评估的要求来看，实验性示范性高中关注学校的发展特色、办学质量，注重学生的德智体美等各方面素质的全面发展，强调学校文化历史的积淀……总之，从办学条件、学校规模、课程教学、德育工作、示范性作用发挥等各个方面限定了办学标准。

示范性普通高级中学评估验收标准（试行）②

为在全国有计划、分步骤地评估验收 1000 所左右示范性普通高级中学（以下简称示范性高中，含独立高中和以高中为主的完全中学），特制定本标准。

第一条 国家教育委员会评估验收的示范性高中是指全面贯彻教育方针，模范执行教育法律、法规和有关政策，办学思想端正，积极开展教育教学改革，教师素质和办学条件好，管理水平和教育质量高，

---

① 麦克法奈尔，费正清 . 剑桥中华人民共和国史（1949—1965）[M]. 金光耀，等译 . 上海：上海人民出版社，1990：461-463.

② 国家教委 . 关于评估验收 1000 所左右示范性普通高级中学的通知 [EB/OL]. (1995-07-03)[2021-12-25]. http://www.chinalawedu.com/falvfagui/fg22598/21545.shtml.

办学有特色，学生德智体全面发展，社会和高等院校对其毕业生评价较好，有较长的办学历史，在省（自治区、直辖市）内、外有较高声誉的普通高级中学。

第二条　示范性高中在加强德育工作、教育教学改革、教育科学研究、学校管理、勤工俭学等方面对其他一般普通高级中学起示范作用；在师资培训、设备使用等方面发挥基地作用。

第三条　学校高中班数一般不低于 18 个，每班学生不超过 50 人。

第四条　有与学校规模相适应的和进行正常教学活动所需的校园和校舍。校园占地面积，城市学校一般每生不少于 25 平方米，农村学校一般每生不少于 30 平方米。校舍建筑面积，城市学校一般每生不少于 10 平方米，农村学校一般每生不少于 12 平方米(不含教职工家属住房)。

第五条　有满足教育教学需要的各类教学和教学辅助用房、设施、设备、仪器、标本、模型、挂图等。有保证学生一人一组或二人一组进行实验操作的条件。有从事实验室工作的技术和管理人员。按照有关学科课程标准的基本要求，教师的演示实验与学生的分组实验开出率为 100%。有微机室、语音室和电教室。

第六条　有足够使用面积和设施的图书馆。教师资料室和学生阅览室的座位分别按不低于教师总数的 40% 和学生总数的 20% 设置。藏书量为每生 50 册以上，报刊种类达到 150 种以上，工具书、教学参考书种类达到 300 种以上。音像资料、计算机教学软件的数量和种类基本满足教学需要。有懂业务的专职图书、资料管理人员。

第七条　有与学校规模相适应的体育运动场地。位于城市市区的学校有 300 米环形跑道，位于市郊、县城和农村的学校有 400 米标准环形跑道；有满足体育教学和体育活动需要的设施、器材。有条件的学校要有体育馆或风雨操场，游泳池或滑冰场。

第八条　学校卫生室的器械与设备，要达到国家教育委员会规定的 I 档配备标准；要有必备的常用药物。

第九条　学校布局合理，校园整洁、优美，环境体现教育性；校舍光线充足，通风良好；校园生均绿地面积达到 1 平方米以上；校园道路畅通、坚实平整，消防车能通达每幢建筑物；卫生、消防、供水、排水、供变电等设施完备；学校附近无污染源，保证师生的健康和安全。

第十条　有稳定的教育经费来源，学校基本建设、大型设备添置等专项经费纳入地方政府的财政预算。通过政府拨款、校办产业创收、社会及个人捐资助学等多种渠道，使经费能够满足教育教学需要，并保证生均公用经费的逐年增长。

第十一条　校长任职条件按国家教育委员会有关规定执行。学校领导班子结构合理，人员精干，具有大学本科以上学历（包括同等学力）或具有中级以上职称，精通教育教学和学校管理业务，具有较强的教育科学研究能力，遵纪守法，廉洁奉公，勇于开拓。

第十二条　学校实行校长负责制，有健全的组织机构和各项规章制度。积极进行内部管理体制改革，完善激励机制，提高办学效益。学校管理手段现代化。学校党组织的监督、保证作用和教职工代表大会的作用得到充分发挥。

第十三条　有与学校教育教学工作需要相适应的专职、兼职相结合的师资队伍，并有切实可行的教师培养、培训计划。教师热爱教育事业，热爱学生，教育思想端正，为人师表，业务能力较强，一般应具有大学本科以上学历。具有中级以上职称的教师占教师总数的 70% 以上，其中高级教师占教师总数的 30% 以上；部分教师应当是省内有影响的教学骨干。

汉族师生在校园内、少数民族师生在用汉语进行教学时，应讲普通话、书写规范的简化汉字。

教师与学生的比例不低于 1∶10。

学校职工队伍精干高效，有效地为教育教学服务。非教学人员与教学人员的比例适当。

第十四条　有反映学校办学宗旨和特色的改革与发展规划及实施方案。有教育实验项目，并取得有一定影响的科研成果。教育质量在当地居领先地位。

第十五条 认真贯彻国家制定的指导性课程方案，深化教学改革，形成较为完备的学科类课程（包括必修课和选修课）和活动类课程体系，加强教学管理，教学手段现代化，切实减轻学生过重的课业负担，重视培养学生能力，发展学生个性和特长。

第十六条 德育机构、队伍健全，基地落实。形成学校、社会、家庭互相配合，互相促进的德育工作网络。把德育寓于各科教学和学校各项工作之中，并取得显著成效。

第十七条 认真贯彻落实学校体育、卫生工作条例，严格按照课程方案要求上好体育课，积极开展课外体育锻炼。控制近视眼发病率。学生身体素质良好。

第十八条 有艺术教学设备和专用教室，配备专职与兼职教师。按课程计划要求开设音乐、美术必修课和有关选修课，开展丰富多彩的文艺活动。学生具有较高的艺术欣赏能力和一定的艺术表现能力。

第十九条 按课程计划要求开设劳动技术课，教材、师资、设备、场地落实。学校内外有开展勤工俭学、劳动锻炼的基地。学生劳动观念强，并掌握一定的劳动技能。

第二十条 学校行政后勤工作坚持为教学服务，为师生服务；坚持勤俭办学，严格财务制度；管理好校舍、校产；开展勤工俭学，办好校办产业。

第二十一条 采取选派干部和骨干教师、提供设备和场地、联合办学和办分校等多种形式帮助一般高中，尤其是薄弱高中，并取得显著效果。

第二十二条 本标准自发布之日起施行。

第二十三条 本标准的解释权在国家教育委员会。

三、"公办名校"的性质不曾改变

我国办重点中学的历史条件从"又穷又急"转变为"各方面资源较为丰富，

各类人才储备也较为丰富"，但唯一不变的是目前我国的重点高中仍然是典型意义上的"官办名校"。这与我国民办教育不发达的现实息息相关，也与我国对重点中学发展的导向分不开。纵观我国重点中学的发展历史，不难发现，2010 年以前的重点中学制度都局限于"公办高中"。2010 年《国家中长期教育改革和发展规划纲要（2010—2020 年）》颁布以来，多地开始了普通高中多样化发展的尝试，鼓励公立的或私立的非重点高中特色化办学。这些或公立或私立的非重点高中可申报特色化和多样化办学项目来取得政府经费、资源等方面的支持。虽然"官办名校"仍然是这些项目的主要支持对象，但也有少数的非重点高中因为特色化办学取得了项目资助和扶持。比如，南京市开展普通高中多样化实践以来，民办南京外国语学校仙林校区、南京九中等非重点高中取得了南京市政府的相关资助。再如，2012 年浙江省开展特色示范高中评比以来，少数非重点高中（杭州第七中学、杭州绿城育华中学、奉化武岭中学、义乌市义亭中学、杭州市源清中学、宁波市第四中学等）成功跻身特色示范高中之列。上述种种尝试，虽未打破"官办名校"的重点高中模式，但至少政策上已意识到要关注那些自发成长起来的"好"学校。

四、各类办学资源的优先确保

冯建军指出："任何教育都需要借助一定的资源条件，资源的优劣决定着教育的结果。所以教育的结果公平又取决于教育过程的公平，即资源的配置公平。这样，教育过程中资源配置的公平，成为现阶段教育公平的核心与关键。"[①] 在各类资源配置过程中，重点中学具有较大优势。

（一）硬件设施优势

除"文革"时期之外，在重点中学制度发展的任一阶段，重点中学在硬件设施上都拥有优先配置权。譬如，20 世纪 60 年代出台的《关于有重点地办好一批全日制中、小学校的通知》就规定，要充实教学所必须具备的物质条件，包括校舍和图书、仪器、体育、卫生设备；中学应当配备够用的物理、化学、生物实验

---

① 冯建军. 普通高中教育资源公平配置问题与对策研究：以江苏省为例 [J]. 教育发展研究,2010(12): 1–7.

室和图书阅览室［以北京市为例，要求重点中学每班都配备一个基本合格的教室，此外每校至少有 5 个实验室（物理、化学各 2 个，生物 1 个），4 台录音机］；保证教师有必要的教学参考书与工具书，补充学生的课外读物；翻修操场，更换不合格桌椅设备；适当提高经费拨款，用于教学和办公等。

20 世纪 80 年代，重点中学的硬件设施和仪器设备同样得到了优先配置。譬如，上海市教育局为重点学校配备了电视机、录音机、幻灯机和教学仪器，扩建了实验室，拨发教学仪器、电教设备经费共 300 多万元，平均每所重点中学 11.9 万元。[①]1984 年，辽宁省人民政府为落实"计算机的普及要从娃娃做起"[②] 的指示精神，拨款 24 万元为重点中小学购置电子计算机。[③]1986 年，北京市购进彩色录像机 300 套、计算机 220 套，分配给部分市重点中学。[④] 湖北省则为重点中学提供基建投资补助，主要用于学校教室、图书阅览室、实验室的建设。[⑤] 可见，各地政府对重点中学硬件设施的配备极为重视。

20 世纪 90 年代，重点高中的办学条件进一步改善。袁振国的调查显示，重点高中的实验室配备、仪器设备、校舍面积、人均图书拥有量等方面均显著优越于非重点高中。实验室配备方面，A 地重点中学 1990 年有 20 个实验室，1992 年 22 个，1994 年 26 个，1995 年 26 个；非重点中学 1990 年 5 个，1992 年 5 个，1994 年 7 个，1995 年 7 个。[⑥]B 地县重点中学 B1 在 80 年代初就配备有实验室 7 间，区重点中学 B2 配备有 3 间，而非重点中学 B3 一直到 1982 年还没有配备

---

① 教育部普通教育一司 . 中学教育经验选编 [M]. 北京：人民教育出版社，1980：222.

② 1979 年 2 月，邓小平参加上海展览馆的十年科技成果展，见到了计算机小操作手李劲，被其熟练的计算机技能所吸引，并指出"计算机的普及要从娃娃做起"。由此开启了中国计算机普及事业。

③ 中国教育年鉴编辑部 . 中国教育年鉴（1985—1986）[M]. 北京：中国大百科全书出版社，1986：166–183.

④ 中国教育年鉴编辑部 . 中国教育年鉴（1985—1986）[M]. 北京：中国大百科全书出版社，1986：126–136.

⑤ 1984 年，湖北省教育厅发布《关于印发〈湖北省普通教育基本建设管理试行办法〉的通知》，规定了省教育基建投资补助范围，"近期内，主要限于厅直属学校，调整后保留的中等师范学校，省重点中学，调整后保留的地、市、州教师进修学院和县一以上首批办好的地、市、州重点中学"；还规定省补助的教育基建投资"一般按学校单项工程（投资）的三分之一至二分之一补助。在项目安排上，首先用于学校教室、图书阅览室、实验室的建设，其次补助生活用房"。《关于印发〈湖北省普通教育基本建设管理试行办法〉的通知》极大地促进了重点中学和师范学校的建设，1984—1986 年，湖北省重点中学和师范学校办学条件迅速改善。参见中国教育年鉴编辑部 . 中国教育年鉴（1985—1986）[M]. 北京：中国大百科全书出版社，1986：1–15.

⑥ 袁振国 . 论中国教育政策的转变：对我国重点中学平等与效益的个案研究 [M]. 广州：广东教育出版社，1999：49.

一间。到 1995 年，县重点中学 B1 实验室增加到 22 间，区重点中学 B2 增加到 18 间，非重点 B3 增加到 6 间。① 仪器设备方面，重点中学仪器配备投入多于非重点中学。A 地 90 年代重点中学在仪器设备方面投入的经费分别为 1990 年 4 万元、1992 年 4.5 万元、1994 年 5 万元、1995 年 5 万元；而非重点中学 1990 年为 0.4 万元、1992 年为 0.5 万元、1994 年为 2 万元、1995 年为 2 万元。② 校舍面积方面，1981—1989 年非重点中学 B3 的人均面积一直是 3 平方米，1990 年扩大到人均 3.5 平方米，1994 年扩大到 5 平方米；1981 年重点中学 B2 人均校舍面积 3.9 平方米，1990 年为 6.8 平方米，1994 年达到 7.9 平方米。③ 人均图书拥有量方面，在 A 地，重点中学 1990 年人均拥有 20 册图书，1992 年 22 册，1994 年 24 册，1995 年 25 册；非重点中学 1990 年 7 册，1992 年 8 册，1994 年 10 册，1995 年 11 册。④

21 世纪以来，被认定为示范性高中或特色高中的学校依然在办学条件上具有绝对优势。一方面，这类学校中的大部分是曾经的老牌重点中学，积聚了优越的办学条件；另一方面，被认定为示范性或特色高中之后，相关拨款可观。麻晓亮等人的研究表明，中国西部的示范性高中的体育场馆的达标率、理科实验室设备的达标率均高于非示范性高中。⑤ 刘凯等比较了欠发达地区示范性高中和非示范性高中资源配置的差距，发现欠发达地区各县都投入巨资来建设示范性高中。以甘肃泾川县为例，该县共有 3 所高中。自 2002 年起，该县对省级示范性高中泾川一中进行重建、改造的基建资金累计达 3200 万元，其中有投资 150 万元的多媒体教室和电子备课室，投资 720 万元的多媒体演播室，投资 900 万元、建筑面积近 1 万平方米的科技大楼，投资 600 万元、建筑面积近 1 万平方

---

① 袁振国 . 论中国教育政策的转变：对我国重点中学平等与效益的个案研究 [M]. 广州：广东教育出版社，1999：53.

② 袁振国 . 论中国教育政策的转变：对我国重点中学平等与效益的个案研究 [M]. 广州：广东教育出版社，1999：48.

③ 袁振国 . 论中国教育政策的转变：对我国重点中学平等与效益的个案研究 [M]. 广州：广东教育出版社，1999：53.

④ 袁振国 . 论中国教育政策的转变：对我国重点中学平等与效益的个案研究 [M]. 广州：广东教育出版社，1999：49.

⑤ 麻晓亮，李耀青，安雪慧 . 西部县级普通高中学校规模及办学条件研究 [J]. 中小学管理，2008（12）：25-28.

米的学生公寓楼，等等。而另外两所非示范性高中玉都中学、高平中学则仍存在着大面积的土木结构校舍，危房率分别约为 17% 和 21%。2004 年，泾川一中在校学生数为玉都、高平两所高中学生总数的 1.6 倍，但在固定资产购建、维护支出方面的费用，超过这两所高中总和的 3 倍。①

（二）优质师资配备

在教育领导和师资力量配备上，重点中学享受政策优惠。譬如，北京市 1963 年对重点中学领导干部进行了补充。牛栏山中学配备一名领导全面工作的校长，一〇一中配备一名中国共产党支部书记，二十六中配备一名管教学工作的教导主任，10 所学校中有 7 所配备了能力较强的总务主任。同时，为语文、数学、外语等基础课程配备更充裕的教师，其中增加语文教师 20 人，数学教师 15 人，英语教师 40 人；为每一门基础学科配备了 2~3 名骨干教师，将最优秀的大学毕业生分配到重点中学。②

20 世纪 80 年代，相关政策对重点中学领导班子的资质和要求作出了明确规定："学校领导班子要少而精。要把能够执行党的路线、方针、政策，有教学经验，有管理能力，年富力强的教师提拔到领导岗位上。不适合学校工作的领导干部要进行调整。"③ 譬如，上海让一些从事多年教学工作、熟悉教学业务、有一定管理经验的老校长恢复职务。④ 广东省为重点中学校长的专业发展提供专门的培训。1986 年，开办重点中学校长研究班，半年一期，系统学习学校管理；第一期学员 38 人。⑤

改革开放至 20 世纪 90 年代，各地择优将高等师范院校的毕业生分配到重点学校；抽调骨干教师，确保重点学校至少有 1/3 的经验丰富的骨干教师。譬如，上海市从高校毕业生中择优分配一部分到重点学校，共补充了 260 人，平

① 刘凯.创建示范性高中不利于欠发达地区县域高中教育的均衡发展：甘肃省高中教育资源县域内配置失衡问题研究 [J].中小学管理，2005（12）：12–13.
② 隋子辉."无产阶级政治"指导下的北京市中小学教育（1949—1966）[D].北京：首都师范大学，2012：71.
③ 《教育部关于分期分批办好重点中学的决定》（1980 年 10 月 14 日印发）.
④ 教育部普通教育一司.中学教育经验选编 [M].北京：人民教育出版社，1980：222.
⑤ 中国教育年鉴编辑部.中国教育年鉴（1985—1986）[M].北京：中国大百科全书出版社，1986：318–328.

均每校 10 人。另外，各区、县、局调配了 244 名教师支援重点学校。[①]广东省重点中学师资基本配套，素质良好，学历达标者占 50% 以上。[②]从结果上看，重点中学在师资力量配备上远优于非重点中学。袁振国的研究表明，A 地（经济发展速度一般的内地地区）1990 年重点中学共 47.0% 的教师为本科学历，非重点中学则为 18.0%；1995 年重点中学本科学历教师高达 52.1%，而非重点中学仅为 21.1%。[③]B 地（改革开放以后经济发展比较快的长江流域的小型城市）1981 年重点中学的教师本科毕业率已经达到 40.0% 左右，而当时非重点学校只有 10.0%，到 1993 年重点中学上升到 76.0%，非重点中学上升到 21.0%。[④]

21 世纪以来，重点中学的师资力量依然保持优势。对甘肃省县域高中的一项调查表明，2004 年甘肃省 20 个县区示范性高中的教师，本科学历达标率在 58%~92%，高级教师占比为 13%~29%；非示范性高中的教师，本科学历达标率在 22%~55%，高级教师占比为 0%~11%。[⑤]冯建军的研究指出，江苏省的星级高中聚集了最优秀的教师。以江苏省 M 县为例，该县共有普通高中 9 所，其中 F 高中是唯一一所四星级高中（三星级高中 5 所，二星级高中 3 所）。全县 7 位特级教师全部在 F 高中任教，该校学科带头人、骨干教师和高级教师的比例远大于其他学校。[⑥]

（三）经费优先满足

重点中学在教育经费上往往能得到优先满足。袁振国比较了 A（经济发展速度一般的内地地区）、B（改革开放以后经济发展比较快的长江流域的小型城市）、C（经济发达的沿海城市）三地若干所重点中学和非重点中学的生均教育经费，发现重点中学略微高于非重点中学。A 地 1986 年重点中学的生均教育经

① 教育部普通教育一司. 中学教育经验选编 [M]. 北京：人民教育出版社，1980：222.

② 《教育部关于分期分批办好重点中学的决定》（1980 年 10 月 14 日印发）。

③ 袁振国. 论中国教育政策的转变：对我国重点中学平等与效益的个案研究 [M]. 广州：广东教育出版社，1999：48.

④ 袁振国. 论中国教育政策的转变：对我国重点中学平等与效益的个案研究 [M]. 广州：广东教育出版社，1999：52.

⑤ 刘凯. 创建示范性高中不利于欠发达地区县域高中教育的均衡发展：甘肃省高中教育资源县域内配置失衡问题研究 [J]. 中小学管理，2005（12）：12–13.

⑥ 冯建军. 普通高中教育资源公平配置问题与对策研究：以江苏省为例 [J]. 教育发展研究，2010（12）：1–7.

费为 161 元，非重点中学为 140 元[①]；B 地 1985 年县重点中学的生均教育经费为 282 元，区重点中学为 248 元，非重点中学则为 220 元；C 地重点中学与非重点中学的生均教育经费差异并不大。另有研究表明，宁夏 W 市 2010 年示范性高中所获得的政府教育经费远高于非示范性高中，其中学校名气越大财政拨款越多。示范性高中 A 获得的财政拨款为 1482.34 万元，示范性高中 B 为 1230.71 万元，非示范性高中 C 为 850.30 万元。[②] 然而两类中学的附加教育经费差异巨大。在袁振国的研究中，1990 年 A 地的 3 所重点中学的附加教育经费为 1989 年 12 万元、1990 年 12 万元、1991 年 2 万元、1992 年 8 万元、1993 年 28 万元、1994 年 73 万元、1995 年 220 万元、1996 年 500 万元；而非重点中学没有得到附加经费。[③] 再如宁夏 W 市，2010 年示范性高中 A 的学杂费与其他来源经费收入总额是 810 万元，其中择校费与复读费总额为 190 万元；示范性高中 B 的学杂费与其他来源经费收入总额为 670 万元，其中住宿费为 87 万元，择校费与复读费为 90 万元；非示范性高中 C 的学杂费收入总额为 350 万元，择校费与复读费总额非常低。[④]

（四）生源选拔优势

20 世纪 60 年代，教育行政部门对重点学校招生予以一定的政策倾斜，通过适当扩大招生范围保证重点学校能够招到优秀的学生。《关于有重点地办好一批全日制中、小学校的通知》规定："这批中、小学校（重点中小学）可以在较大的地区范围内择优录取德、智、体几方面条件较好的新生。小学的招生范围在学生能够走读的条件下，可以不受学区的限制；初中可以在市、县范围内录取新生；高中可以再适当扩大招生范围。"如此看来，重点学校具有跨区招生的资格，这就便于将最优秀的学生集中起来培养。

---

① 袁振国.论中国教育政策的转变：对我国重点中学平等与效益的个案研究 [M].广州：广东教育出版社，1999：47.

② 马婷婷.教育生态学视角下普通高中教育资源配置问题及对策研究：以宁夏回族自治区 W 市普通高中为例 [D].长春：东北师范大学，2012：19.

③ 袁振国.论中国教育政策的转变：对我国重点中学平等与效益的个案研究 [M].广州：广东教育出版社，1999：47.

④ 马婷婷.教育生态学视角下普通高中教育资源配置问题及对策研究：以宁夏回族自治区 W 市普通高中为例 [D].长春：东北师范大学，2012：17.

改革开放至 80 年代末，重点中学在招生上享有在全市范围内择优录取的政策优待。《教育部关于分期分批办好重点中学的决定》规定："要适当扩大招生范围，切实改进招生办法，德、智、体全面衡量，择优录取，杜绝招生工作中走后门等不正之风，确保新生有较高的质量。"一般通过统一考试、分批录取的方式确保重点高中第一批招生，将成绩优异的学生集中到少数几所重点高中。20 世纪 90 年代以来，重点高中开展了招生制度改革，除了统考择优录取外，还采用了名额指标分配录取和保送推荐录取等方法。所谓名额指标分配录取，是指重点高中拿出一部分招生名额分配给各个初中（一般按照初中学生人数进行分配），各个初中按照学生考试成绩从高到低择优推荐学生进入重点高中就读。保送推荐录取则是一种无须参加中考的录取方式，初中学校按照一定标准，通过校内选拔，将表现优异的学生推荐保送到重点高中就读。这两种方式都是为了使重点高中招生更加科学、合理，并没有改变"择优录取"的招考原则，无非是将统考的统一分流转为学校内部的分流。总而言之，招考制度虽然有所变化，但某一地区重点高中的生源仍然是最优的。

近年来，由于中考兼具入学考试和学业水平考试两种功能，其选拔性功能大大降低。也就是说，中考无法选拔出重点高中真正需要的人才。有鉴于此，各地纷纷出台了适用于重点高中提前自主招生的相关政策。有研究者分析了 2013 年我国 31 个省（区、市）的《中考招生工作实施意见》，发现各地均采用分批录取的方式实施高中招生工作。分批录取的顺序大致为：①提前批（主要包括三类，一是部分高中尤其是优质高中的名额直接分配到初中；二是免试直升与破格录取；三是特长生）；②省级重点高中，统招生与择校生；③市级重点高中，统招生与择校生；④一般普通高中，统招生与择校生；⑤民办高中、高职、中职（师）招生。[①] 分批录取在制度上确保了重点高中选拔出最优秀的学生。

在上海，实验性示范性高中具有提前自主招生的资格。提前自主招生分为推荐与自荐两种形式。前者是指各初中学校根据学生的学业成绩、综合素质等表现，推荐学生进入实验性示范性学校就读；后者是指学生通过自我推荐的形

---

① 赵茜，席蓉，张慧丹，等.普通高中招生政策对于教育公平的回应：2013 年各省《中考招生工作实施意见》分析 [J].上海教育科研，2014（3）：5-9.

式跨区报考实验性示范性高中。凡是被认定为上海市实验性示范性高中的学校，都可拿出 40% 左右的名额用于提前招生，其中推优比例为 30% 左右，自荐比例为 10% 左右；承担"探索建立拔尖创新人才培养基地"项目的试点学校（上海中学、华东师范大学附属第二中学、复旦大学附属中学和上海交通大学附属中学）提前招生的比例可达到 50% 左右。各实验性示范性高中可根据学校特色以及对人才的定位制定自主招生方案。

　　笔者对 56 所上海市实验性示范性高中提前招生方案中的招生要求进行了内容分析（见表 1-4），发现所选拔的学生需具备以下几个方面的素质：①优良的综合素质，德智体全面发展；②优良的学业成绩，各学科均衡发展；③参加学科类或者科技创新类竞赛并获得一定奖项，体现出较强的创新能力、合作交流能力；④积极参加社会公益和社会实践活动，具备一定的社会责任意识；⑤获得诸如优秀学生干部、"三好学生"等荣誉称号；⑥在各学科、艺术、体育等方面具有明显的特长；⑦身心健康，具备良好的心理素质；⑧具备一定的生活自理能力，能够独立生活。综上可见，上海市实验性示范性高中提前选拔的学生显然是各个方面均表现优秀的学生。

表 1-4　对上海市实验性示范性高中提前招生具体要求的语词分析

领域	相关语词及频次
综合素质	综合素质（43）、综合素养（2）、德智体全面发展（18）
学业成绩	学习成绩（优异、优秀、优良、名列前茅）（12）、学习能力（15）、学习习惯（11）、各科均衡发展（8）、知识掌握扎实（11）、品学兼优（6）
科技竞赛	竞赛（27）、科技（21）、创新（24）、研究性学习能力（5）、团队精神（7）、合作（10）、实践能力（13）、动手能力（4）
社会公益	公益活动（10）、社会实践（10）、社会服务（2）、责任意识（2）
荣誉称号	荣誉称号（6）、优秀少先队员（10）、优秀少先队干部（2）、优秀团员（12）、优秀团干部（10）、优秀学生（19）、三好学生（19）
个性特长	个性（6）、特长（27）、艺术（10）、体育（10）、兴趣（5）、潜能（6）
身心健康	身体健康（9）、身心健康（7）、心理（健康、素质）（10）
生活能力	自理能力（6）、自我管理能力（3）

　　资料来源：整理自上海市实验性示范性高中提前招生方案。

同一所重点高中的招生也按照分层分类的原则来开展。下文以 YY 中学为例具体说明。

YY 中学，1981 年被列为浙江省 80 所重点中学之一，1995 年被评为浙江省 18 所一级重点中学之一，是一所典型的重点高中。YY 中学也不断探求多样化的招生选拔方式。目前主要采用自主招生和统一招考两种方式落实招生工作。近年来，自主招生逐渐成为其最主要的招生方式，就 2014 年而言，自主招生的比例达到 62.5%。自主招生又分为三类：第一类为创新实验班招生，第二类为保送生招生，第三类是直录生。

创新实验班招生在初三第一学期的期末（12 月底）进行，只有那些在学科竞赛中获一等奖或在创新发明比赛获省级一等奖，初一、初二成绩级段前 10 名，并且获得所在初中推荐的学生才能参加创新实验班的测试。

第二次招考在初三第二学期的期末（4 月底）进行，YY 中学提前自主招生。学生参加 YY 中学组织的选拔考试，YY 中学根据考试成绩进行初选，然后组织领导小组对初选的学生进行面试，最终选拔出 320 名学生进行提前辅导。

保送生招生安排在初三第二学期的期末（5 月左右）。保送生一般要满足如下条件：志向远大、品学兼优、心态阳光，综合素质评价达到 1A3P（1 项优良、3 项及格）及以上。按照文化课总成绩排名的高低实施推荐选拔工作。文化课总成绩的计算方法为：初一两次期末考试成绩总和占 20%，初二两次期末考试成绩总和占 30%，初三第一学期期末考试成绩占 50%。满足以下条件者可不受初中期间文化课平时成绩的限制而直接参加保送生的文化课测试：①在初中期间获得全国青少年信息学奥林匹克联赛浙江赛区普及组三等奖及以上者；②在初中期间参加全国创新大赛的一等奖获得者；③在初三期间参加市教育学会组织的数学竞赛的一等奖获得者。

直录生招生于初三第二学期的期末（5月左右）进行。统一招考安排在中考之后，按照名额分配择优录取。[1]

YY中学的中考招生分层分类特点十分明显。创新实验班最早招生，提前锁定优质生源；保送生招生分类实施，那些在竞赛中获奖的学生即使文化课成绩稍逊也有保送推荐的资格，未在竞赛中获奖的学生按照文化课成绩高低择优录取；统一招考是YY中学最后采用的招考方式，基本上最优秀的学生在自主招生中已经选拔出来，而统一招考在很大意义上成为那些薄弱初中的学生进入重点高中的通道。这样的招生设计好似一张天罗地网，将最优秀的学生网罗到重点高中，其他非重点学校根本无法"染指"这些优秀学生。需要进一步指出的是，这种分类招考的形式被沿用到了后续的分班之中。在YY中学，最早招收的创新实验班的学生被集中安置在两个班级中，其在课程内容的深度、难度、进度等方面都有别于其他班级，学校为这两个班级配上最好的教师。保送推荐上来的学生也被集中安置在一起，YY中学把这部分学生所在的班级称为"实验班"，分为理科实验班和文科实验班。而通过中考招进来的学生也单独安置，这部分学生所在的班级称为"平行班"，也有文科班和理科班之分。

五、聚焦于精英人才的培养

我国的重点中学以培养精英人才作为办学的任务和目标。笔者统计了当前我国部分重点中学的人才培养目标，大部分重点中学都从智力和德性两方面定位人才培养规格，强调未来精英人才的培养（见表1-5）。

表1-5　我国部分重点中学的人才培养目标

学校	人才培养目标
北京市第四中学	培养杰出的中国人，即：培养忠诚（国家、团体）和服务（社会、他人）精神，以及追求卓越的职业与生活态度，使学生学会在未来优雅地工作和生活，成为职业领域与个人生活领域的成功者及有益于社会的公民

---

[1]　根据2014年YY中学招生工作的实施意见整理而来。

续表

学校	人才培养目标
杭州市第二中学	"为学生的卓越发展奠基，育走向世界的精英人才"（滨江校区）；"为学生的多样发展奠基，育勇于担当的现代公民"（东河校区）
华南师范大学附属中学	培养为民族复兴而努力学习的时代新人
华中师范大学第一附属中学	培养学生"胸怀天下、洞见未来、敢为人先、坚毅执着"的卓越品格，培养学生的批判性思维能力、团队领导能力和自我发展能力等关键能力
杭州市学军中学	让学生在各类活动中获得精神成长，实现全面发展；倡导学生自主当家，自主学习，自主发展；培养学生脚踏实地的务实作风、仰望星空的宽阔胸怀，直面科技高速发展中人类所面临的共同问题；着眼于学生的能力本位，为学生的未来发展打好基础
湖北省黄冈中学	培养有崇高理想、有社会责任感、有奉献精神、有国际视野的时代精英和创新人才
南京外国语学校	培养以外语为特长、文理兼通的国际化复合型人才
西北工业大学附属中学	培养"行为卓越，学业精湛"的人才
成都七中	秉持"以爱国主义教育为中心，以做人教育为基础，以立志成才教育为主线，以心理健康教育为特色"的德育指导思想，充分发挥学生的主体作用，积极创建"最适宜学生发展"的教育平台，充分尊重学生个体特点，鼓励学生个性发展，人尽其才、才尽其用，努力保障每一位学生都获得成才、成功的机会
深圳中学	培养具有中华底蕴和国际视野的拔尖创新人才

第三节　中国重点中学制度的学理争论

我国重点中学制度自产生以来经历了两次"存废"大讨论，第一次是在 20 世纪 60 年代，第二次是在 20 世纪 80 年代末 90 年代初。主存派从经验或理论等层面阐述办好重点学校的重要意义。代表文献有《试谈办重点学校的几方面问题》《调整巩固提高 办好重点学校——试论重点学校的由来、作用及其发展方向》《重点学校与基础教育之内在联系论略》《重点中学存在的价值——兼议重点中学所受之非议》《应当办好重点中学》《重点中学可以休吗？》《重点中学还是要办好》等 [1]。譬如，潘习敏表达了"重点学校不仅要办，而且要办得更好"的观点。方勋臣指出："重点中学不但一定要办，而且一定要办好。"罗润珏认为："按重点的要求办好一批发展一批，再办好一批，再发展一批。"吴兆宏表示：

---

[1] 文献刊载信息另见下文及参考文献。

"重点中学在一个相当长的时日里将会延续下去。这是由国家经济水平决定的，并非良好愿望所能朝去夕留的；也不管你承认与否，它将客观地存在。"王厥轩认为："在特殊历史条件下产生的重点中学对提高教育质量有着重要价值，在社会经济迅速发展、拔尖人才需求强烈的历史条件下，重点高中仍然有存在的必要性。"主废派立足于重点学校在办学过程中存在的种种弊端，从不同视角表达了坚决废除的主张。典型文献有《"重点校"政策可以休矣》《再论"重点校"政策可以休矣》《三论"重点校"政策可以休矣》《重点校政策的病理剖析》《"重点学校"及其政策理应成为历史——兼与方勋臣同志商榷》《"重点学校"的消亡与"特色学校"的回归——与傅禄建同志商榷》《精英主义教育体制与重点学校》《重新审视重点学校制度》《告别重点学校》《取消重点学校制度具有可行性吗？》《该不该取消"重点学校"？》《基础教育"重点校"政策分析》《基础教阶段重点学校制度对我国教育公平的影响》《重点学校制度的社会学再批判》《从政策到现实：就近入学新政如何落地关键是能否破除重点学校制》等①。以下就双方探讨的焦点问题进行呈现。

一、教育效率是否达到

追求效率是办重点中学的初衷。那么，办重点高中是否获得了较高的教育效率？主存派认为，办重点高中虽然在一定程度上牺牲了教育公平，但却是一种富有效率的做法。过去在又穷（国家十分贫困，教育资源十分有限）又急（急于培养大量优秀的建设人才）的条件下，重点高中为国家建设和社会发展培养了大量优异人才。罗珏润认为，教育办重点从长远看是最有经济效益的，而平均主义的做法不仅有损教育质量，甚至连教育数量都无法保证。②傅禄建指出："它（重点中学）的教育效益，如以教育资金投入来计算产出率，在国际上也是首屈一指的；它的教育质量在世界上亦得到了公认。"③孙传宏认为，办重点中学与将所有教育资源平均分配相比更有效益，平均分配看似平等但社会将无才可用。④

---

① 文献刊载信息另见下文及参考文献。
② 罗珏润. 调整巩固提高 办好重点学校：试论重点学校的由来、作用及其发展方向 [J]. 黄石教师进修学院学报，1985（1）：49–53.
③ 傅禄建. 应当办好重点中学 [J]. 教育参考，1996（1）.
④ 孙传宏. 直面于事情本身：对重点学校存废之争的审视 [J]. 教育参考，1996（5）.

重点学校的教育效益表现为通过集中力量培养人才，实现快出人才、多出人才、出优秀人才的目标。傅禄建、方勋臣等从经验事实出发，论证重点学校培养出了大量的精英人才。傅禄建指出："重点中学的教育实践业已证明，无论它在承担主要为国家培养高等院校合格新生的任务中，还是在学科竞赛中为国争光，德智体全面发展，或是学校教育改革中，生源投入是投得其所的，它的高质量的学生输出并不是一个自然过程，它是重点中学积累几十年的办学经验，努力开展教育改革而取得的，是我国教育改革的宝贵财富。"[①] 方勋臣认为，中国学生在国际中学生数理化奥林匹克竞赛中的获奖成果遥遥领先，这部分学生绝大部分来自重点中学；重点学校以相对较低的投入于短时间内收获了较高的效益，不仅为高校培养了大量的后备人才，也向社会输送了一大批合格的劳动者。[②]

主废派则认为，把大部分教育资源投向重点学校的做法，在短时间内也许极富效率，但从长远来看得不偿失，因为国家的发展取决于全体国民素质的提高，重点高中制度在提升全体国民的素质方面是低效的。

二、教育公平是否违背

办重点高中是否有损教育公平？主存派的观点是：真正的教育公平为每一位学生提供符合其天性的教育。办重点高中为那些智力优越者提供了极佳的发展机会；高智能儿童是客观存在的，对这些儿童进行特别培育，乃是开掘人才资源中的"富矿"。[③] 重点中学整体上按照学业能力选拔学生，在优质教育资源有限的情况下，相较于按照家庭出身、社会地位、就近入学等方式分配优质资源，按照能力大小分配是最为公平的，保证了人人能够通过考试和能力大小的竞争进入重点中学，尤其是那些家庭经济困难或处于社会弱势地位的学生能够通过勤奋努力改变命运。何雪莲认为，重点学校对于草根学生来说是最不花哨、最可能指望的公平形式，其能凭借自身的稳扎稳打和天资考上重点学校，改变自身的命运。[④]

---

① 傅禄建. 应当办好重点中学 [J]. 教育参考，1996（1）.
② 方勋臣. 重点中学可以休吗？[J]. 教育参考，1996（2）.
③ 傅禄建. 应当办好重点中学 [J]. 教育参考，1996（1）.
④ 何雪莲. 重点学校：从理念回归常识——与杨东平教授商榷 [J]. 教育科学研究，2010（6）：20–23.

主废派则认为，办重点高中有违教育公平。重点学校变成了教育中的"特殊利益集团"，践踏了教育公平，表现在以下三个方面。

首先，有损学校间的公平。重点学校在办学条件、师资、经费、生源等方面享受优待，非重点学校根本无力与之抗衡。"个别地区领导部门和学校产生了孤立地搞重点，重点特殊化的现象。有的为了办好重点学校，就不惜把其他学校中一些能力较强的领导、优秀教师、职员都抽调出来，以致影响了这些学校的教学工作。有些地方对重点学校的物质要求是有求必应，而对一般学校的物质困难则很少关心。有的领导集中力量搞重点学校、重点班，而对非重点的学校、班级的情况则不闻不问。"[1] "有的重点中小学由于得到的经费多，不该拆的房子拆了新建；有的学校的电影放映机、电视机、录音机很少用到教学上；有的幻灯机太多，理化仪器太多，没有发挥多大作用。相反，一般中小学所得经费甚微，该修建的房屋无法修建。"[2] 在教育竞争中，重点学校处于垄断地位，非重点学校永远处于弱势。[3]

其次，致使学生间发展的不公平。学生之间原有的差异在重点制度下被进一步拉大。成绩优异学生进入重点学校，较差学生则入读非重点学校。两者接受的教育难度、深度、进度方面都存在天壤之别，势必导致优秀学生更优秀，而较差学生愈来愈差。[4]金生鈜指出，"重点学校教育的精英主义导向虽然在效率原则的指导下实现了高升学率，但对整个教育体系的发展与教育平等化是不利的"。[5] 概言之，重点学校形成了以精英主义为导向的教育选拔机制，致使"所有求学者参与到教育的等级竞争中，成功的比率是既定的，而大部分将不断地被淘汰出去，成为教育的局外者"；这种等级化的体制不利于社会公民平等地接受教育和提高全民素质，故而该制度应加以改革甚至废除。[6]

最后，重点学校制度导致了不同社会阶层家庭的子女接受教育机会的不公

[1] 王棠，徐仁声. 全面发展呢，还是重点发展呢?[J]. 人民教育，1955（4）：52–53.
[2] 李学彬. 让所有中小学校来个大竞赛 [N]. 中国青年报，1981–11–21.
[3] 游永恒. 深刻反省我国的教育"重点制" [J]. 教育学报，2006（2）：36–42.
[4] 游永恒. 深刻反省我国的教育"重点制" [J]. 教育学报，2006（2）：36–42.
[5] 金生鈜. 精英主义教育体制与重点学校 [J]. 教育研究与实验，2000（4）：18–21.
[6] 金生鈜. 精英主义教育体制与重点学校 [J]. 教育研究与实验，2000（4）：18–21.

平。一方面，重点学校制度有利于优势阶层家庭的子女就读；另一方面，重点学校城乡分布的不均衡不利于农村家庭的孩子接受优质教育。[①] 有调查表明，"不论在城市还是农村，高中教育的阶层分化都十分明显，中上阶层的子女更容易进入重点中学，而中下阶层的子女则更多地分布于普通中学"。[②]2008 年，21 世纪教育研究院"全国中小学教育现状调查研究"课题组进行了高中生家庭背景调查，抽取了江苏、湖北、河北、浙江、广东、上海等 6 省市的 8 所重点高中（其中县城高中 2 所，中等城市高中 2 所，新兴城市高中 1 所，大城市高中 3 所）的高一、高二学生作为调查对象，结果表明，重点中学的学生来自社会优势阶层的人数明显高于其阶层所占的社会比例，其中优势阶层的 5 个类别依次为：私营企业主、个体工商户、经理人员、国家与社会管理者、专业技术人员。前三类为社会变革中受益最大的新兴经济阶层，说明他们已然把经济资本转化为文化资本；后两类为传统优势阶层，他们的子女进入重点高中的比例仍保有传统的优势。与下层较大、上层较小的正三角形的社会结构相反，重点高中学生的家庭背景结构呈倒三角形，即上中层比例最大、下层比例很小，显示了不同社会阶层的子女进入重点高中的机会存在极大差异。也就是说，掌握社会经济资源、组织资源或文化资源的社会阶层占据相对优势，而不拥有这些资源的社会阶层则处于相对劣势地位。教育可以为社会弱势群体提供向上流动的渠道，但就"重点"和"非重点"而言，两者向上流动的通畅性是不同的。[③]

全国政协委员、中国科技大学原校长朱清时说，要实现教育公平，就是要逐步淡化重点学校直至取消重点学校。2006 年，河南省十届人大代表、北京大学附属中学河南分校党委书记李光宇等 19 名代表在河南省两会上，联名提交了一份"关于取消重点中学、取消择校费、取消'名校办民校'"的议案。他们认为，集中力量办重点中学，收取高额择校费，是产生"上学难"现象的两个重要原因；办重点中学并借此收取择校费，致使教育资源配置日渐生成"富裕聚焦效应"，直接导致教育资源主要被城市的强势阶层所占有，大量低收入家庭的子女

① 王香丽.基础教育阶段重点学校制度对我国教育公平的影响[J].教育评论，2010（6）：3-6.
② 杨东平.中国教育公平的理想与现实[M].北京：北京大学出版社，2006：178.
③ 李绘，周玲.关于义务教育阶段重点学校、重点班的思考[J].教学与管理，2004（10）：11-12.

尤其是农村子弟在义务教育阶段难以受到良好的教育；同时，办重点中学并借此收取择校费容易滋生教育腐败，随之带来的"中考移民""高考移民"等现象对地方经济、文化有较大的负面影响。

三、英才选拔是否科学

重点中学有没有选拔出真正的具有英才潜质的学生？这是重点中学制度面临的实际操作问题。主废派认为，重点中学仅凭一张考卷选拔学生的做法缺乏一定的科学性。有学者甚至认为，重点学校强化了一种选拔机制，把人的发展变成了选拔的"副产品"，有损学生的个性、天性。"处于基础教育阶段的儿童，其个性尚在形成之中，能力也在分化发展过程之中。就心理学的现有发展水平来看，还无法对处于基础教育阶段（尤其是初等教育阶段）的儿童的未来发展提供准确预测，即使权威测量工具也只能在儿童的能力倾向、人格倾向方面提供一些参考指标。"[1]重点学校制度下的教育目的实乃通过考试把聪明和不聪明的学生区分出来，把善于读书和不善于读书的学生区分出来。这种体制下的教育目的有两个重要特征：它要满足政府、教育主管部门的考核要求和升学指标，满足来自社会的热切期待，让一定区域内的学生尽可能地升入高一级的学校；在实践中，它高度关注学生对知识的掌握，是一种"知识主导型"的教育，因而不可能是一种追求学生全面发展的教育。[2]另有学者认为，重点中学招生过程中存在大量的"议价生"，教育腐败现象严重；重点高中招收的学生中绝大部分是城市学生，农村地区大量的高智商学生被忽略和抛弃了，造成人才资源的浪费。也就是说，重点中学的人才选拔方式不尽合理，无法真正筛选出英才。

四、因材施教是否落实

主存派指出，按照学业成绩或能力大小选拔和安置学生，把成绩优异者或能力突出者安置到重点高中进行专门的有针对性的教育（更丰富、更具挑战性与创造性的教学内容，更难的课程作业等），这体现为一种校际的教育分层（分

---

[1]　张华．"重点学校"的消亡与"特色学校"的回归：与傅禄建同志商榷 [J]．教育参考，1996（2）．
[2]　游永恒．深刻反省我国的教育"重点制" [J]．教育学报，2006（2）：36–42.

流），在某种意义上遵循了因材施教的教育原则。陈韶峰、吕晓红、傅禄建、陈少峰、方勋臣等人均用当代教育心理学的研究成果来论证重点学校存在的合理性，指出重点学校为那些智能优异儿童提供了快速成长的平台。譬如，陈韶峰认为，"重点中学的存在是'分化教学、因材施教'的需要，它与真正的教育平等并不矛盾"[1]。方勋臣指出，"教育机会均等原则也绝不意味着人人给予均等培养的意思"[2]，而是让每个儿童的天赋得到充分发展。傅禄建指出，"人才的差异也应反映在对待人才的教育、培养上"[3]，不同的学生在能力、发展性向上均存在很大的差异，对于那些特别聪明或者学业成绩表现良好的学生应当实施特别的教育。吕晓红认为，只有对发展水平不同的学生采取不同的教育方法、安排不同的教材进度及教育内容，才能使我们所培养的大批学生乃至每个学生都成为对社会、对祖国有用的人才。[4]

主废派则认为，重点高中名义上标榜因材施教，实际上是"因教选材"，尽可能减少学生群体的差异以方便管理和教育学生。另外，即便重点高中真的贯彻了因材施教，也要看其选材标准是否科学合理。目前看来，重点高中选材标准尚存缺陷（书面考试的选拔方式不能准确判定一个人的才能；过于注重对学生认知能力的考查，而忽视问题解决能力、创造性能力；等等），无法真正选拔出优秀人才。重点学校过早地实行选拔分流，对学生的发展是不利的。重点学校借助信度、效度都存在争议的一次纸笔测验便对学生进行甄别、淘汰，这实际上是在推行一套精英主义的教育价值观。[5]

双方在这一问题上争论的焦点是：是否有必要设置重点高中来实施因材施教，也即校际分流是不是一种因材施教。这是从教学论的角度来思考"要不要办重点高中"。

---

① 陈韶峰. 重点中学的存在价值：兼议重点中学所受之非议 [J]. 学校管理，1994（1）：8-9.

② 方勋臣. 重点中学可以休吗？ [J]. 教育参考，1996（2）.

③ 傅禄建. 应当办好重点中学 [J]. 教育参考，1996（1）.

④ 吕晓红. 重点学校与基础教育之内在联系论略 [J]. 教育评论，1988（1）：36-39.

⑤ 张华. "重点学校"的消亡与"特色学校"的回归：与傅禄建同志商榷 [J]. 教育参考，1996（2）.

五、培养效果是否达成

"培养英才"（为高等院校输送英才）是设置重点高中的主要目标之一。在主存派看来，重点高中出色地完成了培养英才的任务，为社会输送了大量潜在的杰出人才。傅禄建认为："创办重点中学并不只是我国在特定条件下的特有措施，在世界范围内，它是为智力、能力较好学生发展服务的学校，当然，也具有为所在国家培养各自所需要的优秀人才服务的性质。因此，只要有这类儿童存在，只要国家需要尽快地培养优秀人才，它就有存在的必要。"[①] 从结果上看，重点高中的学生每年考上重点大学的概率极高，大量的两院院士都曾在重点高中就读。

主废派则指出，重点高中对英才培养的作用并不大，重点高中的学生相较于非重点要优秀，是因为这些学生本来就天资过人。此外，重点高中教学条件并不能满足资优学生的智能发展需要。具体表现为：以高考为中心来设计、组织和实施的教学活动普遍缺乏智慧含量；教师教学过程中缺乏对资优学生心理特征和学习需要的观照；教师所设计的教学内容和教学活动难以满足资优学生多元智能发展的需要；教学方法和教学组织形式不够精致，难以促进资优学生智力发展。

---

① 张华."重点学校"的消亡与"特色学校"的回归：与傅禄建同志商榷 [J]. 教育参考，1996（2）.

第二章

CHAPTER
2

———

德国文理中学制度

文理中学又称为"完全中学"，是德国中等教育中的学术性中学。除二战时期以外，文理中学在德国是一以贯之的，虽然社会对该制度存在种种争论和批评，但德国政府始终坚持文理中学制度，通过精细化的制度设计来最大限度地消除文理中学制度的弊端。可用三个关键词来概括这一模式的特征，即"公立""大众化""建'立交桥'"。所谓"公立"，是指德国文理中学均为公立性质，得到政府财政等方面的全面支持。彭正梅认为，德国文理中学的公立性质对教育公平的确保有着至关重要的作用，相较于英国公学这种私立重点高中，公立性质的文理中学更能被普通家庭学生所接受和认可，因为公立学校的学费并不昂贵。[①] 所谓"大众化"，说的是德国文理中学十分普遍，是德国最主要的一种学校类型。文理中学在德国中学中的占比一直在 30% 左右，远高于英国文法中学和公学、美国学术高中在该国中学总数中的占比。所谓"建'立交桥'"，是指德国文理中学通过建立"定向阶段"和"转学通道"来确保文理中学分流更为科学，减少因过早分流而带来的制度性弊端。本章将阐述德国文理中学制度的历史变迁、发展特征和学理争议。

第一节　德国文理中学制度的历史嬗变

德国是典型的教育双轨制国家。双轨之一是与大学衔接的文理中学，之二是与训练平民制度相关的国民学校和职业学校。1920 年，德国以立法的方式确立了双轨制的法律地位，即所有儿童接受四年基础教育，四年后开始分轨。文

---

① 彭正梅教授是德国教育研究的专家。笔者曾专门就"德国文理中学"这一主题拜访和请教过彭教授。彭教授谈到了德国文理中学制度的历史发展脉络和现状。他特别指出文理中学体现了一种务实的公平。公立性质、向公众开放和追求学术性是德国文理中学延续至今的关键性因素。

理中学是德国主要承担"学术轨"教育任务的学校类型，下文将简要梳理文理中学制度的历史发展脉络。

一、二战以前的文理中学制度

德国文理中学最早产生于文艺复兴时期。1537 年，人文主义学者斯图谟担任斯特拉斯堡市一所拉丁文学校校长，他有感于拉丁文学校在教学内容方面过于守旧并缺乏人文精神，故按照人文主义思想改造该校，并于 1538 年制订了教学计划。这便是德国第一所文理中学诞生的背景。斯图谟从学制、教学内容和方法、教学管理三方面进行改组。在学制方面，把文理中学分为 10 个年级，最高一级为一年级，最低为十年级。儿童 7 岁入学，17 岁毕业。在教学计划、教材和教学方法方面，制订相当系统的教学计划，规定教材与教学方法；规定课程内容，十年级到一年级的课程主要包括字母形状和正确发音，拉丁文的读写和拼音初步，拉丁文的词法和句法，背诵德文教义问答。在教学管理方面，每个年级由一名教师管理。这次改革对德国的中等教育结构和课程等产生了重要影响：第一，这一学校类型很快成为德国中等教育领域的楷模，得到推广；第二，在教育实践上首创了分级教学组织形式和固定课程；第三，课程内容的变革反映了人文主义思想的影响，拉丁文不再是教育教学的唯一，希腊文在学校教育中取得了一定的地位。[①] 总体而言，斯图谟创办的文理中学受到德国社会的一致认可，各地纷纷效仿。16 世纪，德国中等教育有了进一步发展，建立了面向普通民众的国民学校。国民学校以培养劳动者和提高国民基本素质为旨归，与以培养学术型精英人才为目的的文理中学共同构成了德国双轨制的教育体制。

从 17 世纪开始，德意志地区产生了以夸美纽斯（J. A. Kmoenský）的"泛智教育"等为代表的实科教育思潮。随着生产力与科学技术的发展，传统教授拉丁文和希腊文为主的文理中学越来越不能满足社会的需要，亟须创办一类新的旨在加强实科教育的学校。1708 年，虔敬派牧师泽姆勒（C. Semler）创办了第一所实科中学"数学和机械实科中学"[②]；1747 年，虔敬派牧师黑克尔（Johann-Julius

---

① 李其龙 . 德国教育 [M]. 长春：吉林教育出版社，2000：5.
② 李其龙 . 德国教育 [M]. 长春：吉林教育出版社，2000：19.

Hecker）在柏林建立了"经济、数学实科学校"。这标志着面向中产阶层、兼具现代中等教育与职业教育功能的实科中学在德意志地区逐渐兴起。这类学校由于功能介于文理中学和国民学校而在很长一段时期内被称为"中间学校"①。随着实科中学的出现和发展，德国逐渐形成了"三轨制"的中等教育结构。

18 世纪初开始，普鲁士王国通过持续军事扩张逐渐崛起并最终打破德意志地区的均势，成为势力强大的地方霸主。在基础教育领域，普鲁士率先推行强制性义务教育等方面的改革。在中等教育层面，于 1787 年建立了高级学校委员会，将教育的监督、控制权转入政府手中。与此同时，普鲁士在文理中学、大学等重要教育机构与日益完善的国家官僚选拔制度间建立起复杂而紧密的联系，将基础教育在制度和功能上逐渐纳入国家体制。其中最为著名的是洪堡的教育改革。在洪堡进行改革教育之前，在德国占统治地位的是泛爱主义教育思想。"泛爱主义教育思想带有功利主义的目的，在学校课程设置方面强调农业知识、手工业知识和自然科学知识，主张发展学生的实际技能，这在资本主义刚开始发展时期，无疑是进步的"，"然而泛爱主义教育思想的代表人物反对学术学校，认为它们是多余的。因此学术学校在当时的德国没有好名声，许多拉丁文学校改变成了市民学校，进行实科教育"。② 洪堡对此持完全否定的态度，他认为国家应当把主要的精力集中于学术教育机构的发展，也就是普通教育方面。因此，洪堡在为柯尼斯堡地区制订的学校教育改革计划中设置了两种类型的基本学校，即初等学校与文科中学。学生从四年制的初等学校毕业后就可进入八年制的文科中学学习。1788 年，洪堡领导的教育厅对中学毕业考试办法做了补充和修订。其中规定，学生只有通过文科中学的毕业会考，才能取得大学入学资格，从而使文科中学成了唯一与大学相衔接的中等教育机构。③ 在改革推进的过程中，考虑到一些地方无法建立八年制文科中学，洪堡又提出建立高级初等学校，即"前

---

① 18 世纪末到 19 世纪中叶，以实科教学为主的学校纷纷建立，但学校的名称不一，授课内容也不完全一致。1872 年普鲁士颁布《普鲁士国民学校和中间学校的一般决定》，把功能介于国民学校和文理中学的实科中学称为中间学校。
② 李其龙.德国教育[M].长春:吉林教育出版社，2000：42.
③ 李其龙.德国教育[M].长春:吉林教育出版社，2000：44.

期文科中学"。这是一类介于初等学校与文科中学的过渡性学校，学生从此类学校毕业后可升入文科中学继续深造。高级初等学校设立的初衷是实施普通教育，但事实上很多高级初等学校演变成了实科中学。在没有设立高级初等学校的地方，不少学生虽然进入文科中学学习，但由于种种原因，他们未能顺利完成学业，中途辍学。针对这种情况，教育厅不得不允许这类前期文科中学转为教授实用学科，而不教希腊语，以便为学生进入社会做好准备。后来，这类学校完全演变成了实科学校。[①]

综上，19世纪以来，德意志诸国在快速发展实科中学的同时，进一步在制度与文化层面使文理中学精英化，初步确立了中等教育的分流结构。整个19世纪，诸如洪堡等普鲁士文化官员进一步确立了文理中学的精英教育地位，并通过立法的方式不断强化文理中学与国家体制官员选拔之间的内在联系。1812年和1834年，普鲁士两次修订了《高级中学毕业考试规定》，规定高级中学文凭是进入普鲁士大学或担任高级官员的必备条件与唯一前提。这一改革强化了普鲁士官僚制度与高级中学制度之间的联系，进一步彰显了文理中学培养各类精英的历史传统，也进一步使之分化为与实科中学截然不同的教育机构。

1871年，普鲁士打败法国并统一了德国，建立容克地主和资产阶级联合专政，即德意志帝国。统一后的德意志帝国在工业、商业、农业、科技领域迅猛发展，成为欧洲头号工业国，这为国家教育的进一步发展开辟了广阔的前景。[②]1872年，德国宗教、教育、卫生事务大臣法尔克（A. Falk）制定并颁布了《普鲁士国民学校和中间学校的一般规定》，使学校教育更好地为当时社会和经济发展服务。[③]这一时期德国双轨制中的一轨是：学生就读三年制预备学校，毕业后分别升入古典语文科中学、文实中学和高级实科中学；这三种中学的毕业生均可直升大学。双轨制中的另一轨是：学生就读四年制基础学校（或称国民学校低级阶段），毕业后进入四年制的国民学校高级阶段或六年制的中间学校就读；

---

① 李其龙. 德国教育 [M]. 长春：吉林教育出版社，2000：44.

② 李其龙. 德国教育 [M]. 长春：吉林教育出版社，2000：93.

③ 李其龙. 德国教育 [M]. 长春：吉林教育出版社，2000：94.

这两种学校的毕业生只能进各类职业学校学习，而不能升大学。^①工商业的迅速发展对高级中学的课程设置产生了较大影响。传统的古典语文科中学削减了宗教、拉丁语、希腊文及写字等课程的学时，增加了德语、法语、数学、自然科学、历史、地理、绘画等课程的学时，以此满足工商业和科技发展的需要。

20世纪初，垄断组织已成了德国经济生活的基础，德国完成了向帝国主义的过渡。由于德国向资本主义发展是通过自上而下的改革来实现的，因此未能像英国和法国一样较彻底地摧毁封建关系。德国的垄断资本主义带有明显的容克地主经济和垄断资本主义融合为一体的特点，并带有浓厚的封建残余和军国主义色彩。德国在经济力量超过英法等老牌资本主义国家后，提出了重新瓜分世界的要求。1914年，德国帝国主义发动了第一次世界大战。^②

伴随着德国帝国主义的失败，德国国内革命（1918—1919）爆发了，德国历史进入了新篇章。这次革命对于资产阶级来说，是一次成功的资产阶级民主革命，它终于推翻了君主专制统治，建立了资产阶级议会制的民主共和国——魏玛共和国，对教育进行民主改革的要求也被提上议事日程。改革意见主要集中在统一规定学制、明确义务教育年限、建立职业教育机构和改革师范教育等方面。^③其中，在学制改革上产生了很大分歧。德国建立统一学制的思想早在1848年德国革命失败后的反动时期就已经被提出。第斯多惠（F. A. W. Diesterweg）等德国教师协会的成员看准当时德国统治阶级渴望统一全国的时机，提出了统一学制的主张。在一战前的教育改革讨论中，里斯（E. Ries）认为统一学制是一种社会空想。在他看来，出身于手工业家庭的儿童读高级中学，如果他能读上去，他今后便会脱离他原来的那个阶层；而如果他读不上去，他便荒废了本来应当学习的劳动本领。与其如此，不如不让其接受高级中学教育。^④然而，凯兴斯泰纳（G. Kerschensteiner）和特夫斯（J. Tews）强调每个青少年应当具有同

① 李其龙.德国教育[M].长春：吉林教育出版社，2000：95.
② 李其龙.德国教育[M].长春：吉林教育出版社，2000：118.
③ 李其龙.德国教育[M].长春：吉林教育出版社，2000：118.
④ 李其龙.德国教育[M].长春：吉林教育出版社，2000：119.

样的受教育权利。后者还在 1919 年出版了著作《一种人民一种学校》。^①在 1920
年召开的帝国学校会议上，"统一学制"再次成为争议焦点，特夫斯（J. Tews）
力挺"建立统一学校"^②。相反，宾德（L. Binder）等表示必须保持文科中学等高
级中学。他说："世界上没有一个民族有一种可以匹敌的教育机构来代替德国的
高级中学和高等学校。在这些教育机构里，我们居民的各阶层中的宝贵的一部
分青少年通过严格的科学工作被教育成为具有责任感的能干公民。在大量地糟
蹋先辈遗产的今天，我们比以往任何时候更需要这种严格的德意志精神。因此，
造成高校困境、降低其教育目标而危害这种精神的任何改革都是应当加以拒绝
的。"^③宾德的观点在会议上得到了更多的支持，"双轨制"依然被保留下来。

二、二战时期的文理中学制度

1933 年，希特勒攫取政权并确立了法西斯独裁统治。希特勒法西斯统治集
团把教育作为疯狂侵略的工具，产生的后果是：教育遭到了严重破坏；进步教师
受到打击；马克思、恩格斯、海涅、高尔基、爱因斯坦等所写的大量书籍被焚
毁；一切实验学校和私立学校都被迫关闭。^④

1934 年，希特勒在教育领域实施"划一革新"，取消地方分权，建立帝国科
学、教育和国民教育部来实行中央集权的学校管理，排斥一切民主权利，取缔
一切群众性组织，统一管理课程设置、教科书编写、教学程序安排等一切教育
事宜。

希特勒是一个纯粹的反智主义者。他一再表示："我的教育学是严酷的。要
用铁锤砸掉软弱。"他要求训育出这样的青年："世界将在他们面前发抖。"他狂妄
地说："我要的是残暴的、专横的、无畏的和冷酷无情的一代青年。"^⑤按照这样的

---

① 李其龙.德国教育[M].长春：吉林教育出版社，2000：119.
② 会上，特夫斯作为主张统一学校的代表，建议建立招收3~6岁儿童的幼儿园、招收6~12岁儿童的基础学校。然后在基础学校之上建立招收12~14岁儿童的市民学校（国民学校）及与其衔接的招收14~18岁青少年的职业学校；或者建立招收12~15岁儿童的中间学校，然后是招收15~18岁青少年的中学；此外，建立与国民学校相衔接的上层学校，上层学校毕业生也可升大学。
③ 李其龙.德国教育[M].长春：吉林教育出版社，2000：119.
④ 李其龙.德国教育[M].长春：吉林教育出版社，2000：155.
⑤ 李其龙.德国教育[M].长春：吉林教育出版社，2000：155.

培养目标，他宣称："我不要智育。以知识进行教育，会毁了青年一代。我最喜欢让他们学那些他们根据自己的游戏欲自愿去掌握的东西。"[①] 希特勒执政时期，德国学校教育体系遭遇毁灭性打击。希特勒统治下的纳粹集团对德国的学校教育进行了彻底的"变革"，在学校中渗透纳粹集团的意识形态，强调培养学生的超强意志力和绝对民族主义。在这样的大背景下，文理中学难逃厄运，被纳粹集团的政治意识形态所掌控，实行彻底有违初衷的教育。事实上，在纳粹集团执政时期，德国的文理中学已被彻底废除。

三、20 世纪 50 年代的文理中学制度

二战结束后，德国被划分为民主德国和联邦德国两个国家。民主德国按照苏联社会主义模式进行了教育改造，对德国历史上双轨制的学校教育体系进行了激烈的批判，致力于统一学制的改革。1946 年 5 月发布的《关于学校民主化法律》规定，实行统一学制，把整个学校系统分为相互衔接的 4 个阶段：学前教育、基础教育、中等教育和高等学校。基础学校学制为 8 年，划分为低级阶段（1—4 年级）和高级阶段（5—8 年级）。高级阶段承袭了原来的国民学校高级阶段、中间学校和高级中学低级阶段的教育。这就延长了国民教育的年限，在一定程度上提高了国民整体素质。统一学制的做法在当时引起广泛争论。尤其是基民盟（德国基督教民主联盟，Christlich Demokratische Union Deutschlands）、自民党（德国自由民主党，Freie Demokratische Partei）以及一些文理中学教师对此持有不同意见，他们希望保留在四年制基础学校之上设立文理中学的传统。即便有反对声音，统一学校作为一项法律规定依然得到严格贯彻和实施。

与此同时，双轨制在联邦德国得到了继承和发展。二战后，美、法、英等国家接管联邦德国并试图按照本国的教育体系来改造占领区的教育体系。以美国占领区为例，美国代表团发布了《美国赴德教育代表团报告》，认为德国原有的双轨制教育体系有违教育民主。"这个制度培养了一小部分人的优越感和德国社会大多数成员的自卑感，因而有可能造成屈从和缺少自我决断，而专制的领

---

① 瞿葆奎. 联邦德国教育改革 [M]. 北京：人民教育出版社，1991：214.

导是依靠这才得以发展的。"[1] 变革这种教育体系刻不容缓，代表团建议联邦德国建立和发展综合中学以取代双轨制。但这一改革方案很快受到德国人的反对。德国人认为此方案脱离了德国实情，不利于德国的稳定发展，特别是在巴伐利亚州，民众的反抗情绪尤为激烈。1947 年 3 月 7 日，巴伐利亚州的文化教育部部长洪德哈默尔（A. Hundhammer）在向军管政府提交的报告中充分表达了反对意见。他指出："社会平等的原则，必须以极其严肃的负责态度在所有学校中得到贯彻。通过教育来分享人类精神财富，这不允许是个别阶层的特权。正因为如此，那种具有特殊任务、必须把天生能够达到较高和最高教育目标的人引导到这种目标上去的学校，应当向所有真正的天才开放，不管其家长地位与能力如何。但是，两点事实是在合理地争取把社会平等权利写入学校法中时不允许被忽视或否认的。第一点事实是，只有数量有限的部分人具有达到较高教育目标的天生才能；第二点事实是，这种才能虽然分布在各阶层与各阶级的居民中，但并非在各社会阶层中分布的百分比完全相同。生物学上的不平等是不能通过文化措施来加以消除的，也不能通过改变所谓双轨制而实行统一学校制来消除。民主化作为教育改革的最高目的，按我们的信念，并不要求废除和表面上去统一教育理论上证明站得住脚的各种学校类型。高级中学的入学年龄不能推迟到发展心理学上确证的年龄（10 岁左右）后面去。"[2] 可见，美国代表团所提出的教育民主化政策遭到了强有力的反驳，洪德哈默尔的意见被纳入了巴伐利亚州文化教育部教改计划草案。这份计划草案认为，美国代表团所提出的教育民主化政策过于冒险，不利于德国战后社会的稳定以及教育的重建，因此真正迫切的教育任务是重建德国传统的教育体制。如果彻底摧毁与激进地改变上百年形成的德国文化及其教育体系，将会造成教育事业的混乱与损失。这一改革计划草案得到了基督教社会联盟的教育委员会的支持，也得到了巴伐利亚科学院与慕尼黑大学的支持。1947 年 9 月 30 日，洪德哈默尔制定了《教育远景计划》，但遭到美国军管政府的强烈反对。1947 年 12 月 23 日，美国军官政府写信给巴伐利亚州州长，要求最迟在 1948 年 2 月 1 日制订一个新的计划来落实教育民主化

---

[1]　瞿葆奎 . 联邦德国教育改革 [M]. 北京：人民教育出版社，1991：246.

[2]　李其龙 . 德国教育 [M]. 长春：吉林教育出版社，2000：179–180.

改革。时任巴伐利亚州州长的艾哈德（H. Ehard）在回信中指出美国政府的这一做法带有强烈的命令性质，这本身是一种不民主的表现。与此同时，《教育远景计划》在社会上得到了广泛的支持（一些在纳粹时期流亡美国的学者，教会、天主教教师联合会，以及各所大学都支持这一政策）。美国政府迫于各方压力，最终批准了做了一定修改的《教育远景计划》。在巴伐利亚州的带领下，联邦德国其他的一些州也纷纷坚持恢复魏玛共和国时期的传统教育制度。由此，联邦德国恢复了"三轨制"的学校教育结构，文理中学保留了它原有的地位。但也有例外，如社会民主党对美国所提出的教育民主化改革抱有很大好感。早在魏玛共和国时期，一些激进的德国人就提出了彻底改革学校结构的思想。二战以后，社会民主党认为实现这种改革的大好时机到了，因此极力支持推进学校结构的改革。在社会民主党为多数党的一些州，较大程度地接受了美国等当局所提出的教育民主化的改革建议。比如汉堡州规定将基础学校的年限延长为 6 年，在此基础上进行分流。

总体而言，二战以后联邦德国恢复了"三轨制"的学校教育体系和文理中学的教育传统。随后，联邦德国也着手对文理中学进行了课程与教学改革。如1951 年发布的《蒂宾根决议》，不仅批评了文理中学的教材内容，要求改变文理中学"百科全书式"的教材体系，文理中学除教授知识外还应当关注学生能力的发展，而且建议适当变革教学方法，采用范例教学原则，关注实际问题的解决。又如，1958 年在图芬会议上制定的《文科中学毕业资格目录》，规定了文理中学毕业和高等学校入学的最低标准。[1] 这在一定程度上引导了文理中学关注教育质量，但其规定的毕业资格目录几乎全部是关于学生智育的，缺乏对学生德育、品格方面的规定。诸如此类的政策有力推动了文理中学内部课程和教育质量的改革，促进了文理中学在二战后的良性发展。

---

[1] 福尔.1945 年以来的德国教育：概览与问题 [M]. 肖辉英，等译 . 北京：人民教育出版社，2002：157.

四、20世纪60年代的文理中学制度

20世纪60年代开始，德国文理中学迎来大发展时期。其发展的背景包括以下四个方面。

第一，社会经济和科技发展对文理中学提出新的要求。二战结束后的15年，联邦德国创造了经济奇迹，主要体现在：经济相对稳定的持续高速增长；就业稳定和生活水平的逐步提高；国家财政状况迅速好转，实现了较高的国家预算；产业结构和就业结构优化，第一产业的产值在国民经济中的比重进一步下降，第二、三产业的比重不断增加；等等。[①] 这种经济奇迹直接依赖于德国二元制的职业技术教育。二元制职业教育体系为德国培养了大量的产业工人和合格的熟练劳动力，为经济复苏和发展提供了充分的人力资本。但随着社会经济以及科学技术的不断发展，职业教育已不能完全满足社会经济发展对高新技术产业人才的需求。经济增长也不再依赖熟练劳动工人的贡献，科学技术和创造性发明才是拉动经济增长的最主要指标。这就要求教育对此作出调整和准备，但事实上德国当时对学术性人才的培养是不足的。据统计，20世纪50年代末，联邦德国普通义务教育以后的青少年升学率几乎低于所有主要资本主义国家；受学术教育的青少年也比其他主要资本主义国家少，如1950—1965年，联邦德国同龄青年中仅有4.0%~7.5%获得文理中学毕业证书。[②] 但当时沉醉于经济奇迹之中的联邦德国并没有意识到这种不足，直到1957年苏联人造卫星上天，以及1958年第一次受到经济危机的打击，联邦德国各界才开始对教育制度产生怀疑。1958年，魏因施托克（H. Weinstock）第一次在出版物上指出了这种"教育困境"。1964年，皮希特（G. Picht）发表《德国的教育灾难》一文，尽数二战后的十几年德国教育存在的问题，譬如：人口数量的不断增加对教育提出了新的挑战；各层次学校普遍缺乏师资；高中毕业生数量严重不足；在国际比较中德国教育发展水平靠后；等等。皮希特认为当务之急是增加中学毕业生的数量，使高中毕业生人数翻一番。上述种种因素刺激了当时的联邦德国决策层的神经，于是联邦德国开始调整中等教育结构，加快文理中学的建设。

---

① 肖辉英. 联邦德国五十年代经济奇迹探析 [J]. 世界历史，1998（5）：41–49.
② 李其龙. 联邦德国教育与经济发展 [M]. 北京：人民教育出版社，1982：53–54.

　　第二，德国当时人才结构的变化对文理中学数量的影响。20世纪50年代提出的金字塔形的人才结构模型已不能满足当时社会经济发展的需要，因为德国的人才结构由原来的金字塔形变成了菱形，所以教育体系结构也应当相应变革。中等教育领域就表现为三类学校数量的调整，适当增加了文理中学、实科中学数量。

　　第三，德国教育民主化对文理中学改革的影响。20世纪60年代，教育民主化已成为世界各国教育政策的价值导向和学术研究的热门话题。德国学者纷纷发出教育民主化的呼声。1965年，社会学家达伦多夫（R. Dahrendorf）出版了《教育是公民的权利》一书。在该书中，他主张通过教育政策来确保学生拥有公平的受教育机会，其中首要的便是改善工人子女的学习条件。一些学者在考察了德国教育机会不平等的事实之后，主张通过变革教育体系来改变教育机会不平等的局面。传统的教育制度对享有特权的社会阶层有利，而上层阶级又利用这种教育机会来加强社会的不平等。要改变这种状况，就必须改变学校结构，即改变整个教育制度。① 教育民主化和平等化为变革中等教育学校结构提供了契机。

　　第四，文理中学存在的理论根基被撼动。传统智力理论是文理中学合理存在的主要根基。传统智力理论认为，人的智力是固定不变的，能够通过科学工具得以测量。"10岁考试制度"是根据智力理论而开发和设计的科学筛选工具。但20世纪60年代之后的一些新的智力研究表明，人有多种智力，传统的智力测验侧重认知方面，难以检测出认知之外的智力类型。因此，有赖于传统智力测验的10岁考试并非最科学的选拔人才的方式。1968年联邦德国教育审议会出版的《才能与学习》一书指出了联邦德国人才选拔方面存在的诸多问题：①人才挑选存在片面性，偏重对语言的考察，缺乏对其他学科的考察。"高级中学的挑选标准主要是以语文—语言为依据的。因此，这种挑选标准是片面的，而且不能适应现代社会对青少年为在大学中学习各种各样专业和（或）在公共生活中担任领导职务做好准备的现实要求。"② ②对人才选拔的工具（智力测验）的合理性缺乏反思性认知。英根坎普（Ingenkamp）断定，在联邦德国，注意力几乎没有放在合适的测试方法的发展上。"我们众所周知的考试制度不需要做深入的

---

① 迟恩莲，曲恒昌. 中外教育改革的指导思想与对策 [M]. 北京：北京师范大学出版社，1996：232.
② 瞿葆奎. 联邦德国教育改革 [M]. 北京：人民教育出版社，1991：433.

批评性反省，更别提实验科学的研究了。有人天真地假设，我们的考试制度是客观的、恰当的，一般是令人信服的，并且不仅对个人，而且对社会是完全合适的。"① ③传统的选拔工具无法评判学生的创造性思维。现代社会越是依靠有创造性思维的人（这些人不仅具备逻辑思维能力，而且机灵，他们有思想，能够发明创造，并能够提出改进建议，显示出敏感性、创造性和独创性），那么，那些只允许一种正确答案的测验或考试方法就越不适宜于作出这样一种挑选。② ④传统的选拔工具带有社会阶层的倾向性，不利于弱势群体脱颖而出。有鉴于此，文理中学赖以存在的理论根基已被撼动。传统的智力理论指导下的 10 岁选拔性考试的合理性受到了强烈质疑。文理中学要继续保留，势必要对此种质疑作出理论和实践上的回应。

上述四点便是这一时期文理中学变革的背景。基于此，联邦德国政府总体上对文理中学采取支持的态度，并在教育投资、课程改革和招生考试制度等方面予以可靠的政策保障。

（一）重点确保文理中学的教育投资

文理中学的生均公共教育费远高于基础学校、实科中学。譬如，1961 年，三类学校的生均教育费分别为 1817 马克、846 马克、1251 马克，文理中学生均教育经费是基础学校的 2.15 倍，是实科中学的 1.45 倍；到 1967 年，三类学校的生均教育费都有所增长，分别为 2053 马克、1070 马克、1637 马克，文理中学是基础学校的 1.92 倍，是实科学校的 1.25 倍（见表 2-1）。虽然三类学校的生均教育费的差距缩小，但重点保障文理中学的倾向并没有改变。联邦德国采取保障一般、突出重点的教育投资分配政策，文理中学每个学生平均公共教育经费，高出各类学校学生总平均公共教育经费 80% 以上。③ 充裕的教育经费为文理中学的发展提供了坚实的物质基础。

① 瞿葆奎 . 联邦德国教育改革 [M]. 北京：人民教育出版社，1991：434.
② 瞿葆奎 . 联邦德国教育改革 [M]. 北京：人民教育出版社，1991：436.
③ 李其龙 . 联邦德国教育与经济发展 [M]. 北京：人民教育出版社，1982：88.

表 2-1　联邦德国每个学生平均所得公共教育费

单位：马克

学校类别	1961 年	1965 年	1966 年	1967 年
基础学校、主要学校与特殊学校 （包括幼儿园与主要学校中的实科班）	846	1035	1067	1070
实科学校（包括实科夜校， 不包括主要学校中的实科班）	1251	1379	1538	1637
文理中学（包括夜间文理中学）	1817	1950	2015	2053

资料来源：李其龙.联邦德国教育与经济发展 [M].北京：人民教育出版社，1982：34.

（二）出台推进文理中学深度变革的政策

1960 年出台的《萨尔布吕肯总纲协定》强调文理中学应致力于培养精神上具有独立性和责任感的学生，并规范和调整了文理中学高级阶段的教学框架。具体改革内容为：保证文理中学为大学修业做准备和科学预备教育的基本职能；在开设学科上要规定一套新的标准；精简课程，如减少必修科目；处理好基础教育与个人兴趣之间的关系；等等。[①]1961 年 9 月，联邦德国各州文化部部长举行会议并通过了《斯图加特建议》，从教学论的角度进一步落实了《萨尔布吕肯总纲协定》所确定的课程组织问题。上述两个政策的出台是二战结束后联邦德国首次针对文理中学高级阶段内部课程教学的改革，从课程组织的角度对文理中学改革作出了积极探索。

（三）进一步调整和完善中等教育结构

1964 年，《汉堡协定》统一了德国教育中不同类型的学校名称，中等教育领域建立在基础学校之上的学校，称为主要学校、实科学校或文理中学。从国家政策层面正式统一中等教育三类学校的名称，意味着三轨制的中等教育结构的合法化和制度化。1970 年，联邦德国教育审议会出台《教育结构计划》，贯彻了受教育是人的基本权利的原则，提倡教育平等，尊重学生的自主选择权利。这份计划对中等教育结构作出了一定的补充性说明，要点如下：中等教育不同类型

---

① 孙祖复.西德完全中学高级阶段的两次改革（上）[J].外国教育资料，1987（3）：19-26.

学校之间应当遵循相互渗透的原则，允许学生在不同类型学校之间转学；政策上应当建立这样的渗透和转学通道，以确保那些晚慧的学生能够有改变命运的机会。诸如此类政策的出台使三类学校之间建立起了相互衔接的"立交桥式"的转学通道，完善了德国中等教育结构。

（四）改革中等教育招生选拔制度

改革以往"一考定终身"的局面。20世纪70年代之前，文理中学的招生有赖于10岁考试。也就是说，10岁考试基本上决定了学生能不能上学、上什么样的学校。诸多批评者认为，10岁选拔考试过早分流，导致很大一部分的晚慧儿童被排除在文理学校之外。另外，10岁考试的选拔工具本身存在着诸多弊端。比如，主要考查学生的言语、数理逻辑，无法考量学生情感态度价值观的发展水平；侧重于对学生认知层面的检测，难以检测学生的问题解决能力、批判思维性和创造能力。此类批评指出了选拔工具存在的根本性问题。20世纪70年代，联邦德国所施行的教育改革方针中，就有针对上述弊端提出的解决方案。

五、学校综合化背景下的文理中学制度

20世纪70年代，世界范围内掀起了学校综合化运动。在美国，科南特（J. B. Conant）提出了建立综合中学的理论和实践模型，并在全美范围内得到响应。在英国，从70年代起，英国工党极力倡导学校综合化运动，综合学校得到了极大发展。在德国，综合学校的理念也得到一定范围的支持和实践。早在1969年，联邦德国教育审议会就出台了《建立综合中学的实验学校》，将综合中学作为一种实验学校来看待和实施，建议所有的联邦都参加实验；针对综合中学的教学计划、课程设置、成绩评定等提出了若干建议；指出学校应当建立相应的教育咨询机构，为学生的选课、职业生涯规划等提供帮助。有别于美国和英国将综合学校作为一种主要的学校类型，联邦德国的综合中学是以"实验学校"的身份登上教育舞台的。1970年出台的《教育结构计划》也倡导建立综合学校，但总体来看，联邦德国综合学校的发展十分缓慢，只是作为地方上的实验学校出现在公众视野中。据统计，1980年联邦德国综合中学所占比重为4.1%，1985年

这一比重有所增加，为 5.2%。与此同时，1980 年的统计数据显示，文理中学占 28.9%，实科中学为 25.3%，主要中学为 41.7%。可见，中等教育传统的三类学校依然占据主导地位。

这一时期，文理中学主要通过课程改革来稳固其地位。1972 年 7 月颁布的《波恩协定》指出，文理中学应分为必修课程阶段和选修课程阶段，选修课程阶段以学生的个别化教育为主，不断扩展和增加选修课的数量和内容。1988 年，联邦德国政府对上述协定做了修正，用"学程制"代替原先的课程体系，使课程更加个性化；同时，规定文理中学高年级阶段包括五个课业领域（语言、文学、艺术；社会科学；数学、自然科学；宗教；体育），每个课业领域中的每一门学科又包括选修课和必修课，学生可将某一领域确定为特长领域，进行重点、深入学习。1988 年修正的《波恩协定》还对文理中学学生的毕业要求提出了建议，强调学生应具有独立承担高等院校学习和研究任务的能力，并具备一定的责任心。[1]

六、"两德"统一时期的文理中学制度

1990 年 10 月 13 日，德国在分裂 40 多年后重新统一。新加入联邦德国的 5 个州，依照原联邦德国的模式设立州一级的文化教育部，各自制定教育法规，行使相应的教育行政权力，各州的文化教育部部长也加入了联邦文化教育部部长会议。同所有各州一样，新加入州的教育法规，学制与联邦各州基本一致。[2] 就中等教育阶段而言，东部五州的学制已彻底抛弃了原民主德国学制的统一学校模式，代之以联邦德国的多轨制模式，然而没有完全接受联邦德国的三分结构，却在有的州里出现了新的二分结构。[3] 梅克伦堡－前波莫瑞州完全恢复了原联邦德国三轨制的中等教育结构，主要学校、实科学校、文理中学平行发展。萨克森－安哈特、萨克林和图林根三州的学制结构显示了实行一种新的二分结构模式的尝试。三州分别以中等教育阶段学校、中间学校和常规学校与文理中

① 张可创，李其龙.德国基础教育 [M].广州：广东教育出版社，2005：189.
② 张可创，李其龙.德国基础教育 [M].广州：广东教育出版社，2005：37.
③ 李其龙，孙祖复.战后德国教育研究 [M].南昌：江西教育出版社，1995：403.

学并列构成二分结构。[①]勃兰登堡州则发展出了一种新的三轨制结构，综合中学、实科学校、文理中学（或文理中学的高级阶段）并存。即便如此，这5个州都设置了文理中学（见表2-2），都允许分流教育制度的存在（有些州十分强调分流教育制度，比如梅克伦堡－前波莫瑞州；有的州小范围内允许分流教育制度，比如勃兰登堡州）。由此可以判断，统一后的德国保留了分流教育制度，文理中学依然是一种主要的中等教育学校类型。

表2-2 新加入联邦德国的5个州的中等教育结构

州名	中等教育结构	特征
梅克伦堡－前波莫瑞州	主要学校、实科学校、文理中学；综合学校只有在存在三分结构的前提下才能设立	传统三轨模式
萨克森－安哈特州	"中等教育阶段学校"和文理中学。前者包括促进学校和主要学校教程或实科学校教程；后者包括观察阶段和高级阶段。	分轨制，实则两轨制
萨克森州	中间学校和文理中学。中间学校5、6年级为定向阶段，从7年级开始分化为主要学校、实科学校两种教程。文理中学包括5—12年级，前两个年级属定向阶段，高级阶段的2年实行分组学程制	分轨制，实则两轨制
图林根州	"常规学校"（与萨克森州的中间学校类似，只有名称上的区别）和文理中学。前者从7年级开始分化为主要学校和实科学校；文理中学包括5—12年级，高级阶段一般为2年，实科学校毕业生则需要3年	分轨制，实则两轨制
勃兰登堡州	综合中学（7—10年级）、实科学校（7—10年级）、文理中学高级阶段（11—13年级）、文理中学（7—13年级）。综合中学内部按照学科能力进行分组	新的三轨模式

资料来源：李其龙，孙祖复.战后德国教育研究[M].南昌：江西教育出版社，1995：400-402.

统一后的德国加快了综合学校的建设，对中等教育学校结构作出了较大的调整。但这并没有波及文理中学的发展。相反，1994年的统计数据显示，文理中学在德国中学中的占比增加到9%，而主要学校的数量锐减。在一些州里，排除了其中作为一种独立的学校形式的主要学校，而仅仅把主要学校作为一种"教

---

① 李其龙，孙祖复.战后德国教育研究[M].南昌：江西教育出版社，1995：403.

程"，结合在另一种新的学校形式里，个别州甚至从形式到内容完全取消了主要学校。这种排斥主要学校的倾向，导致主要学校的声誉和地位日趋下降。实科中学和文理中学的数量相比较有一定程度的上升，分别为 26.5% 和 31.5%。[①] 由此可见，文理中学依然是德国最主要的中等教育学校。

七、PISA 震荡时期的文理中学制度

PISA（Program for International Student Assessment）是由经济合作与发展组织（OECD）发起的面向主要工业化国家 15 岁少年的知识和技能调查，主要涉及阅读、数学和科学，每隔三年组织一次。2000 年，该项目首次实施，并于 2001 年 12 月 4 日公布测试结果。德国学生在这次测评中的表现十分糟糕，阅读、数学和科学三方面的能力均低于 OECD 平均水平（在参与的 32 个国家中，德国学生的阅读素养排第 21 位，数学素养和科学素养均排在第 20 位）。这一结果对一向以教育而自豪的德国而言无疑是重大打击。2004 年春，第二轮 PISA 测试结果同样表明德国基础教育质量不容乐观。由此引发了轩然大波。人们针对德国基础教育学制偏长、分流较早、移民子女日益增多等一系列问题展开讨论。在各种讨论中，最激烈的当数基础教育体制与结构的改革。[②] 社会各界对德国教育质量下降的原因进行了检视。一方面，中等教育三元制是总体教育质量低下的原因之一，三类学校在教育质量上存在根本性差异，尤其是主要学校，教育质量极其低下。另一方面，学生学业成绩与社会背景及移民背景存在密切关联。在德国，来自社会较高阶层和较低阶层的学生，在阅读能力方面的差异是所有 PISA 参与国中最大的。另外，移民家庭的学生的学业成绩显著低于其他学生且他们多数被安置于主要学校。由此可见，三元制是产生教育差距的最主要的结构性原因。[③] 基于此，不同政治党派纷纷寻求变革之法。左派想引入整合性的综合中学，保守主义者则想保持这种分轨的学校体制；一方求助于机会平等和教育

① 李其龙，孙祖复 . 战后德国教育研究 [M]. 南昌：江西教育出版社，1995：403.
② 黄华 . 从多轨制到双轨制：德国基础教育学制改革实证研究介评 [J]. 教育研究与实验，2012（1）：40-45.
③ 彭正梅 . 分轨还是合规：关于德国中等教育三元制的一些争论的考察 [J]. 基础教育，2012（6）：112-118.

正义，另一方则求助于天赋差异和早期的同质学生群体的必要性。①

事实上，当时的文化教育部部长会议反对有关教育体制和结构的全面讨论，但是，迫于公共舆论的压力，各联邦州开始对中等教育体制与结构进行调整。主要表现在两方面：一是缩短文理中学的学制；二是从现有的多轨制的中等学校结构（文理中学、实科中学、主体中学、总和中学 +X）向两轨制（文理中学 +X）转型。具体的做法是将文理中学之外的学校类型（主要是主体中学和实科中学）整合成一体化的学校类型。②从中可见，三轨制结构的变革并未影响到文理中学的地位，文理中学仍然一枝独秀，变革的只是那些教育质量不佳的主要学校。调整后的学校结构中，文理中学的数量占比依然保持在一定水平。譬如，2007 年，巴伐利亚州 36% 的小学毕业生进入普通中学，45% 进入实科中学，其余的 19% 升入文理中学；柏林州的中学类型更多，分为普通中学（学生占 11%），实科中学（22%），介于普通中学和实科中学的混合中学（8%），还有文理中学（33%），以及介于文理中学和实科中学的文实学校（28%）。③另外一些州则进一步加强了文理中学建设。譬如，萨可森州设立了面向全德国招生的英才文理中学，为造就拔尖人才奠定基础。位于该州迈森市的阿菲尔特文理中学就是其中之一。这所学校师资一流、设施齐全、条件优越，每年通过考试招收 50 名有潜质的学生，进行精心培育，以升入重点大学为目标，并为其打下持续超常发展的基础。④

综上可见，PISA 震荡时期，文理中学的地位并未被撼动，数量也未锐减；相反，随着主要学校数量的锐减，文理中学显得更为耀眼。一些州甚至进一步加强了文理中学的建设，将提高教育质量的任务进一步施加给文理中学。另外，就文理中学和实科中学的数量比较来看，文理中学班级数和在校学生数远远超过了实科中学。统计表明，到 2002 年，虽然德国的文理中学数量（3168 所）要少于实科中学（3465 所），但其班级数和学生数均多于实科中学，文理中学共有

① 彭正梅.分轨还是合规：关于德国中等教育三元制的一些争论的考察 [J]. 基础教育，2012（6）：112–118.
② 孙进.变革中的教育体制：新世纪德国普通中等教育改革 [J]. 比较教育研究，2010（7）：36–40.
③ 王定华.德国基础教育质量提高问题的考察与分析 [J]. 中国教育学刊，2008（1）：10–16.
④ 王定华.德国基础教育质量提高问题的考察与分析 [J]. 中国教育学刊，2008（1）：10–16.

60905 个班级，而实科中学只有 48384 个班级，文理中学学生人数也远远多于实科中学。①

第二节　德国文理中学的发展特征

德国文理中学并没有因时代巨变而被抛弃，相反，其随着制度的精细化调整确保了办学的一以贯之。在数量结构、培养目标、分流选拔、课程设置等方面，文理中学都具有其内在的发展特征。

一、数量结构方面的发展特征

20 世纪 50 年代，德国文理中学在数量上较之魏玛共和国时期有一定增长。在魏玛共和国时期大约 10% 的学生升入文理中学，1955 年有 18% 的学生升入文理中学。② 从这一时期德国三种学校的地位、数量、质量的比较来看，文理中学的地位最高、数量有限、质量最好，中间学校地位中等、数量最少、质量中等，国民学校高年级地位次于中间学校、数量最多、质量最差。

20 世纪 60—70 年代，德国进行了学校结构的调整，表现为大量发展文理中学和实科中学，减少主体中学的数量。虽然整体上仍以主体中学居多，但从纵向上看，主体中学有逐年下降之势：占比从 20 世纪 50 年代的近 80.0% 减少到 1960 年的 66.4%、1970 年的 55.2%、1975 年的 49.7%。文理中学和实科中学在数量上均有逐年稳步增长之势：文理中学从 20 世纪 50 年代中期的 18.0% 提高到 1960 年的 20.1%、1965 年的 22.1%、1970 年的 24.7%、1975 年的 27.6%；实科中学从 20 世纪 50 年代的不到 10.0% 上升到 1965 年的 16.6%、1970 年的 20.1%、1975 年的 22.7%。

20 世纪 80 年代，德国打破三轨制教育体制的行动非常坚决，表现为社会民主党执政的州着手建设综合学校。这一时期德国出现了一些综合中学，但发展速度较慢，不足以撼动文理中学、实科中学的地位。相反，文理中学和实科

---

① 张可创，李其龙．德国基础教育 [M]．广州：广东教育出版社，2005：187.
② 李其龙．联邦德国教育与经济发展 [M]．北京：人民教育出版社，1982：50.

中学的数量整体上有增多趋势，两者占比大体上均保持在 30.0%。主体中学的数量急剧减少，虽然在整个 80 年代所占比重仍最大，但从 90 年代开始，文理中学和实科中学所占比重超过主体中学。2000 年以来，主体中学数量继续锐减，2010 年仅占 18.2%，2012 年为 17.2%。

基于上述分析，笔者得出如下结论：其一，半个多世纪以来文理中学在数量上得到了大发展，尤其是 20 世纪 90 年代以来其已成为德国数量最多的学校类型；其二，文理中学仍然是德国教育质量和社会地位最高的学校类型。

二、培养目标方面的发展特征

早期文理中学主要是为德国封建社会培养统治人才，带有鲜明的等级性。二战以来相当长的时期内，德国强调文理中学为大学输送合格的学术性人才，尤为重视对学生学术研究能力的培养。20 世纪 90 年代，德国重新界定了文理中学高级阶段的培养目标。例如，巴伐利亚州指出，文理中学教育阶段的青少年处在个性发展的决定性阶段，这一阶段的课程设置重点是向成长中的一代传授广泛的、出色的、综合的学术性知识，培养学生终身学习的理念和能力，使学生获得关键素养，包括问题解决能力、知识迁移能力、交际能力、合作能力、创造能力，以及良好的德行。北威州强调，文理中学课程要对成长中的一代进行广泛的、集中的本质性培养，使他们具有成熟的对社会负责的个性，向他们传授能整体地认识世界和建立整体观念的基础知识，使他们具有基本的能力和技巧。萨克森州则要求文理中学开设更深入的普通教育课程，为学生升学和进入大学以外的高一级职业教育系统做准备；培养学生具有抽象的、分析性的和批判性的思维，使学生能够掌握和深入应用学科知识，培养学生全面的人性，包括积极参与社会活动、谅解他人等。[1]

综合起来，可以将德国文理中学的培养目标总结如下：①帮助学生发展成熟的人格和对社会负责的态度；②传授基础知识和技能；③发现和发展学生的天赋；④培养学生认识个人天赋和发展倾向以及对自己未来发展作出正确选择的能

---

[1] 李其龙. 让每一个学生的特长得到充分发展：德国普通高中阶段课程研究 [J]. 全球教育展望, 2002（3）：6，18–21.

力；⑤培养学生独立作出判断和行动的能力；⑥培养学生对世界的理解和批判的能力；⑦发展学生参与社会民主建设的意识。[①]

三、分流选拔方面的发展特征

（一）增加"定向阶段"

三轨制最为德国人所诟病的是分流选拔的不合理性和不科学性。有鉴于此，德国教育政策开始关注如何科学合理地选拔人才。20 世纪 50 年代，选拔考试逐渐改革为一种试读制度。具体办法是，各类中学首先根据家长的愿望以及基础学校的意见将基础学校毕业生招收进去，然后让他们试读一至三周，根据他们的学习情况决定是让他们留在原校继续就读，还是让他们转入其他类型的中学。[②] 但试读制度仅仅是针对被选中试读的那些学生，大部分学生仍然避免不了承受过早分流带来的后果。于是，一种比试读适用范围更广的制度在 1959 年被提出来。《关于普通教育的改革和统一的总纲计划》中要求建立"分流的中间结构"，将 5、6 年级作为一个独立的特殊时期。在这一时期，学生享受共同的学校生活，但学校会根据学生的能力倾向和兴趣特长为其提供不同程度和不同内容的课程和教学。1964 年《汉堡协议》确定，5、6 年级为观察和定向的阶段[③]，将分流推迟两年。1973 年，联邦政府甚至表示要建立独立的定向阶段，但招致了极大争议。保守派认为这种做法挤占了文理中学的完整教育时间。德国教育主权在各州，各个州可自主作出是否设置以及如何设置定向阶段的决定，因此，最终产生了两种形式的定向阶段：一种独立于三类学校，另一种隶属于三类学校。这就意味着提供定向阶段的学校有国民学校（高级阶段）以及主体中学、实科中学、文理中学。大部分学生倾向于进入三类学校完成定向阶段的学习。这表明分流还是保留下来，只不过分流的方式有所改进。目前，"10 岁考试"已

---

① 李其龙. 让每一个学生的特长得到充分发展：德国普通高中阶段课程研究 [J]. 全球教育展望, 2002（3）: 6, 18–21.

② 李其龙，孙祖复. 战后德国教育研究 [M]. 南昌：江西教育出版社，1995: 19.

③ 1964 年 10 月 28 日，德意志联邦共和国各州州长会议签订了《汉堡协定》（全称为《联邦德国各州就教育中的统一问题签订的协定》）。其中一条规定：对于所有学生共同就学的第 5 学年和第 6 学年，可以使用"促进阶段"或"观察阶段"名称。

被"协商入学"所取代。"协商入学"的具体程序为：第一，家长和学校密切配合。4年级第一学期要召开由家长、班主任、主要任课教师、校长，乃至主体中学、实科中学、文理中学校长共同参加的会议，校方说明情况和回答家长的问题。第二，学校根据成绩推荐某同学到某类学校读书，而家长有决定权。但这一决定权在不同的州有不同的体现。在一些州，如果家长的要求高过了学校的推荐，则该学生必须参加学校安排的一次考试；若考试通不过，家长或服从学校的推荐，或让孩子重读4年级。在另一些州，相同情况下，该学生可以到家长期待的学校去试读，但在半年乃至之后两年的定向期内，学校都可以根据成绩决定该学生的去留。[①]

（二）建立"转学通道"

早在定向阶段建立以前，德国各州实际上就已经存在不同学校之间的转学通道，但事实上这种转学困难重重，成功转学的概率非常低。随着定向阶段的建立以及三轨制体制改革的不断推进，建立合理科学的转学通道日渐被提上教育政策的议程。1959年，《关于普通教育的改革和统一的总纲计划》指出："只有当在此建立的学校体制使各类中学互相不严密封闭，而是在它们之间有转学的可能时，这种学校体制才能有利于较迟被识别出来的有才能儿童。"具体可通过考试实现转学，也可通过提供能力证明的方式，究竟采用哪种通道主要根据学校而定。此外，1970年，德国教育审议会颁布的《教育结构计划》提出，"任何教育轨道都不能陷入死胡同"，"教育系统应该具有渗透性"。该计划主张不仅要建立内部转换（转换选修学科、转换特长课程）的通道，更要建立不同学校类型之间的转换通道以使三轨制更具合理性。诸如此类的教育政策为转学通道的建立提供了理论指导。

德国各个州对转学通道和转学条件的规定有一定的差异性。比如，巴伐利亚州规定，"文理中学学生读完10年级后进行考试，合格者才有资格进入文理中学高年级就读（11—13年级）。10年级考试合格获得的这一资格相当于中等

教育毕业资格，不合格者转入其他类型学校学习"①。另外一些州将转学条件的把控权下放到学校，让学校自行设定转学标准。虽然各个州的具体做法存在一定差异，但成功转学在很大程度上与德国学制的科学设计密切相关。德国主体中学的学制为 5 年，一般为 5—9 年级；实科中学学制为 6 年，一般为 5—10 年级；文理中学学制为 9 年，一般为 5—13 年级，其中 5—10 年级为初级中学阶段，11—13 年级为高级中学阶段。这样的学制安排使学校之间转轨成为可能，主体中学 9 年级的有能力的学生只要达到转轨要求就能够进入实科中学或文理中学 10 年级继续学习；而实科中学的那些优秀的 10 年级学生也可不失时机地转入文理中学高级阶段学习。如此看来，德国中等教育体系中学生有三次转轨的机会。第一次为定向阶段，第二次为主体中学 9 年级阶段，第三次为实科中学 10 年级阶段。

四、课程设置方面的发展特征

有关文理中学的批评，很大一部分与其内部课程设置相关。有鉴于此，德国对文理中学课程作出了一定的变革。二战以来，涉及文理中学课程改革的政策文件主要有 1960 年的《萨尔布吕肯框架协议》、1961 年的《斯图加特建议》、1970 年的《教育结构计划》、1972 年的《波恩协议》、1987 年的《关于继续执行和统一实施文科中学高中阶段各项协议的协议》、1988 年通过的《1972 年波恩协议》的修订文本、1995 年的《关于继续发展文科中学高中阶段和文科中学毕业原则的方向性决定》等。这些政策文件反映了德国文理中学课程改革的大致脉络和发展特征。具体来说，文理中学的课程设置具有以下几方面的倾向性。

（一）课程平衡古典和现代

文理中学在产生之初便将拉丁文和古希腊语作为核心课程，这在当时被认为是具有人文主义气息的一种表现。洪堡对文理中学的改革奠定了文理中学课程的通识性和学术性，这一传统延续至今，但也招致了各方的批评。批评意见

---

① 杭州大学中德翻译中心，德国巴伐利亚文教部.德国巴伐利亚州教育制度[M].杭州：杭州大学出版社，1998：48.

大体包括以下方面：课程内容过于陈旧、缺乏现代气息；过于"百科全书式"，对能力的关注度不够；缺乏反映现代科技和社会生活的内容；等等。二战以来文理中学恢复和重建之后，便十分关注课程内容的现代化，可以说凡是涉及文理中学改革的政策，必定绕不开课程内容的现代化。譬如，《萨尔布吕肯框架协议》作出了精简教学课程的规定，《教育结构计划》指出不能再传授在普通教育规范意义上的那种百科知识。文理中学开始探索平衡现代科学技术的教学和古典人文学科知识的教学的途径。总体上看来，文理中学的基本立场为：课程要现代化但是也不能放弃欧洲的精神传统（这种精神传统吸收了古希腊和古罗马的文化精髓）[①]。

（二）课程兼顾学生个性

选修课的开设给予学生个性化选择的机会。二战以前，文理中学的课程基本为必修课，学生很少能根据自身的兴趣和特长来选课；二战以后，经过多次的文理中学课程改革，选修课的比重逐渐增大。必修课占全年课时总数的比重随着文理中学高中阶段教育过程的推进而减少。必修课第一年大约占课时的 3/4，第二年和第三年可以减少到 1/2。[②] 选修范围有专门的自然科学、技术、经济和社会学、古典语、现代语、艺术等课程。

（三）课程注重基础和特长

目前，德国文理中学的课程分为基础学程和特长学程两大类。这种分类始于 1972 年《波恩协议》对文理中学作出的改革规定。《波恩协议》的核心是打破常规的年级课程，取而代之的是学程课程。学程课程分为基础类和特长类，每一类又设置必修课和选修课。基础学程和特长学程的定位有差别，前者的教学

[①] 1959 年德国教育委员会颁布的《关于普通教育的改革和统一的总纲计划》中对文理中学课程内容的现代化和古典性之间的平衡问题作了论述："文理中学的……使命是，通过它认真对待具有其独特性的新世界的实际教育内容来克服这种矛盾。文理中学应该对我们社会的教育任务，给予一种客观上有理由的和可靠的回答。只有从认识技术文明及其社会的基本结构中，重新研究教育与劳动之间、文化和实科范围之间的关系，只有当人在科学与技术的'人为'世界中的地位真诚地被理解时，这才是可能的。一种'现代'类型的教育，并不意味着它必须放弃我们的精神传统的极其重要的内容。同时，它的工作必须唤起那些产生我们文化的力量，并使其保持生气。"

[②] 瞿葆奎. 联邦德国教育改革 [M]. 北京：人民教育出版社，1991：602.

内容以基本知识和基本技能为主，后者的教学内容指向专业性和学术性。两者的不同组合是学生个体选择的结果，充分体现学生的个性特征。

（四）课程强调高阶和特色

1. 开设方法论课程

开设方法论课程的主要目的是让学生掌握研究方法和未来的工作方法。通过学习，学生能够熟知整个研究的过程以及每一个研究阶段可采用的具体方法。一般采用小组合作的方式来完成方法论课程的学习，同时还配以相应的讲解、报告、上大课等形式（见表 2-4）。

表 2-4 方法论课程的任务和目标

题目的产生和组织	信息过滤	信息结构	时间计划	辅助手段
采用头脑风暴法	确定目标	寻找上位概念	制定工作步骤	图片和资料
调查研究	提出假设和模型	建立结构模型	估计工作进度	词典和百科全书
提出带有"w"的问题	进行实验	确立实验类型	确立短期目标	实验材料
进行深度访谈	寻找适当的证据	访谈问题结构	制计时间计划	对象的信息
	提出中心问题		使用项目管理方法	新媒体
	运用目标地图			

资料来源：张可创，李其龙. 德国基础教育 [M]. 广州：广东教育出版社，2005：195-196.

2. 开设特色跨学科课程

特色跨学科课程主要采用主题学习方式和项目学习方式。主题和项目的选择是其中的关键。在具体实施过程中，学生应独立自主地选择一定的项目进行学习，譬如"世界观和世界图景学""1848 年的欧洲革命""人类与健康""城市和文化"等项目。项目所涉及的知识往往是跨学科的，比如"世界观和世界图景学"就涉及哲学、宗教、物理、天文学、历史、英语、自然科学等学科知识，又如"人类与健康"至少包括生物、化学、伦理学和心理学等学科知识（见表 2-5）。

表2-5　文理中学高级阶段特色课程讨论课的题目范围举例

题目	可综合应用的学科知识
经济／管理／法律	社会常识、历史、信息学
世界观和世界图景学	哲学、宗教、物理、天文学、历史、英语、自然科学
1848 年的欧洲革命	德育、宗教、历史、地理常识
20 世纪 60 年代的世界	历史、社会常识、德语、绘画艺术、音乐
新的联邦州的发展情况	历史、社会常识、地理常识
青少年的价值取向	历史、社会常识、宗教、德语和伦理学
两个世纪的人类前景的比较（1900—2000 年）：现代和后现代	德语、政治学、宗教、绘画艺术、生物和化学
人类与健康	生物、化学、伦理学和心理学
处于文化与自然之间的自然科学	生物、化学、数学、物理哲学、德语和伦理学
生活在大城市	德语、社会常识、地理常识
城市和文化	历史、社会常识、地理常识、体育和绘画艺术
从不同角度对体育进行研究	体育、社会常识
广告世界	德语、社会常识、历史、绘画艺术
20 世纪的音乐和绘画艺术	绘画艺术、音乐和德语
媒体的权力	德语、社会常识、历史和数学
浪漫主义	德语、历史、哲学
……	……

资料来源：张可创，李其龙 . 德国基础教育 [M]. 广州：广东教育出版社，2005：195-196.

特色学科课程项目的选择关系到学习质量。以下几条是必须考虑的原则：第一，体现文理中学高年级的水平，达到高中毕业应达到的层次；第二，能够实现为大学学习方法和研究方法做准备的目的；第三，尽可能地利用各种文献资料，能够体现学生搜集、整理、分析资料的能力；第四，在小组工作中尽可能使每个成员的价值都体现出来。只有满足以上条件的学习和研究，才能真正达到发展学生独立性、自主性和提高学生研究问题、解决问题能力的目的。[1]

3. 设置研究性学习课程

研究性学习课程主要采用小组合作学习和综合讨论的方法。参加研讨小组的学生可以按照个人的兴趣选择具体的研讨题目，并把题目告诉指导教师，教师安排题目相同或相近的学生组成一个研讨小组。小组成立后，进行分工与合

[1]　张可创，李其龙 . 德国基础教育 [M]. 广州：广东教育出版社，2005：193-194.

作，成员间可进行讨论，相互提供材料和建议。小组在研讨的基础上撰写研究报告。然后，由小组成员在指定的时间向整个研讨班进行报告，再在大范围内围绕小组报告进行讨论。[①] 这种小组合作学习形式在德国文理中学高级阶段被广泛应用。它对激发学生的学习动机，提高学生的研究能力，培养学生独立自主的学习能力和合作精神具有积极作用。

第三节　德国文理中学制度的学理争论

德国文理中学制度在发展过程中也面临着一系列的争论和批判，聚焦在以下五个方面：教育公平、教育效益评估、分流选拔、精英培养成效和恶性竞争。

一、教育公平受到一定质疑

一种观点认为，文理中学带有明显的社会等级性质。从文理中学的入学机会来看，工人阶级家庭的子女入读比例小，上层社会（诸如官员等）家庭的子女占大多数。一项调查表明，自 1972 年至 1982 年，进入文理中学学习的工人家庭子女的人数从 6.3% 提高到 10.5%，仅提高了 4% 左右；而官员家庭出身的子女占文理中学学生人数的比例，稳定在 50% 左右（见表 2-6）。可见，文理中学主要为社会上层服务，带有浓厚的不公平色彩。

表 2-6　1972 年和 1982 年联邦德国文理中学中 13—14 岁学生的家庭背景分布

单位：%

家庭情况	1972 年	1982 年
官员家庭子女	45.7	45.7
职业家庭子女	36.1	36.1
工人家庭子女	6.3	10.5

资料来源：瞿葆奎. 联邦德国教育改革 [M]. 北京：人民教育出版社，1991：692.

也有一部分人从文理中学产生的历史背景追问，进而得出了下述结论。在

---

① 张可创，李其龙. 德国基础教育 [M]. 广州：广东教育出版社，2005：197.

三轨制背景下，阶级出身、社会地位决定了学生上哪种类型的学校。所谓的"按照智力选拔"，实则带有明显的资产阶级特征，因为智力发展是与一定家庭经济条件下的社会环境、学习氛围分不开的，"智力"标准实际上往往仍然是家庭出身标准。[①]

另一种观点认为，文理中学的发展造成了其他类型学校的生存危机。换言之，文理中学挤占和剥夺了其他学校发展所必须具备的教育资源（尤其是教育经费、师资、生源），这种资源配置的不公平造成了学校之间的巨大差异。文理中学在教育经费、师资力量以及生源上都具有极大的优势，自然会有较高的教育质量；而主体中学在教育经费、师资力量以及生源上都远不及文理中学，教育质量十分低下。教育经费上的差异表现为，德国实施有重点的经费投入政策，文理中学的运作经费高于其他类型的学校。在师资力量方面，德国曾有过这样的规定和共识，即文理中学的教师必须毕业于像洪堡大学这样的学术性大学，接受过正统的学术训练，而主体中学的教师则大多毕业于师范专科学校，两者在学术涵养方面差距明显。[②]生源方面的差别表现为文理中学将最有才能的学生"一网打尽"，主体中学只能招收那些"剩余"的生源，这是造成两者教育质量差异的根本性因素。

与上述观点不同的是，有人认为文理中学及三元制的存在体现了一种务实的正义。在他们看来，三元制实际上为能力不同的学生提供了不同的机会，为学生提供适合其能力倾向的教育。[③]三元制模式的设计初衷是为不同能力水平和倾向的人提供适合其自身特点的教育。这种模式看重的是个体能力的有差异的实质提升，并把这种差异化的能力提升与同样存在着差异的社会和职业界统合起来。[④]

[①] 李其龙.联邦德国教育与经济发展[M].北京：人民教育出版社，1982：78
[②] 师资力量方面的差异随着德国相关师资政策的出台而逐渐缩小。20世纪70年代后期，德国初步取消了师范专科学校，中小学师资力量的培养基本集中到综合性大学的教育系。在德国，能够进入综合性大学学习的学生数量有限，其必须在各方面都表现优异。这实际上是严格把关师资入口，确保优秀人才从事中小学教育事业。近年来，德国不同类型的学校的师资力量差异有逐步缩小的趋势，但总体上看，文理中学的师资配备仍然是最强的。
[③] 彭正梅.分轨还是合规：关于德国中等教育三元制的一些争论的考察[J].基础教育，2012（6）：112-118.
[④] 彭正梅.分轨还是合规：关于德国中等教育三元制的一些争论的考察[J].基础教育，2012（6）：112-118.

二、教育效益评估有难度

二战以来，德国重建文理中学和三轨制教育体制的一个原因便是这样的制度设计与当时的社会经济结构和劳动力市场分工相契合。根据德国劳动心理学家胡特（A. Huth）20 世纪 50 年代的研究，联邦德国的劳动力分工与学校分类之间有一种契合性：劳动力市场结构决定了人才需求的结构，而人才需求的结构决定了学校的分类。反过来看，学校分类其实是对经济领域劳动力分工的现实反映。经济的正常运行有赖于人才的合理配备，即一定数量的科学家、工程师和管理人员，一定数量的技术人员和熟练工人，以及一定数量的普通工人，形成合理的结构。[①] 胡特的研究表明，当时联邦德国的劳动力结构为金字塔形，因此相应的学校类型也应当是金字塔形。处于金字塔顶端的劳动力种类（诸如领导者、经理、顾问等）是由文理中学和高等学校培养的，这部分人群占整个劳动力市场的 3%~5%；处于中间层次的诸如管理员、领班等人才主要由中间学校和专科学校加以培养，占整个劳动力市场的 11%~12%；一般的劳动工人主要由国民学校和职业学校培养，占 85%。20 世纪 50 年代，德国教育界便是按照胡特的这种设想来设计学校结构和进行人才培养的。一部分研究者认为胡特所设计的金字塔形的结构在人才培养方面很有价值，但他将文理中学和高等学校的比例限制在 3%~5%，显然不能满足当时快速发展的经济的需要。因为 20 世纪 60 年代以后，随着联邦德国经济的发展，劳动力市场结构早已由原来的金字塔形变成了菱形；同时，现代生产的科学化及其造成的就业人员职业流动性的不断增加，对劳动力的基础教育水平也提出了更高的要求。为此，联邦德国在 60 年代后，特别是从 60 年代末开始，对三类学校结构作了相应的改革，推迟了分轨，并增加了实科学校与文理中学的在学人数，使这种分轨学校结构尽量与经济发展相适应。[②]

文理中学以及确保文理中学存在的三轨制产生了卓越的经济效益。从事实来看，这种判断是有一定依据的。文理中学不仅为德国培养了一流的学术人才，

---

① 李其龙. 联邦德国教育与经济发展 [M]. 北京：人民教育出版社，1982：77.
② 李其龙. 联邦德国教育与经济发展 [M]. 北京：人民教育出版社，1982：79.

还培养了现代经济发展所需要的更多的技术人才、管理人才和训练有素的劳动者，为德国迈入世界领先国家之列立下了汗马功劳。2011 年，OECD 在报告中指出：50 年前，德国有 20% 的青年成人有高校毕业文凭或学徒考试合格证，居经合组织国家中等水平；如今为 26%，属于最低之列，也是经合组织成员中 50年来受高等教育者比例增长最低的国家，但国家平均从每个受高等教育者的工作生涯中获得的净收益为 16.9 万美元，仅次于美国，居世界第二位。[1]

也有一部分学者认为文理中学所带来的经济效益无从评估。理由如下：文理中学在培养工人子女方面的成效并不突出；影响成才的因素非常多，学校教育仅仅只是其中的一个因素；退一步讲，即便文理中学真的培养了那么多的优秀人才，其产生的贡献也可能与文理中学埋没人才所造成的损失相抵消。

三、分流选拔弊端逐渐显现

三轨制学校教育体制是建立在 10 岁考试的基础之上的。可以说，10 岁考试不仅决定了考生的个人命运，也决定了德国整个中等教育的结构体系。在 20 世纪 60 年代以前，德国学生 10 岁考试成绩的高低决定了他们具体就读哪一类型的学校：在 10 岁考试中表现优异的学生理所当然地入读文理中学，成绩一般的学生主要进入实科中学，而那些成绩最差的学生只能进入主要学校就读。

这种"一考定终身"的做法在最初有着"坚实"的理论支撑。时人认为，设立文理中学的一个理由便是相关研究已经证实"10 岁分流考试具有科学性和合理性"[2]。但 10 岁考试在不断推进的过程中弊端渐显。1959 年德国出台的《关于普通教育的改革和统一的总纲计划》中对文理中学 10 岁分流选拔考试作了全面的评价。

---

① 彭正梅. 分轨还是合规：关于德国中等教育三元制的一些争论的考察 [J]. 基础教育，2012（6）：112-118.
② 20 世纪初期，随着心理学关于智力的研究成果不断推广，智力测验被教育界奉若神明。在当时看来，人的智力是一种较为固定的一般能力，可以通过智力量表加以精确测量。按智力水平将学生分到不同类型的学校是一种充分开发学生智力潜能的有效做法，因为如果将不同智力水平的学生放置在同一班级中进行教学，对智力水平处于高低两端的学生而言是十分不利的。

对大多数的 10 岁儿童来说，通过一次性的考试，即使这种考试是认真的涉及面很广的，仍无法以较高的把握来断定他们受教育能力的特点和程度，而这种把握对作出一种负责任决定是必要的。虽然考试成绩可以得到基础学校鉴定的佐证，但是，如果基础学校不应该失去其特点的话，那么其要求和方法与继续学校的要求和方法是各不相同的。因此，基础学校对儿童成绩和努力所作出的判断，需要补充。在一所陌生的学校里，在陌生的教师面前参加一场考试的不习惯的情况，与家长的可想而知的紧张相一致，会造成一种精神上的负担，这种负担对许多儿童来说会损害其能力的发挥。因为有一些家长试图通过私人的准备提高其子女考试成功的希望，而这既不能被阻止，也不能受到监督。此外，在个别的情况下，为了准备考试甚至还建立了基础学校特别班，所以常常不能确定，优良的考试成绩在何种程度上应该归功于才能或良好的适应力。虽然采用心理学的测试作为考试成绩的补充具有一种不可否认的价值，但是迄今为止的结果，这些心理学的测试，也不可能充分可靠地预言儿童在继续学校里能经受考验。……尤其是在今天，在 10 岁的儿童中不仅有一些这样的孩子，他们在智力上早熟，但在以后并不符合考试得出的"有希望"的结论；而且还有一些孩子，他们发展比较缓慢，并在考试中还看不到他们的优良才能。因此，许多孩子被引错了培养途径。在高级中学里，有些学生后来的学业失败常常令人深感气馁；由于那些"失败"的孩子的数目大，所以高级中学白白浪费了许多精力与费用。[1]

从这段评论来看，10 岁考试至少存在以下六方面的不合理性：①一次性考试不能测验学生真实的能力；②一次性考试中有很多突发性的情况无法控制，这使得一些高智能学生流失；③学校作出的鉴定有一定的说服力，但是如果学校围绕考试来组织教学就失去了学校本身的价值和意义；④考试成绩很多时候并不是

---

[1] 瞿葆奎. 联邦德国教育改革 [M]. 北京：人民教育出版社，1992：286.

取决于学生的智能，而是有赖于课外补习和反复操练；⑤虽然心理测验可以弥补考试的一些弊端，但也无法预测学生今后在学校中的表现；⑥一次性考试将许多孩子引错了培养途径。

四、精英培养成效有所下降

文理中学培养出来的人才能否称得上"精英"？在支持者看来，文理中学的定位目标就是培养精英人才，正如德国巴登－符腾堡州的一篇文章宣称的："文理中学的特殊使命是让具有一定才能和学习志向的学生掌握在高校学习所必需的基本技巧。这条道路正是为（这些学生）获得职业知识——它要求智能，并使他有权在一切生活领域发挥主导作用——创造前提。"① 事实上，文理中学的确培养出了精英人才。德国的诺贝尔奖获得者大部分来自文理中学，他们不仅是德国的骄傲，也直观地表明文理中学在精英培养上的成效。批评者则指出，文理中学的培养目标从属于工业社会技术统治论者的利益，其教学内容突出狭窄的专业化，存在着历史上文科中学的片面性。

整个 20 世纪 60—70 年代，中等教育结构的改革方向就是扩大优质教育资源的总量，以确保更多儿童享受到优质教育资源。有鉴于此，德国大力发展文理中学，让更多的学生进入文理中学。据统计，1965 年文理中学学生总数还只有 957900 人，1975 年已增加到 1863500 人，1980 年达到 2118000 人；此后，受到出生率下降的影响，在 1986 年减少到 1655800 人。② 很多人从教育质量的角度对这种做法提出了质疑。所谓"一类学校造就一个民族"，说的便是文理中学，其通过严苛的学术训练培养顶尖精英。因此，在两个多世纪的漫长发展中，文理中学在德国中学中的数量占比一直保持在 10%~20%，小规模是确保其办学质量的一大前提。20 世纪 60—70 年代大量兴办和扩建文理中学的做法与过去文理中学的办学理念是相违背的。数量的增加和规模的扩大势必影响文理中学的教育质量。从事实来看，当时文理中学的教育质量的确下降了。"中等教育的大发展和招生名额的迅速增加，在有些学校，尤其是文理中学和高等学校从尖子教

---

① 韩骅. 世纪交替中的德国中等教育 [J]. 比较教育研究，1993（2）：46–49.
② 李其龙，孙祖复. 战后德国教育研究 [M]. 南昌：江西教育出版社，1995：90.

育向大众教育发展，就难免招进一些所谓的'平庸之辈'，而且由于课程还在改革实验中，也带来一些教学质量问题，因此，总的看来，一些学校的教学质量确实不像六十年代以前得到广泛的好评，学生的成绩的确有所下降。"[①]

五、恶性竞争问题愈加严重

文理中学的排他性和竞争性对学生的心理健康是否造成不利影响？有评论者指出，在文理中学激烈的竞争环境下，童心、友爱、互助等美好品质都消失了，强烈的排他性竞争和对友情的渴求以及二者不可得兼而产生的懊恼，使德国初中学生日益疏远学校生活。统计显示，20世纪60年代，德国乐意上学的儿童占学生总数的75%；20年后，这个比例下降到43%。[②]激烈竞争造成的另一后果是学生留级现象日趋严重，毕业生年龄越来越大。例如，文理中学毕业生正常年龄为19岁，而1987年，这个年龄的毕业生不到一半（45.3%），20岁的占39.7%，21岁的占10.1%，21岁以上（和18岁以下）的占5.0%。[③]

20世纪60年代以来，德国文理中学大发展带来的一大后遗症便是学生群体中出现"学习动机危机"的人数大量增加。所谓的"学习动机危机"，是指学生对学习不感兴趣乃至厌学、弃学。由于国家将高中毕业人数翻番确定为发展目标，大量兴办文理中学和实科中学，增加这两类学校的学额，在具体操作过程中往往通过降低入学标准来实现既定的学额目标，这在客观上驱使大量对文理中学学习不感兴趣或者是并不具备学术潜能的学生进入文理中学。这些学生入学后并不能很好地适应文理中学高强度、高难度的学习环境，久而久之就丧失了学习的兴趣，由此也产生了自卑厌学、自我否定，甚至弃学等消极心理。若强其所难，使这些学生接受挑战性较高或与其能力倾向差异明显的学术性普通教育，则不仅是一种教育浪费，同时也是对其人格和心灵的摧残。

---

① 李其龙.联邦德国教育与经济发展[M].北京：人民教育出版社，1982：76.
② 韩骅.世纪交替中的德国中等教育[J].比较教育研究，1993（2）：46-49.
③ 韩骅.世纪交替中的德国中等教育[J].比较教育研究，1993（2）：46-49.

第三章

CHAPTER
3

————

英国文法中学和公学制度

英国的英才中学制度可用"受制于党派""精英化""尊重传统"三个关键词来概括。首先，英国文法中学和公学制度的发展明显受制于党派利益。概言之，保守党是文法中学和公学的最大支持者，为其发展出谋划策、保驾护航；一旦工党上台，文法中学和公学便受到重大打击，发展相对受阻。虽然这种局面在"后综合化"时期有所改变，两党在文法中学和公学方面的政策趋向于融合，但历史上的这种局面格外分明。其次，英国文法中学和公学具有精英化色彩。历史上，精英化与等级性、排他性紧密相连，但当代所谓的精英化已与等级性相去甚远，所谓的排他性也从以社会阶级和财富为标准转向以能力为标准。最后，英国文法中学和公学强调对传统的尊重，尤其是公学。当前的公学在培养目标、价值追求、课程设置、校园活动、服饰着装等诸多方面都保留了公学初创时期的某些样态。比如，公学继承了九大公学时期培养绅士的目标，古典课程（古希腊语和拉丁文）依然见诸公学的课程表，伊顿等公学的学生在重大场合仍然要穿体现公学特色的服装。

第一节　英国文法中学和公学制度的历史嬗变

当前在英国，中学阶段有两类以培养英才为旨要的学校形式，分别是公立的文法中学和私立的公学。这两类学校历史悠久，在英国乃至世界教育史上具有较高声誉。这两类学校是如何建立的？其在不同历史时期又是如何发展变化的？以下分类详述之。

一、文法中学制度的历史嬗变

英国文法中学的英文名称为 grammar school，可见这是一类以教授古典文法为特征的学校。虽然几经历史变迁，但文法中学始终保持着追求教育内容的人文性和古典性特征。在英国两党制的更迭中，文法中学制度艰难发展。当前，英国国内重新界定和认识文法中学的功能与价值。以下对文法中学制度的嬗变进行详细梳理。

（一）依附于教会的文法中学

公元 597 年，罗马传教士圣奥古斯丁（St. Augnstine）及其 40 名基督教随员登陆英伦岛上的肯特王国以传播基督教，并在岛上建立了坎特伯雷主教区。为传教需要，奥古斯丁建立了坎特伯雷学校。这便是英国第一所文法中学。坎特伯雷学校一律采用拉丁语教学，教学内容主要是古典的文法知识、宗教教义和宗教活动。至此，通过学校传播基督教教义的方式得到充分认可，在英国广泛推行。公元 7 世纪中后期，英国进行了教区制改革，力图在每个主教区设立一个主教，由其管理一所学校。主教区开设学校的目的在于培养合格的牧师和修道士（用拉丁语主持宗教仪式和阐释基督教教义）。这些教区学校便是文法中学的早期形态。伴随着教区的划分，文法中学的数量有所增加，学校大致分两类：一类是修道院学校，另一类是主教座堂学校。这两类学校都属于教会学校，提倡拉丁文法知识教学。综上可见，较早的文法中学与教会之间是水乳交融的关系，甚至可以说，文法中学就是由教会一手创办的。从 8 世纪中叶起，这些由教会创办的文法中学的教授对象逐渐扩大，开始招收一些在教区内有影响力的贵族子弟和那些来自平民家族、未来想成为牧师的孩子。

（二）不断世俗化的文法中学

在 11 世纪以前，文法教育一直是教会学校教育的一部分，尚未从教会学校中独立出来。诺曼底征服以后，文法中学作为一个独立的教育机构，从教会学校的母体中剥离出来，走上了独立发展的道路。[①] 文法中学的独立是一个不断世俗化的过程，具体表现为办学主体、教学内容、生源和培养目标的世俗化。

---

① 王兰娟 . 中世纪英国文法中学初探 [J]. 首都师范大学学报（社会科学版），2005（S1）：8-16.

1. 办学主体的世俗化

12—13 世纪，文法中学仍然主要由教会创办，但由世俗教堂创办的文法中学数量也有所上升。14—15 世纪，文法中学的创办主体主要有世俗牧师、城市商人行会和手工业者公会、私人、医院或救济院等。16—18 世纪，受宗教改革的影响，教会创办的文法中学第一次受到了巨大的冲击。在教权和王权的争夺中，王权获胜，天主教在英国不再享有独尊地位。为巩固王权，当时英国的几届政府都主张废除天主教创办的文法中学，改由王室办学。亨利八世为弥补解散修道院对教育带来的损失，满足民众对教育的需求，重建了 11 所由世俗教堂领导的文法中学；伊丽莎白一世组建了两个王室委员会，专门负责管理用于兴办文法中学的资金。1572 年，女王慷慨解囊资助建立米德尔顿（Middleton）文法中学，设立了 6 项奖学金。[1] 女王的大主教捐助建立了罗奇代尔（Rochdal）文法中学。据不完全统计，伊丽莎白一世时代建立了 136 所文法中学，詹姆士一世时代建立了 83 所文法中学，查理一世、查理二世时代共建立了 139 所文法中学。[2] 除此之外，由人文主义学者和商人士绅阶层创办的世俗文法中学得到了前所未有的发展。人文主义学者科利特（John Collet）建立了圣保罗文法中学（St. Paul'School）；默钱特·泰勒公司建立了默钱特·泰勒文法中学（Merchat Taylor's School）；爱德华六世时期，有些城市如伯明翰和斯鲁斯伯里成功地要回了一部分被没收的修道院地产，据此建立了不少世俗文法中学。1530 年，文法中学的数量是 300 所，到 1575 年，增加到 36060 所。16 世纪晚期，英国世俗的文法中学在原来的基础上增长了 4 倍。[3] 哈里森（W. Harrison）在描述 1577 年的英国时曾夸张地说："今天，在女王陛下统治下的英国，没有一个城镇是没有文法中学的。而且，在那里，所有的老师和助教都过着富裕的生活。"[4] 就规模而言，这一时期文法中学培养的学生是英国在 19 世纪前的任何年代都无法比拟的，斯通（L. Stone）称之为"教育上的革命"时期[5]。

---

① Rouse A L.The England of Elizabeth[M].Hampshire：Palgrave Macmillan，1950：556.

② 王承绪. 英国教育 [M]. 长春：吉林教育出版社，2000：150-151.

③ 王兰娟. 中世纪英国文法中学初探 [J]. 首都师范大学学报（社会科学版），2005（S1）：8-16.

④ Wright L B.Life and Letters in Tudor and Stuart England[M].New York：Cornell University Press，1962：294.

⑤ Stone L.The education revolution in England（1560-1640）[J].Past & Present，1964（28）：41-80.

2. 教学内容的世俗化

旧有的文法中学以教授拉丁语为主，但宗教改革后文法中学加强了对经典著作的学习和研读，课程中增加了希腊语和文学，一些学校还开设了希伯来语课程。18 世纪，随着城市中产阶层的不断壮大，要求文法中学增加商业课程的呼声不断高涨。文法中学的捐赠人十分认同这一提议，但仅有一小部分文法中学进行了课程的调整。比如，1774 年，曼彻斯特文法中学增加了商业课程；1788 年，博尔顿文法中学增加了商业课程。但大部分文法中学的校长极力抵制商业课程。当时还掀起了一场惊动英国法院的争论。利兹文法中学受托人和学校校长、教师之间就是否在古典课程基础上增加现代课程内容进行了激烈争论，最终惊动了英国法院。1805 年，大法官艾尔顿勋爵（Lord Eldon）对此作出裁决："无权改变学校的慈善性质，也不能强制要求学习希腊语和拉丁语的学生们改学德语、法律、数学等课程。"这一裁决阻碍了文法中学的课程现代化。

19 世纪，英国文法中学加快了课程现代化的步伐，这得益于相关法案的颁行，如《1840 年文法中学法案》《1869 年学校捐赠法》。此外还出现了一些著名的文法中学改革案例，比如阿诺德（T. Arnold）的拉格比公学改革，汤顿委员会对文法中学的全面调查，等等。

3. 生源和培养目标的世俗化

其一，生源渐趋于多元化。早期的文法中学主要招收有志于为宗教服务的贫困家庭的儿童。自 14 世纪起，文法中学的生源渐趋多样化。以温切斯特文法中学为例，招收的学生范围首先是捐赠者的亲戚，其次是温切斯特主教区的男孩，最后是在学校拥有资产的教区男孩。后来，除了 70 名"贫穷"学生，另有来自贵族和富人家庭的 10 名学生付费住宿和学习，17 名合唱队队员在教堂内唱歌和在学院里服务，以抵补学费。15 世纪中叶以后的一百多年中，文法中学招生的数量和范围不断拓展。在招生人数上，较大城市的文法中学招生数达到了100~500 人，农村的文法中学招生数也达到了二三十人。招生对象大多来自中产阶层家庭，比如自耕农、富有的农民、发迹的贸易商和工匠、牧师、药商、文书和律师等的子女。任何学校都可能招收任何社会阶层的人，学生父母的身份上至爵士、骑士和绅士，下至小店主和工匠，孤儿也有可能被作为"穷学生"而得到免费学习的机会。对于社会下层民众来说，文法中学提供了上大学的通道和向社会上层流动的机会。坎特伯雷大主教劳得（W. Laud）就是一个制衣商的儿子，约克大主教哈斯尼特（S. Harsnet）是面包师的儿子，诺维克大主教考比特是花匠的儿子。[①]

其二，培养目标的世俗化。11 世纪以前，文法中学由教会创办，为教会培养宗教人才服务。12 世纪以来，英国文法中学培养目标逐渐世俗化，除培养宗教人才外，一些修道院性质的教堂开办的文法中学还为当时的封建统治者培养了各类人才（官员、律师等）。14—15 世纪，文法中学不再直接依附于教会，而是向社会公众开放（贵族子弟和贫困学生），培养的人才除了牧师，还有国家各行各业所需要的人才。

（三）"分轨制"下的文法中学

19 世纪末，英国逐步确立了教育领域的双轨制。一轨是面向社会上层的文法中学，另一轨是面向普通民众的现代学校。20 世纪初期，"人人受中等教育"的观念在英国深入人心。1922 年，工党代言人托尼（R. H. Tawney）发表了《人人受中等教育》的政策宣言。1924 年，第一届工党政府委托哈多（W. H. Hadow）爵士等人对初等后教育开展系列考察。最终，他们发表了题为《青少年教育》（*The Education of the Adolescent*）的调查报告，又称《哈多报告》。报告对中等教育结构调整给出了一系列的建议，例如做好初等和中等教育制度的衔接，建立以 11 岁为分界线的初等教育和中等教育衔接体系。中等教育阶段旨在满足不同能力儿童的个性化教育需求。报告还提出了两种类型的初等后教育。第一种是文法中学，针对最有才华的初等学校学生提供学术性教育，使他们今后能进入大学或从事专业性工作。学生在这类学校一直学到 16 岁。第二类是把现有中心学校和高级小学合并起来的现代中学。现代中学的教育最初由于条件所限，可在高级初等学校班级中进行，后来英国政府规定，现代中学必须形成单独的学校，配有相应的教员，提供初等后的教育。[②] 中等教育的选择性主要通过选拔性

---

① 徐辉，郑继伟. 英国教育史 [M]. 长春：吉林人民出版社，1993：80.

② 徐辉，郑继伟. 英国教育史 [M]. 长春：吉林人民出版社，1993：267.

考试来落实，地方教育当局负责组织选拔性考试，将不同能力的学生安排到不同类型的中等学校中。

《哈多报告》宣示了一种选择性的中等教育体制在理论上的诞生。经过长久思考，政府原则上接受了这份报告的建议，并于 1928 年正式实施教育重组计划。英国逐步建立起了以 11 岁为分界点的选择性中等教育体制。到 1939 年，在经过重组的学校里学习的 11 岁以上儿童人数已占总人数的 2/3。[①]11 岁考试逐步成为被中央和地方教育当局所认可的选择性工具。

1938 年，《斯彭思报告》的发布将选择性的中等教育体制又向前推进了一步。报告肯定《哈多报告》的基本原则，赞成按选择性原则实现"人人受中等教育"的目标。但是如何进行选择？采用什么工具选择？《斯彭思报告》做了系统说明。该报告中回顾了 11 岁考试和智力测验的好处与弊端，尝试探寻一种负面效应最小的选拔性考试工具。报告指出，"如果公正地看待 11 岁儿童的能力差异，那么不同的儿童所需要的教育在某些重要方面也应有所不同，这是显而易见的"；同时，"几乎毫无例外的情况是，在儿童早期就有可能相当准确地预言儿童智力发展的最终水平"。这就意味着报告承认了 11 岁智力测验在选拔性考试中的价值和作用。此外，《斯彭思报告》赋予技术中学和选择性文法中学相等的地位。至此，《哈多报告》所设想的双轨制中等教育转变为三轨制。从此，技术中学、现代中学、文法中学成为当时英国最主要的三类中学，学生就读哪一类学校主要取决于 11 岁考试的成绩。与此同时，《斯彭思报告》首次提出建立开放式的 13 岁转学制度以缓冲选拔性考试所造成的不良效应，加强不同类型学校之间的沟通。《斯彭思报告》试图通过行政管理措施来实现三类中学声望的均等化，建议对三类中学的师资配备、工资等级、校舍设备等采取一视同仁的政策。[②]但事实证明这只是美好的愿望，文法中学各方面的条件都显著优越于现代中学和技术中学。

1941 年，中学考试委员会（the Secondary Schools Examination Council）建立了一个以诺伍德爵士（Sir Cyril Norwood）为主席的委员会，调查中学课程和学

① 徐辉，郑继伟.英国教育史 [M].长春：吉林人民出版社，1993：268–269.
② 徐辉，郑继伟.英国教育史 [M].长春：吉林人民出版社，1993：269–270.

校考试问题。1943 年，诺伍德委员会发表了题《中学的课程与考试》(*Curriculum and Examination in Secondary Schools*) 的报告，又称《诺伍德报告》。该报告的主要结论是，中等教育必须按照三轨制的方向发展。因为所有中学生都属于三种心理类别中的一类（学术型、技术型和实用型），每一类学生只有在相应类别的中学里学习才能获得最有利的发展。此外，该报告重新强调了不支持推行多边学校的观点，认为不同类型学校之间学生的适当转学问题可通过在各类学校的头两年设立相对等的课程来解决。①

1944 年，三轨制中等教育体制在全国性的教育法案中得到了间接的认可。譬如，《1944 年教育法》第 8 条指出："除非一个地区的学校在数量、性质和设备方面足以为所有学生提供适合于他们的不同年龄、能力、性向和学习年限的多种形式的教学和训练的教育机会，否则该地区的学校不得被认为是充足的。"②

上述报告和法案促进了英国 20 世纪上半叶三轨制教育体系的系统建立。无论是保守党还是工党，在这一时期都支持兴办文法中学。从保守党这一方来说，促进文法中学的发展是其主要的教育政策之一。保守党在一份题为《国民学校》(*The Nations' Schools*) 的教育政策宣言中，明确支持《哈多报告》发表以来逐渐明朗的三轨制中等教育体系。该宣言还指出，文法中学的数量应当控制在一定的限度，以确保教育资源的最有效配置。1942 年，保守党人士巴特勒（R. A. Butler）就任中央教育局局长。1943 年 7 月，他向议会提交了一份题为《教育的改造》(*Educational Reconstruction*) 的白皮书。正是这份白皮书为其后的教育改革奠定了基础。《教育的改造》白皮书明显倾向于推行文法中学、技术中学和现代中学三轨制中等教育体系，因此与《哈多报告》《斯彭报告》和《诺伍德报告》的精神是一致的。但《教育的改造》白皮书同时认为，三轨制中等教育体系的推行应与一组统一的中学规定相配套，以确保三类中学之间在校舍、教员配备及其他条件方面保持真正的平等。③ 这一时期的工党也支持三轨制中等教育体系。工党第一任教育大臣艾伦·威尔金森（E. Wilkinson）上任后不久就在伦敦的一次

---

① 徐辉，郑继伟. 英国教育史 [M]. 长春: 吉林人民出版社，1993：272.

② 徐辉，郑继伟. 英国教育史 [M]. 长春: 吉林人民出版社，1993：306.

③ 徐辉，郑继伟. 英国教育史 [M]. 长春: 吉林人民出版社，1993：282-283.

会议上表示，"摧毁文法中学"不是她的意图，"它们是中等教育的先驱……伤害它们是愚蠢的。在新的发展领域里最迫切要做的事是开设足够的现代中学，因为半数以上的中学生将进入这些学校学习"。[①]1947年，威尔金森去世后，她的继任者汤姆林森（G. Tomlinson）在中等教育问题上继续遵循前任的政策。1947年，在针对议会教育问题展开的辩论中，他强调："以任何方式降低文法中学的地位，这绝不是我们的政策。"在同年发布的题为《新的中等教育》（*The New Secondary Education*）的工党教育政策宣言中，新任大臣与前任一样坚决捍卫三轨制中等教育体系，再次强调三轨制是学校组织的最好形式。这份政策宣言中有37页详细描述了三类中学，而仅用了半页来说明在同一所学校中进行三类教育的可能性。[②]

（四）"综合学校运动"中的文法中学

20世纪60年代以来，英国兴起了"综合学校运动"。这一运动给文法中学造成了致命性的打击。

1. "综合学校运动"兴起的背景

第一，人口增长以及经济技术的发展要求教育结构作出调整。二战以后，英国出现"婴儿潮"，出生人口大增。20世纪60—70年代，这波在"婴儿潮"时期出生的人群正面临接受中等教育的选择，民众对中等教育的需求显著增加。另外，随着经济和社会秩序的恢复，民众已经不再满足于仅仅拥有教育机会，而更加看重优质教育资源。英国的优质教育资源主要由少数的文法中学提供，而大量的技术中学和现代中学往往在选拔性教育体系中惨败。由此可见，三轨制教育体系已不能满足民众对优质教育资源的迫切需求。

第二，社会学和心理学等方面的研究成果揭示了三轨制教育体系的弊端。在三轨制教育体系建立和发展的过程中，《哈多报告》《斯宾斯报告》《诺伍德报告》等报告的理论指导作用是显著的。譬如，《哈多报告》认为11、12岁是儿童兴趣和能力的分界线，"儿童到了11、12岁的时候，已经表现出兴趣和能力的

---

① 易红郡. 从冲突到融合：20世纪英国中等教育政策研究 [M]. 长沙：湖南教育出版社，2005：245.
② 易红郡. 从冲突到融合：20世纪英国中等教育政策研究 [M]. 长沙：湖南教育出版社，2005：245.

某些差异，通过不同类型的学校迎合这种差异是可能的，也是合乎需要的"。①
《斯宾斯报告》指出："心理学的论据使我们相信，它（一般智能）可以通过智力
测验大致测量出来……由于每个儿童的智龄和实龄之比大体保持相同，当实龄
增大时，儿童之间的智力差异将越来越大，并在青春期达到顶峰。由此不言而
喻，如果要公正地对待他们不同能力的话，从 11 岁起，不同的儿童就应该受到
侧重有所不同的各种教育。"②《诺伍德报告》指明了儿童的智能差异与其未来职业
生涯的关系："在一种明智的中等教育组织中，具有某种思维类型的学生应获得
适用于他们的训练，这种训练将引导他们从事适合于他们能力的职业。……因
此，对应于三种主要思维类型……应开设三种主要类型的课程。"③ 这三份报告中
的典型观点构成了三轨制中等教育体系的理论基础。

随着社会学和心理学研究的进一步深入，三轨制开始遭受质疑。首先，在
社会学领域，研究者证实了三轨制教育体系的不平等和不民主。一些学者的研
究结果表明，根据当时使用的标准，体力劳动者的子女在文法中学中实际上未
能占有相应的比例，而中产阶层的子女所占的比例偏高。这导致的一个结果就
是，中产阶层不可避免地继续主宰文法中学，而把现代学校留给工人阶级。④ 来
自工人阶级和社会弱势群体家庭的优秀儿童无法或很难有机会享受文法中学的
优质教育，这客观上造成了大量优秀人才被埋没和"能力浪费"的局面。1964 年，
道格拉斯在所著《家庭和学校》一书中指出："在初等学校时儿童的很多潜能被浪
费了，在中等学校选拔中这些潜能也被误导了。"⑤ 书中批判了选拔性中等教育对
潜在人才的埋没和浪费。其次，在心理学研究领域，西蒙（B. Simon）、坦尼尔
斯（J. Daniels）、弗农（P. Vernon）等人纷纷撰文对长期以来人们深信不疑的智
力测验及 11 岁选拔性考试提出了批评。1957 年，英国全国教育研究基金会所作

---

① 瞿葆奎.教育学文集·英国教育改革[M].北京：人民教育出版社，1993：55.
② 瞿葆奎.教育学文集·英国教育改革[M].北京：人民教育出版社，1993：120.
③ Chitty C.Towards a New Education System：The Victory of the New Right? [M].London：Routledge，1989：23-24.
④ 徐辉，郑继伟.英国教育史[M].长春：吉林人民出版社，1993：311-312.
⑤ 转引自 Aldrich R，Dean D，Gordon P.Education and Policy in England in the Twentieth Century[M].London：Routledge，1991：120.

的一项调查表明，在当时的做法中，存在着 12% 的误差。一些教育实践也进一步暴露了 11 岁考试的弊端。例如，在一个大城市里有一所面向工人阶级居住区的女子现代中学，它所招收的学生都是文法中学和选择性中心学校入学考试淘汰下来的。1954 年，该校的两名学生在普通教育证书考试中获得了五门学科合格的优异成绩。这两名学生在入学时测定的智商分别是 97、85，而普遍的看法是，要获得她们的普通教育证书考试成绩，智商须在 115 以上。同样的例子很快就在其他一些学校找到。这一事实表明，以 11 岁智力测验结果预测儿童未来可能取得的成绩是有严重缺陷的，"一个人的智商是天生的、一成不变的"这一看法也很难站得住脚。[1]

第三，政党变更以及教育改革对三轨制教育体制的冲击。战后初期，在中等教育组织类型问题上，工党和保守党的态度没有重大原则分歧。两个党派事实上都支持三轨制中等教育体系，不赞成推行综合学校教育。究其原因，中央和地方的许多工党领导人本身曾就读于文法中学，他们对进行"尖子"式教育的文法中学十分留恋。当时工党大会近乎一半的代表不是文法中学出身，就是有子女在文法中学读书。这就决定了工党会采取支持文法中学的政策。1946 年，教育部部长哈德曼（D. R. Hardman）在兰卡斯特的一次演讲中大力称赞文法中学。他说："直到现代中学在英国教育传统中牢固确立为止，人们仍然期望文法中学能继续保持其较高的学术水平。文法中学宽敞的建筑物、广阔的运动场地、小规模的班级教学和良好的学术成绩构成了一种理想的中等教育制度，并激发了公众的想象力……"[2] 因此，直到 1950 年面临大选时，工党的教育政策与保守党的教育政策仍未出现重大区别。然而，1951 年工党政府在大选中彻底失败，保守党持续执政 13 年。保守党全力支持三轨制教育体制，主张维持文法中学的发展局面。1954 年，保守党政府教育部部长霍斯伯格（F. Horsburg）阻止了伦敦市政议会关闭一所女子文法中学而准备将学生转到第一所特意新办的综合学校的做法。1954 年下半年，后任教育部部长艾克尔斯（D. Eccles）上任后不久，就急急忙忙向文法中学保证，改组文法中学对保守党来说是不可接受的。在谈到

---

① 徐辉，郑继伟. 英国教育史 [M]. 长春：吉林人民出版社，1993：311.

② Lowe R.Education in the Post-War Years：A Social History[M].London：Routledge，1988：42.

中等教育模式时，他说："人们必须在公正与平等之间进行选择，因为同时使用这两项原则是不可能的。那些支持综合学校的人宁愿要平等，而女王陛下现政府宁愿选择公正。我的同事和我本人绝不会同意伤害文法中学。"① 而这一时期作为反对党的工党开始调整对文法中学以及三轨制教育体制的政策。为了再次赢得执政党的地位，工党抛出"人人受文法中学教育"的竞选口号，目的在于改变原来那种仅有小部分人能接受文法中学教育的现实，达成这一目的所采用的策略便是推行综合学校运动。工党巧妙地将"综合学校教育"改成"综合文法中学教育"，提倡通过学校综合化让更多人接受文法中学教育。1958年7月，工党领袖休·盖茨凯尔②给《泰晤士报》的信中说："把我们的建议（建立综合学校）解释为'人人受文法中学教育'更接近事实……我们的目标是极大地扩大接受现在称之为文法中学教育的机会，我们同样想看到更高质量意义上的文法中学标准得到更广泛的推行。"③ 有评论指出，"人人受文法中学教育"这一口号非常具有诱惑性，它利用了公众思想中的矛盾：家长们支持保留文法中学和它们的公共考试，却反对以11岁考试作为"一次定终身"性质的分配基础。④ 这一口号不仅预示着家长们保留文法中学的意愿得到了满足，而且也意味着人们接受文法中学教育的机会的增加。这对普通民众有着极大的诱惑性和吸引力。除此以外，工党大肆批评选择性教育制度所带来的人才浪费现象，并向民众传递这一信号。威尔逊（H. Wilson）⑤ 在1963年工党大会上所做的题为《科学和社会主义》的著名演讲中，不仅指责选择性中等教育所造成的社会分裂，而且还认为这种浪费人才的制度是英国技术开发落后、经济发展受阻的重要原因。"训练我们未来需要的科学家将意味着我们的教育态度的一场革命，不仅在高等教育方面是如此，在其他教育阶段也是如此。……它意味着作为一个国家，我们承受不起迫使我们

① Chitty C.Towards a New Education System：The Victory of the New Right? [M].London：Routledge，1989：30.
② 休·盖茨凯尔（Hugh Gaitskell，1906—1963），曾任英国燃料动力大臣、经济事务大臣和财政大臣，1955年成为工党党魁。
③ Chitty C.Towards a New Education System：The Victory of the New Right? [M].London：Routledge，1989：36.
④ Chitty C.Towards a New Education System：The Victory of the New Right? [M].London：Routledge，1989：36.
⑤ 哈罗德·威尔逊（1916—1995），1963年被选举为英国工党领袖。曾分别在1964年、1966年、1974年2月和1974年6月的大选中胜出，是英国20世纪重要的政治家之一。

的儿童在 11 岁分离的负担……作为社会主义者，作为民主主义者，我们反对这种教育上的分离制度，因为我们信奉机会均等。但这并非全部。作为一个国家，我们根本承受不起哪怕忽视一名男孩或女孩的教育发展所带来的后果。我们承受不起切断四分之三以上儿童获得任何高等教育机会所造成的后果。俄国人没这么做，德国人没这么做，美国人没这么做，日本人没这么做，我们也不能这么做。"[①] 工党在公开场合对教育机会均等的宣扬逐渐受到人们的重视和认可。在 1964 年工党再度赢得执政机会时，改革三轨制教育体系和文法中学已成为必然。

第四，教师和家长对三轨制教育体制的态度的转变。二战结束初期，教师团体支持三轨制和反对学校综合化的态度是很明确的，例如在 1948 年举行的全国教师联合会就曾强烈否定一项反对三轨制教育体系的提议。但随着战后入学儿童的逐渐增多以及现代学校的大量涌现，教师团体内部对于是否支持三轨制的意见不能很好地统一起来，尤其是现代学校的教师希望发展综合学校教育，以此来提升自身的社会地位。此外，更为关键的一点是家长对待三轨制的态度发生转变。长期以来，家长（尤其是中产阶层家长）都十分赞同三轨制教育体制，主张保留文法中学。但随着战后中等教育选拔性体制弊端渐显，教育竞争日趋激烈，再加上工党不时对三轨制教育体制进行全方位批判，家长开始发生态度转变。英国一些学者指出，家长（尤其是中产阶层家长）态度的转变直接加快了工党综合化学校教育政策的出台和实施。对当时历史的分析表明，正是中产阶层家长对分轨制缺陷的关注，推动了综合教育的发展；并且正是中产阶层家长对综合化改革的支持，影响了工党 1964 年重新执政后所进行的综合化教育改革的性质。[②] 利兹的一位教育局局长也认同如下看法：综合学校的压力来自中产阶层家长，他们担心自己的孩子得不到选择性教育，因此要求取消 11 岁考试。[③]1962—1964 年任保守党教育部部长的博伊尔（E. Boyle）的看法为这一观点提供了进一步的支撑。博伊尔认为，很明显的是，正是中产阶层人数在社会

---

① Chitty C.Towards a New Education System：The Victory of the New Right? [M].London：Routledge，1989：36–37.

② 徐辉，郑继伟 . 英国教育史 [M]. 长春：吉林人民出版社，1993：312.

③ 徐辉，郑继伟 . 英国教育史 [M]. 长春：吉林人民出版社，1993：312.

中的增加使双轨制教育在政治上失去了吸引力和可行性，从而使得即使在保守党控制的地区也难以避免进行综合化的改革。① 家长不仅在政治意愿上支持变革三轨制教育体制，而且通过一系列具体行动证明变革的决心。据考证，1960年，剑桥地区的一批中产阶层家长组成了"促进公立教育协会"（the Association for Advancement of State Education）。这批人对选择性教育的缺陷和现代中学低下的声望了解得很清楚，他们以唤起公众对改革公立教育制度的必要性的认识为己任，利用各种场合清晰地阐述自己的见解。这一协会办得很成功，全国各地很快纷纷办起了分会。最终，这些分会联合成立了"促进公立教育联合会"（the Confederation for the Advancement of State Education）。这一组织对官员、市政议员、政治家和其他知名人士不断施加压力，影响越来越大，从而对中等教育的发展方向产生了决定性的影响。正如学者帕得利（R. Pedley）所指出的，"正是这些有知识的中产阶层家长……动员了必要的全国性力量推动实际改革。到工党重新执政时，这个国家不仅愿意接受综合化改组，它还要求这样做"② 在教师团体和家长的直接推动下，三轨制教育体制的变革被提上了议程，意味着综合学校运动的来临。

2. "综合学校运动"背景下文法中学的命运

在综合学校运动背景下，文法中学的命运如何？工党和保守党在对待文法中学问题上有着哪些不同的政策？以下将具体呈现。

1964 年 10 月，工党重新执政，之后便马不停蹄地开始实施学校综合化运动。时任教育部部长的斯图尔特（M. Stewart）于 1965 年 1 月公开表明开展综合化教育改组的意图。1965 年 7 月，国务大臣克罗斯兰（C. Anthony）发布了第 10 号通告，即《中等教育的组织》（*The Organization of Secondary Education*），意图结束 11 岁考试，取消中等教育的分轨制。该通告文件提倡中等教育综合化，并

---

① 徐辉，郑继伟. 英国教育史 [M]. 长春：吉林人民出版社，1993：312.
② Chitty C.Towards a New Education System：The Victory of the New Right？[M].London：Routledge，1989：35.

提供了 6 种可供选择的综合形式。[①] 该通告颁布后不久，各地便进行了中等教育结构的调整和改组。有条件的地区和学校按照一贯制综合中学的要求进行改组，比如一些文法中学纷纷转制改组成为一贯制综合学校；也有少数地区和学校推迟选拔性考试的时间，将 11 岁考试推迟为 13、14 岁考试。1965 年，英格兰和威尔士大范围废除了三轨制。许多留存下来的文法中学和一系列其他学校进行合并，转型成为综合学校，其他一些则关闭了。在威尔士，实施进程非常快速，考布里奇文法中学等相继关闭。在英格兰，实施进程相对缓慢，一些郡和个别学校成功地抵制了转型，另外一些则关闭了。总体上，当时大约有 80% 的地方教育当局对 1965 年第 10 号通告作出了令政府满意的回应，只有 8% 的地方教育当局未对通告要求作出任何反应。[②] 为了加速综合学校的改组，政府又在 1966 年发布了第 10 号通告。这一通告规定，今后校舍建设规划只有在与综合化改组计划保持一致时才有可能获得批准。这显然是在教育财政经费上对地方教育当局改组文法中学施压。1970 年出台的《唐尼森报告》(The Donnison Report) 建议将直接拨款文法中学也纳入综合学校改组计划中，要求直接拨款文法中学在"要么纳入综合学校，要么取得独立学校地位并失去政府财政补助"之间作出明确的表态。至此，工党政府所倡导的学校综合化运动达到了顶峰。然而出乎意料的事情是，工党在 1970 年的大选中失利，这使得学校综合化改革的形势急转。

---

① 第 10 号通告所提出的 6 种综合学校的形式为：(1) 一贯制综合学校。招收 11—18 岁的学生，官方认为这是最佳模式。这类学校规模较大，设施比较齐全，课程多样化。缺点是绝大多数现有的现代中学没有为 16—18 岁学术型学生而设的第六学级，因而不适合于改制成一贯制综合学校。(2) 两段制综合学校。这类学校分两段，11 岁进综合初中，在 13—14 岁自然转入综合高中。这类学校的特点是平均规模不大，大多数现有中学都能转变成综合初中或综合高中。但 13—14 岁转学给课程、教学大纲、公共考试等的安排带来困难。(3) 两级制。所有学生 11 岁进综合初中，但在 13—14 岁，部分学生进入综合高中，其余的学生仍留在综合初中学习。(4) 两级制。所有学生 11 岁进综合初中，但在 13—14 岁，所有学生可以在两种综合高中之间作出选择：一种进入学习年限达到义务教育年龄但不想继续深造的高中，另一种进入超过义务教育年龄之后希望继续深造的高中。(5) 两级制。由 11—16 岁综合中学和 16—18 岁第六级学院组成。主要是面向准备参加高级水平普通教育证书考试的学生。(6) 三级制。所有学生在 8 岁或 9 岁进入综合性中间学校，然后在 12 岁或 13 岁转入综合高中。它分为 5—8 岁、8—12 岁、12—18 岁和 5—9 岁、9—13 岁、13—18 岁两种模式。在上述 6 种组织方式中，教育和科学部主要倾向于提倡 11—18 岁一贯制综合中学。第三、四种方式因仍带有一定程度的选拔性而被视为过渡性的方式，第五种限于试验，第六种则实际上数量一直很少。

② 徐辉，郑继伟. 英国教育史 [M]. 长春：吉林人民出版社，1993：321.

1970 年，保守党再次上台执政。新任保守党教育和科学大臣撒切尔夫人一上台就收回了 1965 年第 10 号通告，代之以 1970 年第 10 号通告。通告的内容这样写道："政府的目的是保证每一个学生获得最适合他的需要和能力的中等教育的充分的机会。然而，政府认为通过立法或其他途径向地方教育当局强加一种统一的中等教育组织形式是错误的，因此，1965 年第 10 号通告相应取消。由该通告规定的中等学校建造计划的性质的限制也不再适用……教育和科学部已经批准其改组的那些地方教育当局，可以按原计划着手进行改组，也可以把它们对计划所拥有的修改意见告知教育和科学部。改组计划目前已提交到教育和科学部的地方教育当局，由它们自己决定是否收回这些计划。国务大臣愿意考虑可能提交上来的任何新计划。教育和科学部的官员将在任何阶段提供有益的咨询。"① 总体而言，一方面，新发布的通告免去地方教育当局根据规定程序呈交综合化改组计划，以确保对 1965 年第 10 号通告采取拖延战术或公开抵制态度的那些保守党地方教育当局的地位，以此恢复地方教育当局自由选择的行动权利。另一方面，限制那些打算继续推行综合化改组计划的地方教育当局的自由。具体表现为：对准备改组的学校进行检查，这在一定程度上拖延了改组计划；拒绝批准取消近 100 所文法中学，保留选择性中等教育体制；在财政上限制对综合学校建设投资，把财政重点放在"初等学校优先"政策上。保守党的一系列举措一定程度上延缓了综合学校改组的计划。1972 年，保守党政府发表白皮书《教育：发展的结构》(*Education : A Framework for Expansion*)，明确指出政府至少在两年内不会改变政策。尽管如此，综合化改组的步伐并未停止。保守党的教育政策只是削弱了它的发展势头，并未能阻止它的发展。1964—1972 年，综合中学的学生数从占总数的 8% 上升到 40%。但也应该看到，保守党的政策的影响不容忽视。直到 1972 年后期，仅有 1/3 的地方教育当局完全取消 11 岁考试，并且仍有 1/3 的地方教育当局对全部学生进行 11 岁考试。②

---

① Maclure S.Educational Documents : England and Wales, 1816 to the Present Day[M].London : Methuen & Co.Ltd, 1965 : 352–353.
② 徐辉，郑继伟.英国教育史 [M].长春：吉林人民出版社，1993 : 322.

1974 年，工党重新执政，并第一时间颁发了当年第 4 号通告，重申了支持综合改组、在全国建立综合中学制度的政策。1975 年出台的《1975 年直接资助文法中学条例》则要求对是否资助文法中学作出选择：要么转变成为由地方当局管控的综合学校，要么成为完全自筹经费的独立学校。据统计，当时留存下来的直接资助文法中学中 51 所转变成了综合中学，119 所则选择了独立，另有 5 所学校"不接受现有体制的安排且希望能够独立或者关闭"。其中的一些学校在校名中保留了"文法"一词，但它们不再是面向所有人的免费学校而是面向一部分群体的收费学校。这些学校通常通过入学考试和面试选拔他们所需要的学生。事实上，《1975 年直接资助文法中学条例》的颁布意味着事实上废除了直接资助文法中学。之后，工党政府在颁布《1976 年教育法》中确立了中等教育组织的"综合"原则，授权教育和科学大臣责成各地方教育当局递交中等教育综合改组计划，并规定任何公立学校（除有例外情况）都不得以能力或倾向来选拔学生。至 1977 年，全国就学校教育问题展开大辩论时，综合学校学生已占中学生总数的近 80%。

1979 年，保守党再次上台执政，撒切尔政府认为《1976 年教育法》带有强制改组综合学校的色彩，因此废除了该法。20 世纪 70 年代以来，保守党所推行的教育市场化改革，允许家长择校，本质上是加强了对独立学校教育的承诺。保守党这一时期的政策都体现了这一点 [比如家长特许状（Parental Charter）和补助学额计划（Assisted Places Scheme）]。但此时综合学校运动的发展势头已无法遏止，相反仍然以其预期的速度向前推进。1980 年，英格兰和威尔士在综合中学就读的学生已达 82.5%（见表 3-1），就读于现代中学和文法中学的学生则降为 7% 和 4%。至此，公立中等教育的综合改组基本上宣告完成。[1]

总体而言，1965 年 10 号通告颁布之后，英国各地加快了三轨制教育体制的改革。综合中学的数量急剧增加，从 1960 年的 130 所增加到 1971 年的 1373 所，就读学生从仅占 4.7% 上升到 1971 年的 38.0%，1988 年更是达到 85.9%。相反，文法中学、现代中学和技术中学三类传统中学的数量则逐渐减少。据统计，

---

① 王承绪，徐辉 . 战后英国教育研究 [M]. 南昌：江西教育出版社，1992：119-120.

1960 年，英国文法中学共有 1248 所；到了 1974 年，文法中学的数量就锐减为675 所。[①]1975 年，现代中学占学校总数的比例为 15.5%，文法中学占 7.7%，技术中学占 0.4%。1988 年，比例继续下降，现代中学占 3.9%，文法中学占 3.4%，技术中学占 0.1%。到 20 世纪 80 年代，威尔士的所有文法中学和英格兰的大部分文法中学或关闭或转型。同一时期，苏格兰地区公立学校中也不再实施选拔性考试。尽管如此，留存下来的文法中学的选择性教育特色并没有因此彻底消失，来自中产阶层家庭的学生依然是其生源主流，而来自工人阶级家庭的子女在文法中学生源中约占 34%，但在综合中学的相关比例是 51%。绝大多数（约占 83%）的文法中学学生都倾向学习学术型的 A-Levels 课程。[②]

表 3-1　英格兰和威尔士的综合学校增长情况及学生就读比例

年份	学　校 数量 / 所	学生就读 比例 /%	年份	学　校 数量 / 所	学生就读 比例 /%
1960	130	4.7	1970	1145	31.0
1965	262	8.5	1971	1373	38.0
1966	387	11.1	1975		68.8
1967	507	14.4	1980		82.5
1968	748	20.9	1985		85.4
1969	960	26.0	1988		85.9

注：1960—1971 年的数据为英格兰和威尔士的综合学校数量和入学人数，1975 年、1980 年、1985 年、1988 年的数据则是全英国综合学校数量。

数据来源：王承绪，徐辉. 战后英国教育研究 [M]. 南昌：江西教育出版社，1992：119. 徐辉，郑继伟. 英国教育史 [M]. 长春：吉林人民出版社，1993：321.

---

① 转引自孔凡琴. 多维视阈下的英国高中教育办学模式研究 [D]. 长春：东北师范大学，2011：45. 原文来自 King R.School and College：Studies of Post-sixteen Education[M].London，Henley and Boston：Routledge & Kegan，1976：20.

② 转引自孔凡琴. 多维视阈下的英国高中教育办学模式研究 [D]. 长春：东北师范大学，2011：45. 原文来自 Willams M.Sixth Form Pupils and Teachers：Council Sixth Form Survey Volume1[M].London：School Council Publications，1970：85.

（五）"后综合化"背景下的文法中学

20 世纪 80 年代，综合中学成为英国中等教育最主要的学校类型。伴随着综合学校主体地位的确立，各种反对综合中学的声音逐渐弥漫。英国社会开始冷静看待学校综合化运动，从不同的视角追问综合中学的实施效果。一些学者就综合中学是否缓解了阶级不平等进行了深入研究并得出结论：20 世纪 60 年代至 70 年代初期的教育大发展和综合学校改组并没有导致不同社会阶层的儿童之间教育机会的重大改变与再分配。综合学校改组的后果仅仅是使原来一目了然的不平等和障碍隐藏起来，而不是真正消失了。从教育机会看，1961 年工人阶级子女进入各类高等学校的比例占全部学生数的 26%，到 1970 年这一比例为 27%，10 年中仅提高了 1%。[①] 另一项调查显示，以中产阶层子女为主的综合中学的高中毕业率、A-level 考试分数都高于以工人家庭子女为主的综合中学。[②] 英国学者劳顿（D. Lawton）认为："许多综合中学从表面上看是提倡和拥护教育平等，但其深层机制中保留了为少数人服务的精英教育。"[③] 也有一些学者研究了教育对于社会变革的作用并得出结论：教育仅仅起再生产出资本主义社会的等级和阶层的作用，教师和其他教育工作者不可避免地扮演社会主导意识形态传播媒介的角色。[④] 教育不能起到社会变革的工具的作用，也就是说，学校综合化运动根本不能够实现社会的公平，试图依赖综合中学来缓解社会不公平的愿景是无法达成的。

与此同时，20 世纪 80 年代，由于政党更迭以及政策指导思想的不断变化，"选择性教育"死灰复燃了。英国 80 年代的"资助入学计划"旨在开放私立学校的入学名额，将私立学校的一部分名额留给那些来自公立学校的成绩优异的学生。但该计划的实践表明，往往是那些家庭背景相对优越、家长善于钻营的学生获得进入私立学校的机会，这实际上是选择性教育的死灰复燃，破坏了综合中学"消除选择性教育"的基本原则。[⑤] 随后，政府一直对"选择性教育"保持缄

① 徐辉，郑继伟. 英国教育史 [M]. 长春：吉林人民出版社，1993：342.
② Pring R，Walford G.Affirming the Comprehensive Ideal[M].London：The Falmer Press，1997：136.
③ Pring R，Walford G.Affirming the Comprehensive Ideal[M].London：The Falmer Press，1997：102.
④ 徐辉，郑继伟. 英国教育史 [M]. 长春：吉林人民出版社，1993：342.
⑤ 孔凡琴. 多维视阈下的英国高中教育办学模式研究 [D]. 长春：东北师范大学，2011：77.

默，其至在一些国家级别的教育法案中隐蔽地支持选择性教育。比如《1988 年教育法》就提出了一些违背综合中学理想的改革措施。根据其精神，公立综合中学不能再根据能力水平来选择学生，但许多综合中学则可以提出自己的入学要求。比如，要求学生及家长能为学校作出很大贡献；学生入学时必须单独申请，并接受学校的"非正规"面试或测试。综合中学就是通过这些暗中提高入学门槛的方式，来挑选来自"优势"家庭的孩子入学。① 再如，《1993 年教育法》也出台了一些不利于综合中学发展的政策。它授权所有的学校都可以在一些特定的课程领域（如音乐、戏剧、体育、美术、技术、外语等）从事专门化教育，且可以根据能力和性向来选择"合适的学生"。表面上，如果这种做法局限在一定范围内（接受专门化教育的学生数不超过全校学生的 10%），则不会对综合中学的性质产生很大影响，但最终的实践结果是，这种选拔性的专门化课程充当了选择性教育的工具。② 因为在英国，这些专门化教育的地位很高，所以那些出身中产阶层的能力水平很高的学生才有可能获得学习这些专门化课程的资格，来自社会下层的孩子则无法问津这些课程，尤其是舞蹈和音乐。这种利用课程搞"暗中分轨"的做法给综合中学的发展带来了很大的冲击。③1996 年，英国政府在《学校的自我管理白皮书》（*White Paper Self-Government for Schools*）中提出了几项对综合中学发展具有更大挑战的措施。该白皮书授权学校可以根据能力水平、性向等标准来自主挑选学生，且规定了各类学校可挑选学生的数量占比，即：政府直接拨款学校为 50%，地方政府管理的技术中学和语言学校为 30%，地方政府管理的其他学校为 20%。进一步扩大专门化教育的范围，将体育、美术、技术、语言类学校都纳入其中。同时，该白皮书也传达了政府建立新的文法中学的期望。④ 这些改革措施都直接地刺激了选择性教育的重新抬头，抑制了综合中学理想的顺利实现。⑤

1997 年，工党再次上台执政，一改曾经的激进姿态，政策上确立了融合的

① Pring R，Walford G.Affirming the Comprehensive Ideal[M].London：The Falmer Press，1997：5.
② Pring R，Walford G.Affirming the Comprehensive Ideal[M].London：The Falmer Press，1997：5.
③ 孔凡琴 . 多维视阈下的英国高中教育办学模式研究 [D]. 长春：东北师范大学，2011：77.
④ Pring R，Walford G.Affirming the Comprehensive Ideal[M].London：The Falmer Press，1997：6.
⑤ 孔凡琴 . 多维视阈下的英国高中教育办学模式研究 [D]. 长春：东北师范大学，2011：77-78.

价值取向。首相布莱尔笃信吉登斯（A. Giddens）的社会政治学，主张通过"第三条道路"建设一个"公正、正义、责任、义务、协调"的社会。在"第三条道路"思想的指引下，工党政府在教育上同时注重公平和卓越，主张两者不可偏废。"第三条道路"实际上是在寻求工党和保守党政府在教育改革策略等方面的融合，如追求精英教育和教育平等、国家标准和个人需要、学术教学和职业教育、竞争与合作之间的平衡。[①]1997 年 7 月，布莱尔政府在白皮书《追求卓越的学校教育》（*Excellence in Schools*）中指出，"为所有人提供均等的教育机会并提高教育标准"应当成为政府在未来教育改革中要努力实现的目标。[②]1999 年，英国政府出台"追求卓越的城市教育"计划。该计划的核心理念是，促进大多数学生的发展，不以牺牲多数人为代价而为少数人服务。在这个计划中，布莱尔政府再次强调教育改革的目的不是加剧不平等的状况，而是拓展教育并提高教育质量，力争使每所学校都成功，使每个学生都优秀。[③]布莱尔政府通过一系列的配套性的政策举措来实现"追求卓越的城市计划"，比如变革学校运作方式，全面构建学生发展的支持体系，因材施教促进教育方式多样化，等等。其中"因材施教促进教育方式多样化"就关涉天才儿童和选择性教育。从计划实施来看，不仅为后进生提供支持性举措，也为天才儿童和特长学生提供良好成长的教育环境。这方面的举措有二：一是实施校本的天才教育计划，为每一所中学中排名在前 5%~10% 的学生提供额外的教育支持，比如进行校外补习、组织"暑期学校"等，以此提升这些具有潜在天赋的优秀学生各方面的潜能。二是设立更多"专门学校"（specialist school），任何一所学校都有机会申请成为数学与计算机、科学、工程、艺术、体育、语言、商业娱乐、技术、人文、音乐这 10 个领域中的某一个领域的"专门学校"，以有针对性地满足这些领域有天赋或特长的学生的兴趣和发展需求。在规模上，要求每个教育行动区至少建立一所这样的学校，要求全国在 2003 年建成 800 所左右的专门学校，并使专门学校的学生总数在全体学生中占 1/4。[④]只有那些在上述 10 个领域有特长的学生才可进入"专门学校"就

---

① 孔凡琴. 多维视阈下的英国高中教育办学模式研究 [D]. 长春：东北师范大学，2011：82.

② 孔凡琴. 多维视阈下的英国高中教育办学模式研究 [D]. 长春：东北师范大学，2011：81.

③ 李娜. 英国布莱尔执政时期的重要教育政策研究 [D]. 上海：华东师范大学，2008：26.

④ 孔凡琴. 多维视阈下的英国高中教育办学模式研究 [D]. 长春：东北师范大学，2011：82.

读，因此这类学校带有某种选拔性教育的意味，是面向精英的。

"第三条道路"也要求在新的形势下重新审视和定位综合中学。布莱尔本人及其所代表的工党政府对综合中学的发展现状下了一个结论性的判断。2001年2月，布莱尔在英国大选之前的一份政府绿皮书中指出，综合中学在英国已经走到了尽头，英国进入了"后综合化"时代（post-comprehensive era）。他认为，综合中学除了具有吸引人的理想，它在现实中没有使其大部分毕业生获得很好的资格证书，而且还使其学生的学业失败率居高不下。由此导致的危险是越来越多的家长不愿意让孩子在公立综合中学就读，也不愿意继续纳税来资助这类学校。如果任其发展下去，结果只能是公立学校的地位逐步下降，最后沦为为弱势群体服务的教育机构。因此，改革综合中学成为必然，布莱尔政府的一位发言人直接宣布："普通意义上的综合中学在英国结束了。"① 所谓的"后综合化"，在理念上强调以"有差异的平等"代替"绝对平等"，以"竞争主义"代替"平均主义"，注重"市场选择"与"政府规制"相结合；在实践上，工党政府采用了多元主义政治主张，努力创造一种宽广的、有弹性的、能够为不同能力和性向的学生提供不同教育的综合中学，以实现每个人的潜能的充分发挥。因此，工党政府要求打破千篇一律的综合中学办学模式，创办多样化的"学校超市"以便家长和学生自由选择，这些学校包括：新型城市学术中学、城市技术学院、文法中学、社区学校、捐助学校、教会学校、专门学校，等等。② 这就意味着中等教育领域选拔性教育的回归，文法中学再一次抬头，成为政策所认可的公立学校形式之一。

"后综合化"时代，文法中学逐渐回归到政策视野。比如，1997年工党竞选宣言中承诺"任何文法中学政策的变革将取决于地方家长"，这就意味着政府对文法中学的变革要更加慎重，不能像过去那样通过政府行政指令的方式强制要求变革文法中学（而20世纪60—70年代，无论是保守党还是工党，在文法中学政策上都比较强势）。1998年，工党政府出台《1998年学校标准和框架法案》（*School Standards and Framework Act 1998*），在"后综合化"时代的法定政策文

① Blair J C.Comprehensives have failed[EB/OL].（2011-01-30）[2020-06-28].http://www.telegraph.co.uk.
② 孔凡琴.多维视阈下的英国高中教育办学模式研究[D].长春：东北师范大学，2011：81-82.

件中首次对文法中学作出较为详细的阐释，并确定了地方政府拥有创办文法中学的决定权。另外，随着工党政府教育新政的不断出台，新的学校类型（比如特色学校、灯塔学校、专门学校等创新学校）的不断涌现，中等教育逐渐出现多样化的发展势头。这些新型学校的出现也为文法中学的发展提供了某种契机，譬如很多特色学校允许中低水平的教育选拔，某种意义上与提倡选拔性的文法中学有异曲同工之处。"后综合化"时代，保守党仍然主张保留甚至扩张文法中学。但是总体上看，自2006年以来，除了应对人口膨胀的完全选择性地区如白金汉郡和肯特郡，英国并没有建设新的文法中学。目前，整个英格兰地区保留下来的文法中学为164所（《1998年学校标准和框架法案》标定的英格兰保留文法中学的地区）。在这164所学校中，仅有少数的学校保留了三轨制下的文法中学样态。这部分学校单独采用11岁考试选拔一部分（大约25%）适合接受文法中学教育的学生。申请文法中学的合格人员非常之多，学校采用另外的一些标准考察和分配学生，比如家族成员身份、家校距离等。[1]

二、公学制度的历史嬗变

公学是英国以培养精英人才为特征的私立学校，是英国的教育活化石，在国际上久负盛名。英国公学制度的发展历程主要包括初建、缓慢发展、勃兴、革命和当代变革五个历史时期。

（一）公学的初建

英国公学的产生与黑死病有直接关联。据记载，1348—1349年，英国爆发了黑死病，致使英格兰的人口减少了1/4，大量牧师在黑死病中丧命，如林肯主教区2/5的圣职人员染上了黑死病。黑死病之后，出于对教堂牧师的迫切需要，1382年，威克姆（W. Wykeham）以大学中已建立的学院为样本，创办了温切斯特公学。这便是英国第一所公学的诞生。初建时期的温切斯特公学生源大多是贫困家庭子女。据称，该公学首次招收了70名来自贫穷家庭的学生，后来又招收了10名付费学生和16名教堂人员的子女。

---

① Schagen I, Schagen S.Analysis of national value-added datasets to assess the impact of selection on pupil performance[J].British Educational Research Journal，2003（4）：561-582.

1440 年，亨利六世以温切斯特公学为蓝本创办了更大规模的伊顿公学。初建时期，伊顿公学是一所慈善学校，以帮助 70 名贫困男孩能够进入剑桥大学国王学院（1441 年由亨利六世创办）学习。亨利六世以国王的身份支持伊顿公学，不仅亲自颁布诏令创办伊顿公学，规定在温莎堡和伊顿城周围 10 英里地区内禁止创办任何别的文法中学，划出大面积领地赠予伊顿，还亲自为伊顿公学建立了第一批校舍。据伊顿公学华裔教师友友描述：他（亨利六世）大力增加给伊顿的拨款，在三年之内已经使伊顿学员的数目和温切斯特不相上下。更大面积的土地被划分给学院，更多的教职员被聘请进来。1448 年，亨利六世更明确地表示："此校建立伊始，其大政方针，均为我所创议，其后，又以其监护运行为己任。"国王的支持不仅为伊顿公学的发展提供了政策上的庇护，也使其拥有了充裕的办学资金和各种资源。难怪"伊顿人"对亨利六世始终心怀感恩，"不仅因为他是伊顿的创立者，而且因为他具体入微的关切——在物质上、在情感上，使伊顿公学在建立之初就一举进入了它的黄金时代，直接跻身于全英格兰甚至全世界最优秀富裕的学校之列"①。

温切斯特公学和伊顿公学是初建时期英国公学的典型代表。从办学性质来看，初建时期的公学是一种慈善学校，为穷人家庭的优秀孩子提供免费的优质教育 ②；从培养目标来看，初建时期的公学以培养宗教圣职人员为主；从办学方式来看，初建时期的公学与贵族捐赠紧密相连。

（二）公学的缓慢发展与改革

16—18 世纪，公学逐渐自成体系，并且保持相对稳定的发展。首先，逐步形成了"九大公学"的局面。继温切斯特公学和伊顿公学之后，英国相继创办了圣保罗公学、什鲁斯伯里公学、威斯敏斯特公学、泰勒商会学校、拉格比公学、哈罗公学、查特豪斯公学等享誉世界的公学。这些公学的创办人非富即贵：上至英国几任国王，比如爱德华六世创办了什鲁斯伯里公学，伊丽莎白一世创

---

① 友友. 伊顿公学和精英教育 [M]. 北京：电子工业出版社，2011.
② 早期公学面向穷人的孩子的这一做法实则出于无奈。因为当时贵族和富人阶层家庭不愿意把子女送到学校接受教育，而更倾向于为子女聘请家庭教师。公学创办之初为了确保生源，达成培养足够的圣职人员的目的，也就向贫困家庭敞开大门。但只有那些十分聪颖的贫困学生才能进入公学就读。

办了威斯敏斯特公学；下至贵族商人，比如拉格比公学是由伦敦富商谢里夫（L. Sheriff）捐办的，哈罗公学则是在女王伊丽莎白一世颁发的王室特许的前提下，由里昂（J. Lyon，也与英国王室有着千丝万缕的关系）创办的，查特豪斯公学则由林肯郡官员之子萨顿（T. Sutton，其本身是一名富商）创办的。

其次，逐渐形成了相对稳定的公学办学模式。在招生对象和培养目标方面，公学最初招收一些来自贫困家庭的优秀子女，但随着英国上层社会对教育的重视程度不断上升，公学逐渐成为上层阶级教育子女的"后花园"，其阶级垄断性不断增强。由此，公学的培养目标也转向满足上层阶级的需求，致力于培养能够担负起国家建设重任的忠实仆人（具有责任心、忍耐力、忠诚的服务意识以及谦逊的绅士品格）。可见，公学与一般百姓家庭渐去渐远。在课程设置方面，公学秉承了一贯的古典主义特色，主要课程有拉丁语、希腊语、拉丁文学、希腊文学等。浓厚的古典课程是公学区别于其他学校的标志。在学校管理方面，公学逐渐形成了"费格制度""体罚制度"等。所谓费格制度，是指低年级学生供高年级学生差使、为高年级学生服务的一套规定。体罚制度顾名思义便是指可采用鞭笞、打骂的形式来管教学生。费格制度和体罚制度的共同目的便是驯服学生，使学生听话和学会忍受。拉格比公学的校长阿诺德（T. Arnold）曾经就认为，费格制度是学校最高当局予六年级以权力，以此获得学生相互间规律性的自治，避免学生间不必要的暴力等后果。这种办学模式一直延续到18世纪末19世纪初。

再次，公学内部开展了第一次大范围的改革。其特征如下：①由人文主义学者发起，公学改革的发起者阿诺德及其学生都是典型的人文主义学者；②是一场针对公学内部的改革，改革的主要内容是课程设置、学校管理等；③由一所学校的改革逐渐扩大到许多所公学。这次公学改革还得从18世纪末19世纪初公学的弊病说起。19世纪初，英国教育面临着一些新的社会背景，如：工业革命给社会带来一些变化，工商业界出现了一个新的中产阶层；法国大革命对英国有所触动；新人文主义精神的产生；等等。上述种种，都要求英国教育作出适当的调整和变革，但几个世纪积淀下来的公学传统不为所动，仍然坚持原有的办学模式。由此，英国社会对公学的批判日趋激烈。譬如，科学界的代表人物指责公学只囿于狭隘的古典教育，不重视科学；教会指责它们道德风气败坏和缺少基督教精神；新兴工商业中产阶层对公学低劣的效率和忽视工商业社会的发展需要感到不满；富裕的工厂制造主则希望公学能为提高他们的地位服务。① 面对种种的质疑和批判，公学内部的改革派为力保公学的社会地位开始寻找突破口，如什鲁斯伯里的巴特勒（S. Butler）和肯尼迪（B. Kennedy）、哈罗公学的巴特勒（C. Butler）和沃思（C. Vaughan）、伊顿公学的霍特利（E. Hawtrey）等，都开展了相关的探索。② 其中，阿诺德在拉格比公学的改革最为著名，其包括两大方面。一是整顿校风，变革学校管理。改革之前，拉格比公学校风颓败，学生之间打架斗殴频发；师生之间关系紧张僵化，比如学生视教师为暴君；等等。总而言之，公学内部靠暴力与反暴力维持着日常运转。有鉴于此，阿诺德首先开展的便是整顿校风。他强调用宗教原则来浸润学生的心灵，要求学生做正人君子，致力于学生的组织生活建设，设立级长制，通过培养学生自治组织来达到有效管理的目的。在师生关系方面，调整师生比例，致力于建立一种新的相互尊重、相互信任的关系。相关举措在一定程度上缓解了公学内部紧张的气氛，重塑了良好学风。二是，改革课程，促进课程现代化。针对许多人所批评的公学课程的陈旧落后这一点，阿诺德主张公学课程在保持原来古典特色的基础上，适当拓宽课程门类，增加现代课程的比重。经过改革，拉格比公学课程中除了拉丁语、希腊语与古典文学等，还增加了哲学、政治学、现代语言、地理学等课程。阿诺德组织拉格比公学的教师参与到相关课程教材的编写之中，他本人就教育教学方法、学生的学习等撰文进行指导，并且编写了英语和语法教材等。阿诺德所倡导的课程改革促使公学课程现代化迈出了坚实的一步。阿诺德去世后，他的许多同事和学生被聘为校长和教师。③ 此后，以拉格比公学为开端的公学改革渐成规模，旧有的九大公学也开始了革新实践。此外，受到拉格比公学成功改革的影响，一大批新型公学建立和发展起来了。譬如，切尔滕纳姆学院（Cheltenham College，1841）、马尔波罗学院（Marlborough College，1843）、罗塞

① 徐辉，郑继伟. 英国教育史 [M]. 长春：吉林人民出版社，1993：153-154.
② 徐辉，郑继伟. 英国教育史 [M]. 长春：吉林人民出版社，1993：153-154.
③ 王承绪. 英国教育 [M]. 长春：吉林教育出版社，2000：156.

尔学校（Rossall School，1844）、威灵顿学院（Wellington College，1853）、埃普索学院（Epsom College，1855）、海利伯里学院（Haileybury College，1814）和克里夫顿学院（Clifton College，1860）、马尔文学校（Malvern School，1862）、巴斯学院（Bath College，1867）等私立学校在克拉伦敦委员会正式注册。[①] 这意味着公学的队伍再次壮大。

（三）公学的勃兴

经历了 19 世纪上半叶的改革之后，19 世纪中叶至 20 世纪初，英国公学进入勃兴时期。公学的勃兴离不开一些政策性的举措。

首先，克拉伦敦委员会（Clarendon Commission）为公学的发展提出了建设性的意见。克拉伦敦委员会是在英国公众和议会对公共教育改革提出迫切需求的背景下于 1861 年成立的。以弗雷德里克（N. Frederick）勋爵为主席的克拉伦敦委员会于 1861—1864 年对包括伊顿公学在内的九大公学的发展现状进行了实证调查。调查肯定了九大公学所取得的改革成就，对公学在改进管理、整肃纪律、调整师生比例、改善生活条件和提升道德与宗教精神等方面所取得的显著成就给予充分肯定[②]；同时指出了公学的若干不足，比如课程范围狭窄、教学能力不足、精英主义取向、学校内部的人事关系复杂，等等。

其次，1868 年《公学法》的颁布为公学的发展奠定了法律基础，赋予了公学独立的权力。该法是在 1864 年克拉伦敦委员会所提交的调查报告的基础上修改而成的，规定了公学在英国教育体制中的地位与作用，要求扩充公学课程内容，在古典课程基础上增加英语、数学、现代外语、历史、地理和自然科学等科目；此外，还对公学管理机构的改革提出了要求，要求扩大学校董事会的办学权限。该法的最大效果便是首次在法律上正式确立了"七大公学"[③] 的特殊地位，将之认定为英国最高级别的中等学校。"七大公学"成为英国中等教育系统中的一枝独秀，在办学实力、知名度上以及法律地位上都与其他的捐办文法中学拉开了距

---

① 王承绪. 英国教育 [M]. 长春：吉林教育出版社，2000：156.

② Stephens W B.Education in Britain，1750–1914[M].London：University College London，1998：46.

③ "七大公学"分别为：查特豪斯公学、伊顿公学、哈罗公学、拉格比公学、什鲁斯伯里公学、威斯敏斯特公学、温切斯特公学。

离。[1]《公学法》单独赋予公学以合法的称号，这就等于对 1860 年以前已经按社会等级分化开来的中等教育结构表示认可和支持。

再次，"校长会议"（Headmasters' Conference）的召开为公学的独立发展提供了组织和专业保障。克拉伦敦委员会之后，英国又成立了汤顿委员会（the Taunton Commission），负责调查 782 所捐赠文法中学。英国政府采纳了汤顿委员会提交的调查报告并出台了《1869 年捐赠法案》（Endowed Schools Act 1869）。该法案建议建立国民教育体系，将捐赠文法中学纳入其中。这一建议实则对捐赠文法中学不利。为了最大限度地减少这一法案对公学带来的不利影响，"校长会议"应运而生。1869 年，阿宾汉姆中学校长向 37 位其他公学的校长写信，建议他们联合起来抵制《1869 年捐赠法案》所带来的不利影响。当年仅有 12 位校长参加了"校长会议"，但第二年，34 位校长加入进来了，包括克拉伦敦委员会认定的公学。随后，"校长会议"的规模不断扩大，逐渐成为独立学校自发联合的组织机构，并且一直维持至今。"校长会议"的成立是引人注目的，它标志着公学进入一个新的时代：包括各成员学校在内的公学获得了独立学校的地位并最终实现了内部的一体化。这一特殊地位以一体化趋势构成公学与英国其他中等学校之间的最为显著的区别。

最后，《公学年鉴》的出版标志着公学宣传阵地的正式诞生。早期公学（尤其是"九大公学"）虽然声名远播，但基本上各自为政，随着校长会议的成立，公学有了共同的组织机构，公学从此开始"抱团作战"。《公学年鉴》的出版便是公学抱团作战的极佳体现。1889 年，《公学年鉴》首次出版，列举了 30 所学校，除了圣保罗公学和默钱特泰勒斯学校，大部分是寄宿制学校。在随后的版本中一些学术成就非常高的文法中学也被纳入进来了。1902 年的版本逐一列举了加入"校长会议"的所有公学。

凡此种种，促进了公学的勃兴。公学迎来了其黄金发展时期，公学的队伍、组织体系、宣传阵地等各方面都逐步壮大。这一时期人们对公学的态度是肯定的、谦和的。有研究者指出："从克拉伦敦报告到第一次世界大战期间，是公学

---

[1]　原青林. 揭示英才教育的秘诀：英国公学研究 [M]. 哈尔滨：黑龙江人民出版社，2005：52.

的黄金时期，人们似乎已习惯于这种为上层阶级培养精英的教育。公学也在不自觉中不断反映和加强现行的阶级结构，并将这一职能视为自己的天职，鼓励天赋阶级等级观，反对富裕阶级和贫穷阶级之间的相互交融与理解。"公学校长甚至公众都很少反思是否有必要改变这种现状。[①]

（四）公学的革命

20 世纪上半叶，两次世界大战之后的公学又面临着怎样的局面呢？战争在带来杀戮和灾难的同时，涤荡了人们的心灵，和平与民主成为世界共同的追求。随着民主化思潮的不断推进，教育领域的民主化也被提上日程。英国是两次世界大战的主要参战国，民众对和平和民主有着强烈的渴望。在英国教育领域，民主化逐渐成为教育的主流价值取向。但与此同时，英国的公学对民主化浪潮视而不见，自足于封闭的教育体系。公学被看成是不民主的，甚至是造成英国社会分裂的主要因素，公学的社会排外性和等级性更是遭到强烈的质疑。面对种种质疑，英国统治阶层推出"免费学额计划"，试图针对公学的社会排外性和不公平性作出变革。1942 年，在教育委员会主席巴特勒的授命下，由弗莱明（L. Fleming）领衔的委员会开始研究如何使公学与国家普通教育体制相联系，他们最终提出对文法中学进行政府资助的方案，直接接受中央财政资助的学校要拿出一部分的"免费学额"给公立学校的优秀贫困学生。他们还建议，公学为公立学校学生保留 25%~50% 的学额，这部分学额经费将由地方教育当局支付。最终，178 所学校成为受中央财政资助的文法中学，其中 58 所为"校长会议"成员学校且大部分为日间学校。[②] 该计划是否实现了变革的初衷呢？令人扼腕的是，由于二战后英国经济的紧缩，几乎没有一个地方教育当局有足够的钱来提供资助学额，且公学本身也对这一计划没有兴趣，导致弗莱明的报告流产。[③] 另外，从战后英国社会百废待兴的大背景来看，和平稳定是民众的普遍愿望，当时的执政党工党顺应民意，着重于战后新家园重建，在教育上致力于综合中学和三

---

① 祝怀新. 英国基础教育 [M]. 广州：广东教育出版社，2004：123-124.

② David D.Report on Independent Day Schools and Direct Grant Grammar Schools[M].London：Her Majesty's Stationery Office，1970：73.

③ 祝怀新. 英国基础教育 [M]. 广州：广东教育出版社，2003：124.

轨制教育体制的改革，因此特权层面的公学问题暂退至幕后。① 虽然这次公学改革未成功，但对公学震动不小，加深了英国民众对公学排外性的憎恶，在 1945 年大选时，许多投票支持工党的民众已认定公学的末日就要到来了。② 事实上，二战以来英国的公学得到了一定程度的发展。据张淑细的分析，二战后公学不但没像战争结束前夕人们所预料的那样走向灭亡，反而出乎意料地生存下来，并有所发展。1946—1961 年，公学的学生增长了 32%，其中最大的 39 所寄宿公学的学生增加了 23%。

但 20 世纪 60 年代以来，公学的这种发展势头被中断了。20 世纪 60 年代末英国经济的衰退、社会的急剧变革、学生运动的空前高涨等，都加速了这种中断。但直接导致这种中断的是人们对公学种种弊端的厌恶已经到了空前绝后的境地。英国甚至拍了一部直接反映公学种种黑暗的电影《假如……》(If ...)，该电影还获得了 1969 年戛纳电影节的金棕榈奖。影片控诉了英国公学惨无人道的体罚、强烈鲜明的社会等级性，引起了英国社会的大震动。当时，英国社会对公学的批判集中于以下几点：公学带有鲜明的阶级性和社会排外性，仅为来自富裕或有权势家庭的孩子提供教育；公学是英国特权阶级的循环地，其通过公学确保他们的孩子继续享有较高的社会地位③，由此产生社会阶层的固化；公学以培养领导人为目的，却忽略了人的一些重要素质，如想象力、洞察力、改革愿望以及对技术变革的重要性的认识等；公学就好比是一个残忍、庸俗的社会，虐待行为司空见惯；公学课程内容已经不适应新技术革命的需要；等等。

在批判公学的队伍中，工党是绝对主力。1964 年，以威尔逊为首的工党政府是第一个对公学怀有敌意并带着解决公学问题的明确意图就任的政府。其在 1964 年的竞选宣言中许诺，工党将承担起教育的责任，提出最佳的方案，将公学纳入国家教育体系。1965 年，教育与科学部发布第 10 号通告，决定取消 11 岁考试甄选，终止中等教育的隔离，同时将公学等私立学校并入公立教育系统，沿着综合化道路建立统一的公立中等教育体系。1965 年，教育大臣克罗斯兰组

---

① 武计苓. 保守与渐进：二战后英国公学改革研究 [D]. 上海：华东师范大学，2017：76.
② 张淑细. 英国公学及其改革的历史演变 [J]. 教学与管理（中学版），2001（2）：77-79.
③ 祝怀新. 英国基础教育 [M]. 广州：广东教育出版社，2003：125-126.

建公学委员会，并任命纽萨姆（J. Newsom）为主席，对公学改革以及其与国家教育体系的结合问题提出建议。1968 年，委员会发表了第一份报告，建议公学提供一半的寄宿生名额，供地方教育当局或政府资助的公立学校学生就学。由于大多数工党左翼并不赞同这一治标不治本的调和主义改良方案，加上保守党的极力反对，这一份报告很快就被束之高阁。1968 年，唐尼森（D. Donnison）接任主席，开始对走读制公学和接受直接补助的文法中学进行调查。[①]1970 年，公学委员会发表第二报告，要求直接补助学校在"独立与选择性招生"和"合并与公开招生"之间作出选择。[②]但该报告还没来得及讨论，工党便下台了。在这一轮执政期间，工党并没有主张彻底取缔公学，执行改革方案的力度和效度都是不够的，但工党对公学怀有敌意的态度一直未变，其在 1970 年的一份决议案中建议下届工党政府"尽早采取措施结束私立教育"。

工党对废除公学保持更强硬的姿态。1973 年《工党纲领》确定了废除公学的近期目标和长远目标。近期目标是结束直接补助制度，长远目标是废除学校的付费制度，将全部义务教育阶段的儿童纳入公立教育系统。[③]这意味着彻底废除公学这一收费的学校类型。同年 9 月，工党教育发言人哈特斯利（R. Hattersley）更详细地阐述了这条原则。他在剑桥的一次演讲中直言不讳地指出，工党的政策是"减少并最终消除本国的私立教育"。其反对独立学校的三个理由是：加剧了社会分化；分散了改进整个教育制度的精力和热情；过多地消耗了紧缺的教育资源。他还思考了废除私立学校的步骤：首先，公学委员会建议废除直接补助制度；接着，由工党政府取消独立学校及其资助人所享有的财政利益，包括学校的慈善地位和家长为应付纳税而单独处理孩子收入的能力；最后，限制或彻底取消地方当局占用独立学校学额的权力，在人们了解独立学校的整体效益之前通过严格的审查制度将较差的学校淘汰。[④]工党政府在随后的几年中针对逐步取消私立学校作出了政策安排。譬如，1974 年 6 月，工党在竞选宣言中指出，工党的

① 祝怀新. 英国基础教育 [M]. 广州：广东教育出版社，2003：127.
② 原青林. 揭示英才教育的秘诀：英国公学研究 [M]. 哈尔滨：黑龙江人民出版社，2005：295.
③ 原青林. 揭示英才教育的秘诀：英国公学研究 [M]. 哈尔滨：黑龙江人民出版社，2005：296.
④ 原青林. 揭示英才教育的秘诀：英国公学研究 [M]. 哈尔滨：黑龙江人民出版社，2005：296.

下一步政策是"取消对公学的一切形式的免税和其慈善机构的地位"。长期以来，独立学校在财政和税务方面具有特许权。作为慈善机构的公学可以免缴利润、资本收益和资本转让等方面的所得税。工党政府认为，如果取消公学的慈善性质，就会在一定程度上限制公学的发展。但取消特许权最终以失败告终。由此，工党政府转向取消地方当局对独立学校学额的占用权。在当时的英国，一些特殊的政府人员，比如外交官、驻外军人等的子女占有一定的独立学校学额。工党认为这一做法是不公平的，应当予以废止。但从实际来看，废除这一政策的做法也是失败的。因为外交人员和国外服役的少尉以上军官所领取的子女寄宿津贴被视为这些人的报酬或薪水的一部分，外交部和国防部都不愿看到为了打击独立学校而使这一惯例受到干扰。除此以外，工党政府也通过缩小公学与公立学校之间的差距来客观上消除公学的优势。这一政策要求政府致力于改进公立教育系统，如果公立学校与独立学校之间的差别变得很小甚至得到消除，所有的家长将会理所当然地把孩子送入免费的公立学校，而不会领着孩子、带着学费到公学报到。① 这一政策带有鲜明的理想主义色彩，因为公学的办学条件、办学风格和办学经验皆经过了数百年的积淀，其显赫地位与威望背后有贵族阶层的支持和教育质量的印证，这一切绝非新生的公立学校短时内所能追赶和超越的。②

综上可见，20 世纪 60 年代以来，公学进入了历史上最为黑暗的时期。许多人都认为公学大势已去，它的灭亡不过是时间问题。在这一严峻的形势下，公学开始进行重大改革，由此发生了历时 15 年（1964—1979 年）的著名的"公学革命"，这是一次较彻底的改革运动，它使公学开始适应社会的发展，并最终再次拥有了牢固的社会地位和较高的社会声望。③"公学革命"是公学群体联合起来共同应对挑战的一场"保卫战争"，从对外和对内两个角度展开。

首先，对外主要是改善与社会各界的关系。传统意义上，公学实施封闭式教育，在"神坛"上独舞，与英国贵族阶层保持着默契的关系，但与社会公众的关系十分疏远。当整个社会都质疑和控诉公学时，公学开始大力改善公共关系。

① 原青林.揭示英才教育的秘诀：英国公学研究 [M].哈尔滨：黑龙江人民出版社，2005：297-298.
② 原青林.揭示英才教育的秘诀：英国公学研究 [M].哈尔滨：黑龙江人民出版社，2005：299.
③ 祝怀新.英国基础教育 [M].广州：广东教育出版社，2003：128-129.

具体的做法是成立"公共关系小组"、独立学校信息社（the Independent Schools Information Service，ISIS）并参与公开演说与辩论。1962 年，"校长会议"任命了一位公共关系顾问。1963 年，建立"公共关系小组"，下决心将公学引向社会。1964 年，工党的上台和公学委员会的成立使公学处于十分不利的境地。同年，公共关系小组撰写了《给公学委员会的建议》，反对公学委员会对公学的阶级分化作用和特权的指控，并积极就公学如何为国家的教育需要做贡献提出了许多建议。1965 年，牛津大学原历史学专家、伊顿教师贝克（A. Baker）就任公共关系小组主席，他主张公学应当坚定地与保守党结成联盟，以此作为公学建立公共关系的突破口。1972 年，经过多年的艰难磨合，公学终于与其他各类私立学校坐到了一起，成立了英国独立学校信息社。公学通过独立学校信息服务中心，更好地捍卫了自己的地位。在工党发言人哈特斯利发表演说阐述工党废除独立学校的原则之前，独立学校信息社已获得了演说副本，从而为对独立学校进行反击做好了准备。哈特斯利演说结束后，独立学校信息社迅速发表了两份通讯，刊发了演说的全文和有力的反驳文章。之后，英国广播公司（BBC）开设了《星期日辩论》专栏，邀请哈特斯利和保守党要员、教育副大臣、公学支持者史蒂伐斯爵士（Sir J. Stevas）与威斯敏斯特公学校长雷（J. Roe）等人就公学问题展开讨论。结果，史蒂伐斯和雷大获全胜，彻底动摇了哈特斯利关于取缔公学的信度。为了保持战果，更进一步加强独立学校内部的一致性，并更有效地应对各种挑战，1974 年，成立了新的政策机构独立学校联合委员会（the Independent Schools Joint Committee，ISJC）。该机构成立后，成功地应对了各种影响公学及独立学校生存的挑战。如，1974 年，它代表所有独立学校为政府有关慈善机构的立法提供了有利于自身的依据；1977 年，它与教育与科学部就工党政府中断定的"被认可有效"地位问题进行谈判，取得了成功。[①] 独立学校联合委员会最终获得了教育大臣关于不把独立学校教师排除出国家教师计划的保证。这意味着公学虽然是私立学校，但公学的教师在退休后也将享受同公立学校一样的退休金待遇。[②]

---

① 祝怀新. 英国基础教育 [M]. 广州：广东教育出版社，2003：129–130.
② 祝怀新. 英国基础教育 [M]. 广州：广东教育出版社，2003：129–130.

其次，对内主要是变革办学理念和办学实践。①整顿体罚，整顿学风。若干世纪以来，公学内部师生关系十分紧张，许多校长都以"打手"闻名于全国。公学体罚现象十分普遍，这成为社会各界批评公学的主要原因。高压政策并未带来良好的师生关系，反而致使师生关系更加剑拔弩张，走向对抗的境地。十分有名的一个例子发生在伊顿公学的校园内。18世纪，伊顿公学校长基特博士（Dr. Keate）在60岁时仍旧每天鞭笞80名学生。学生对此并不买账，他们破坏了校长的办公室。20世纪60年代以来，公学努力改变这一局面，比如，收敛了体罚现象，教师们放下权威架子与学生平等对话，倾听学生的内心需求，以更友善的态度对待学生。另外，在很长一段时间内，公学任命"秘密"班长来监督其他学生。班长甚至还被授权殴打违纪的学生。在1965年公学委员会开始行使职能时，一些公学的校长立刻作出收回班长殴打权的决定，独立学校信息社成立后正式宣布禁止学生之间的殴打行为。1986年，英国通过立法规定公立学校中的体罚是非法的。随后，绝大部分公学也纷纷禁止体罚。据称，自1999年起，英格兰和威尔士的独立学校中已经完全禁止体罚。① ②减少强制性活动，给予学生更多的自由空间。历史上，公学起源于教会，因此每周学生都必须进行两次强制性的礼拜活动。20世纪60年代以来，绝大多数公学减少了礼拜的次数。寄宿制公学中学生获得了更多的校外活动自由。从70年代初开始，学生可以常性地回家，有的学校许可每月一次，有的甚至更频繁。至于喝酒的禁令，也有所放松，一些公学设立了校园酒吧，不过仅向第六学级或满16周岁的学生开放。② ③改善与家长和社区的关系。传统公学为显示其独特性和高贵性，要求学生使用"特别"的口音；为免受干扰，公学与当地社区和公立学校少有来往，也鲜少与家长沟通交流。20世纪60年代以来，公学转变态度，积极缓和与地方社区的关系，对公众需求作出积极响应；欢迎家长来校参观交流，参与学校教育工作；将公共服务列入学生课表之中，要求学生积极参与地方事务，为社区服务。④努力提升公学教育质量，尤其注重学生现代课程的学术成绩。传统公学将培

---

①　The editors of Encyclopaedia Britannica.Public School British Education[EB/OL].[2021-12-25].https：//www.britannica.com/topic/public-school.

②　祝怀新.英国基础教育[M].广州：广东教育出版社，2003：132.

养英国绅士和宗教教养作为自身定位，与牛津大学、剑桥大学有着天然的关系。但随着英国国民教育制度的确立，普通中等教育证书（GCSE）考试成为跨入牛津大学、剑桥大学的敲门砖。这就给公学带来了升学压力。20世纪50年代，公立文法中学的学生升入牛津大学、剑桥大学的比例越来越高。公立文法中学把普通中等教育证书考试作为教学的中心来抓。公学感受到了这种无形的竞争压力，逐渐改变了单纯为了传统的办学宗旨而施教的传统，也将很大一部分精力投入普通中等教育证书考试中。20世纪60—70年代，公学课程的重心作出了调整，拉丁文、古希腊文等古典学科不再是唯一课程，科学、数学、经济学等课程逐渐成为核心课程。

历时15年的"公学革命"使公学摆脱了被废除的命运。20世纪80年代以来，公学重新获得了英国社会的认可和赞誉，并且以独立学校的身份继续发展着。

（五）公学发展新趋势

从政党政策的角度来看，长期以来，保守党一直是公学的极大拥护者，工党则是对公学构成最大威胁的政党。但就当下而言，英国保守党和工党在对待公学的态度上趋向一致。这主要是因为工党对教育平等的理解发生了些微的变化。在过去很长的一段时间内，工党主张教育平等，消除差异，但近年来工党的教育政策更倾向于强调"有差异的平等"，其在执政期间秉持"第三条道路"的原则，强调竞争和提高教育质量。这些都为独立学校（公学）的稳步发展提供了宽松的政策氛围。新成立的英国联合政府（由保守党和自由民主党组成）支持独立学校的发展，希望为家长提供更多的选择机会。在政策上，英国执政党给予独立学校某些优惠。虽然包括公学在内的英国独立学校不直接接受政府的财政资助，但大部分独立学校都具有慈善性质，因此每年都能得到政府大量的免税许可。巨额的免税款项将用于独立学校的进一步发展。此外，对那些成绩排名前10%~15%却支付不起高昂学费的申请者，公学提供免费学额或者减免学费的优待。在独立学校背景下，公学在各方面都得到了良性发展。比如，独立学校委员会（the Independent Schools Council，ISC）的成立为公学的发展提供了组织保障。独立学校委员会的前身是成立于1974年的独立学校联合委员会，

1998 年重组后正式改名，是一个由 1200 所独立学校组成的非营利性组织。目前由 8 个协会组成，分别是英国女校联盟（Girls'Schools Association ， GSA）、校长会议（Headmasters'and Headmistresses'Conference，HMC）、独立预备学校联盟（Independent Association of Prep Schools，IAPS）、独立学校联盟（Independent Schools Association）、独立学校校长联合会（Society of Heads）、独立学校领导机构协会（Association of Governing Bodies of Independent Schools，AGBIS）、英国国际学校委员会（Council of British International Schools，COBIS）、英国独立学校财会协会（Independent Schools'Bursars Association， ISBA）。

再如，建立起了与国民教育体制相衔接的课程体系。随着《1988 年教育改革法》的颁布以及公立中学国家课程建设的不断推进，公学在保留自身课程特色和优势的前提下，也主动探索与国家课程相衔接的课程体系。长期以来，公学课程侧重于古典语言和古典文学的教育，但随着公学课程的不断现代化，古典语言和文学课程的比重不断缩减。有研究表明，1981 年，伊顿公学初级部一、二、三年级设置的古典语言课程分别为 2 课时、2 课时和 1 课时[①]；而在 20 世纪 60 年代初，这三个年级所涉及的古典语言课程分别为 3 课时、3 课时和 2 课时。与之形成对比的是，公学对现代课程的重视程度与日俱增，尤其是国家课程体系的颁布以及中等普通教育证书考试的深入，促使公学在课程设置上更注重与国家课程的结合。国家课程中所要求开设的课程，比如英语、数学、生物、化学、物理、历史、地理、现代语言、音乐、艺术等，都已成为公学的常规课程。这样的衔接使得公学不至于脱离公立教育太远，也能够确保公学学生自如应对普通中等教育证书考试等。

第二节　英国文法中学和公学的发展特征

在两党制的政治体制下，英国文法中学和公学的发展呈现出独有的发展特征，具体表现在数量上波动变化并趋于稳定，培养目标上专注于精英培养，分

---

① 崔录，李波.国外中学教育概况 [M].北京：光明日报出版社，1987：416.

流选拔上坚持学术标准，课程设置的高阶性以及办学条件的优越性。整体来看，英国文法学校的发展深受英国政党制度的影响，而英国公学的发展是自下而上的，是英国公学内部主动寻求变革的结果。

一、数量上波动变化并趋于稳定

英国文法中学的数量在 20 世纪五六十年代达到峰值。据统计，1947 年，英国共有 1200 所文法中学；1956 年，其数量增加到了 1357 所。另据《克劳瑟报告》（Crowther Report）的统计，至 1958 年，文法中学（包括政府直接拨款的文法中学）共有 1414 所，学生 681976 人；现代中学（包括选择性的中心学校和中间学校）3890 所，学生 150 万人；技术中学 79 所，学生 95194 人。[①] 从入学人数来看，二战后初期入读文法中学的学生约为 20%，而 1965 年这一比例增加到了 25%。[②] 随着英国教育民主化进程不断加快以及综合学校运动的深入，英国文法中学被大量废除。1960 年，英国文法中学共有 1248 所；1974 年，文法中学的数量锐减为 675 所。[③]20 世纪 80 年代，威尔士的所有文法中学和英格兰的大部分文法中学或关闭或转型。2006 年以来，除了应对人口膨胀而完全采用选择性考试的地区如白金汉郡和肯特郡之外，英国并没有设立新的文法中学。目前，整个英格兰地区保留下来的文法中学为 164 所。在这 164 所学校中，仅有少数的学校保留了三轨制下的文法中学样态。

当下，公学以独立学校（即私立学校）的身份继续发展着。英国独立学校的来源有以下 4 种：一是直接资助文法中学转制而来的 119 所学校；二是传统的公学；三是一些教会和捐助学校；四是一些新开办的学校，比如城市技术中学等。无论来源于哪一种类型的学校，其都具有私立学校的性质，不直接接受英国政府的财政拨款。毋庸置疑，公学是独立学校的中坚力量，在某种意义上代表着独立学校的教育质量和名声。目前，英国独立学校发展较为稳定。统计

① 卡扎米亚斯，马西亚拉斯.教育的传统与变革[M].福建师范大学教育系，等，合译.北京：文化教育出版社，1981：86.
② 王承绪.英国教育[M].长春：吉林教育出版社，2000：370.
③ King R.School and College：Studies of Post-sixteen Education[M].London：Routledge & Kegan，1976：20.

表明，2003—2014 年，英国独立学校的数量占中学总数量的比重从 2003 年的 8.48% 波动上升到 2014 年的 9.90%（见表 3-2）。

表 3-2　2003—2014 年英国独立学校数量及占比变化

年份	独立学校数量 / 所	学校总数量 / 所	独立学校占比 /%
2003	2160	25472	8.48
2004	2302	25543	9.01
2005	2250	25335	8.88
2006	2261	25179	8.98
2007	2284	25018	9.13
2008	2327	24882	9.35
2009	2356	24737	9.52
2010	2376	24616	9.65
2011	2415	24507	9.85
2012	2420	24372	9.93
2013	2413	24328	9.92
2014	2411	24347	9.90

注：这一统计数据包括英国基础教育阶段所有的独立学校，中等教育范畴的独立学校或公学数量定然小于表格中所引用的统计数据。

数据来源：英国教育部官网。

二、培养目标上专注于精英培养

英国文法中学和公学都旨在培养精英人才。检视英国文法学校和公学的办学精神与目标，可以看到，两者都对英才发展提出了具体要求（见表 3-3）。比如，圣迈克尔天主教文法学校的主要目标是培养负责任和忠诚的天主教公民，旨在鼓励学生在特定的天主教环境中达到学术成就、社会责任和个人发展的最高标准。

英国文法中学和公学的精英培养质量如何呢？衡量教育质量的标准很多，包括短期标准和长期标准。短期标准中最能体现教育质量的便是学生各方面的学业成绩，长期标准中则当数学校所培养的优秀人才的数量和质量。无论从哪一方面来看，都可以得出结论：英国文法学校和公学的确是英国优质教育的主要提供者。

表3-3　英国部分文法学校和公学的人才培养目标简介

学校	人才培养目标
汤布里奇文法学校（Tonbridge Grammar School）	自我激励，思想开放，积极参与学习；具有自我意识、适应性和创造性；尊重和体贴；勇敢而光荣（勇敢面对挑战，诚信行事）
圣迈克尔天主教文法学校（St Michael's Catholic Grammar School）	培养负责任和忠诚的天主教公民，旨在鼓励学生在特定的天主教环境中达到学术成就、社会责任和个人发展的最高标准
爱德华六世国王坎普山男校（King Edward Ⅵ Camp Hill School for Boys）	通过一个对社会负责的课程来教育所有学生，让学生拥有成功的成人生活，为他们的社区作出积极贡献，能够表达知情的意见，思想开放，并尊重各种观点；学生有权思考世界问题，形成道德判断，有机会发挥领导力，并认识到他们可以为社区和更广阔的世界带来不同
威斯敏斯特公学（Westminster School）	完全致力于发展每个学生的道德、情感，促进学生的身体和精神健康，帮助学生共同致力于追求卓越、批判性参与和道德行动
蓝星学院（Lancing College）	为13—18岁的男孩和女孩提供教育，激发他们追求卓越的意愿，使他们能够发展独立探索的思维并充分发挥他们的学术潜力

　　第一，从短期来看，21世纪以来，英国文法学校和公学所培养的学生在全国性的考试中成绩远超其他学校。英国独立学校委员会对2015年13岁考试成绩的统计显示，独立学校学生在A-level考试中取得A⁺的为18.5%，而全国为8.2%；30.8%的学生获得A，而全国为平均比例17.7%[①]。举例来说，2014年，伊顿公学学生A-level成绩达到B以上的比例为97%，其中83%获得了A以上，43%获得了A⁺。在参加大学预科考试的学生中，伊顿公学86%的学生获得了第三等级及以上（相当于A-level中取得A成绩），57%的学生获得第二等级及以上（相当于A-level中取得A⁺成绩），23.4%的学生获得了最高的第一等级（比A-level中取得A⁺成绩还要高）。[②]第二，从长期标准来看，英国社会各界精英人才绝大部分来自英国文法学校和公学。1880年以来，有60%以上的内阁大臣受过公学教育，其中仅毕业于伊顿公学的就占34.7%；在90%上过公学的大贵族中，约有75%上过伊顿或哈罗；在71%上过公学的上层文官中，48%上过伊顿或哈罗；在所有的外交官中，有67%是伊顿公学的毕业生。[③]一项来自

---

① Independent Schools Council.Year 13 exam results 2015 summary[EB/OL].（2015-12-16）[2021-12-25]. http://www.isc.co.uk/media/2907/2015_examresults_infographic_year13_isc.pdf.

② 伊顿公学允许学生用大学预科成绩代替A-level成绩。

③ Harold P.The recruitment of elites in British society since 1800[J].Journal of Social History，1978（2）：222-234.

"社会流动性和儿童贫困委员会"（Commission on Social Mobility and Child Poverty Commission）的调查表明，英国法官中有 71% 就读于独立学校，其中 14% 来自 5 所知名独立学校（伊顿公学、威斯敏斯特公学、拉德利公学、查特豪斯公学和圣保罗公学）；高级武装部队官员中，大部分来自独立学校和文法中学，比例分别为 62% 和 30%；在电视、电影和音乐产业，前 100 位最富有的人（在英国出生）中有 44% 来自独立学校，28% 就读于文法中学。[①]

三、分流选拔上坚持学术性标准

虽然英国已经废除全国性的 11 岁考试，但是文法中学和公学仍然坚持学术选拔性。当前，英国文法中学和公学的入学选拔有三次，分别是 11 岁、13 岁和 16 岁选拔。

第一次选拔：通过 11 岁统一入学考试或各公学单独的招生考试就读公学。考试科目包括英语、数学、自然科学、法语、拉丁语、历史、地理、宗教等。这是一种较为普遍的方式，但申请和参加考试之前需要注册登记，注册登记的年龄一般不超过 10 岁半。比如，赖盖特文法学校（Reigate Grammar School）的 11 岁入学考试中，笔试考 3 门，分别是数学、英语和推理测试（语言和非语言），数学、英语考试分为客观题考试和学科论文两部分，推理事实上就是智商测试。[②]

第二次选拔：通过 13 岁考试入学。比如，赖盖特文法学校的 13 岁入学考试也包括数学、英语和推理，数学的考试内容分为算数和非算数两张试卷，英语主要考查写作，推理考查智力。

第三次选拔：通过 16 岁考试入学，俗称第六学级考试。第六学级考试是针对那些期望就读大学的中学生设置的学术性选拔考试，只有通过第六学级考试才能接受大学预科的课程教学。第六学级考试既面向本校学生，也允许外校学

① Elitist Britain? [EB/OL].（2014-08-28）[2021-12-25].https：//www.gov.uk/government/uploads/system/ uploads/attachment_data/file/347915/Elitist_Britain_-_Final.pdf.

② Reigate Grammar School. Entry at 11+ for entry in September 2022[EB/OL]. [2021-12-25].https：//www. reigategrammar.org/admissions/entry-at-11/.

生申请，且每年都会有一定学额分配给校外考生。[①]

除了笔试，英国文法中学和公学还会审查学生先前就读学校所提供的评估报告（包括学业成绩、学术能力、思维方式等方面），并且组织学生进行面试。考试委员会组织相关教师与申请者进行一对一友好聊天，旨在考察申请者的兴趣爱好、思维品质、语言能力等。综上可见，改革后的公学招生方式更多样化和复杂化。

四、课程设置上趋于学术高阶性

虽然英国也出台了基础教育阶段的国家课程标准，但是英国文法中学和公学在课程设置上有一定的自由和权限，并且总体来看都注重学术性和高阶性。

文法中学和公学的课程设置都经历了历史变化。早期的文法中学和公学都侧重古典文法课程，包括拉丁语、希腊语、神学、哲学等。随着教育和课程改革的不断推进，文法中学和公学的课程不断世俗化，古典课程比重逐渐压缩，而现代自然科学、社会学、经济学、信息技术等课程的比重不断增加。就公学而言，20 世纪 60 年代，克拉伦敦委员会就指出，公学课程需要增加现代语言、地理、历史、英语文学和科学等；科学应分为物理、自然史等科目。[②]二战后，文法中学设置 A-level 等考试课程，注重课程的选拔性和竞争性。经历了公学革命，公学的课程设置体现出以下几个特点。第一，依然保留古典课程和宗教课程，但课程比例不断被压缩，比如拉格比公学设置了拉丁语、古典音乐戏剧、神学等古典课程。[③]第二，课程体现出全面性和灵活性等特征。除了古典课程和宗教课程外，公学增加了科学课程（科学、信息技术、个人社会与健康教育等）、国际课程（政治与国际关系研究等）、人文课程（历史、音乐、戏剧研究等）。第三，公学课程与英国公立学校普通教育证书考试相衔接，引进 A-level 考试课程，主要包括文科、商科、经济、语言、数学、理科、法律、音乐等 70 多门课

---

① Eton College Admissions Booklet 2015–2016[EB/OL].[2021–12–25].http：//www.etoncollege.com/userfiles/files/Eton%20College%20Admissions%20Booklet%202015%20–%202016.pdf.
② 褚琳 .19 世纪中叶至 20 世纪初英国公学的发展研究 [D]. 天津：天津师范大学，2019：26.
③ 武计苓 . 保守与渐进：二战后英国公学改革研究 [D]. 上海：华东师范大学，2017：70.

程。引进普通教育证书考试课程直接加快了公学课程的学术化进程，但也引来一定的批评。批评者认为，考试课程的引入使得公学课程"缩水"，有些学校为了追求考试高分而引导学生选择更容易的科目学习，由此降低了公学的质量与品位。有鉴于此，一些公学开始自主探索课程和考试制度。比如2008年，温切斯特公学研发了大学预科考试（Pre-U）及其相关课程，至2012年已发展三维设计、计算机研究、心理学、宗教研究、雕塑、各类语言在内的49门学科。[①]绝大多数的公学引进了国际文凭组织所开发的IB课程，侧重于培养学生的高阶思维能力和研究能力。第四，公学极其重视体育课程。体育课程课时数与其他文化课不相上下，设置体育必修和选修课程。比如伊顿公学开设了赛艇等水上运动、足球等球类运动，开发了独具特色的打猎、马术、登山户外运动等。体育运动不仅锻炼了公学学生的体能，更重要的是通过体育课程能潜移默化地培养学生的竞争、合作意识以及勇敢、坚强等精神品质。第五，开设独具特色的活动课程。比如，哈罗公学开发了"超级课程"（the super-curriculum）以培养学生良好学习习惯，锻炼学生的研究能力、沟通表达能力、辩论技巧、随机应变能力以及批判性思维等。"超级课程"别开生面地开设了个性化阅读、项目工作、辩论、公共演讲、研究竞赛、讲座、学术沙龙等活动课程。[②]

五、办学条件上具有一定优越性

英国保留下来的文法中学和公学的办学条件相对优越，具体表现为师资、校园环境以及教学设备等方面，尤其体现在师资上。公学的师生比要显著小于其他公立学校。据统计，2007年，独立学校（公学）的师生比一般为1：9，而公立学校的师生比达到1：16.5。[③]另外，公学教师的学历明显要优于公立学校。比如，伊顿公学教务委员会12名成员中，4人拥有博士学位，7人为硕士，仅1人为学士。[④]较早时期的统计资料（*Prospectus of Eton College，2001/2002*）

① 武计苓.保守与渐进：二战后英国公学改革研究[D].上海：华东师范大学，2017：55.
② 武计苓.保守与渐进：二战后英国公学改革研究[D].上海：华东师范大学，2017：56.
③ Ryan C，Sibieta L.Private schooling in the UK and Australia[J].Institute of Fiscal Studies，2010：6-7.
④ Eton College.Report and financial statements for the year ended 31 August 2014[EB/OL].（2015-07-31）[2021-12-25].https：//www.cam.ac.uk/system/files/annual_report_2015.pdf.

表明，伊顿公学 155 名教师中，拥有博士学位的为 27 人，占 17.4%，拥有硕士学位的为 68 人，占 43.9%，且许多教师拥有双学位甚至三学位。此外，伊顿公学的 14 名教辅人员中，有 5 名硕士和 4 名学士。其聘请的 15 名兼职教师中，有 2 名硕士和 6 名学士。教师群体拥有如此高比例的硕博士学位，这是绝大部分公立学校无法比拟的。

此外，文法中学和公学一般拥有宜人的校园环境，由于大部分文法中学和公学历史悠久，保留下来的古代建筑本身就是一种历史文化的传承。在充满历史文化厚重感的校园中学习，对学子而言是一种恩赐。当今的文法中学和公学还拥有先进的教学设备、藏书丰富的图书馆。譬如，哈罗公学的综合图书馆拥有 2.6 万册学术图书和参考图书，其中有一些古老和罕见的图书，以及大量的杂志和报纸，同时还有许多录像带、CD 等。此外，各专业均有自己的专业图书室，并建立了计算机数据库，与公共图书馆联网。[①] 再如，伊顿公学的学舍内为每一位学生配备了独立的学习空间。

第三节　英国文法中学和公学制度的学理争论

在一项针对"重新开办文法中学"的态度调查中，51% 英国民众表示"支持"，25% 表示"强烈支持"；较工党支持者而言，保守党、自由民主党、英国独立党的支持者更倾向于支持设立文法中学（前三个党派支持的比例分别为 64%、60%、60%，而工党支持者中仅 44% 在这一问题上持支持态度）。此外，尚有相当一部分民众对于新办文法中学持观望和反对态度。[②] 公学制度在英国历史上曾饱受争议，焦点主要是"教育公平""精英主义""分流选拔""教育质量"等四个方面。

---

① 祝怀新．英国基础教育 [M]. 广州：广东教育出版社，2004：137.

② 数据来源：ComRes.MIP Grammar Schools Poll[EB/OL].[2021-12-25].http：//www.ngsa.org.uk/downloads/MIP_Grammar_Schools_Survey_April_2015.pdf.

一、教育公平亟待推进

文法中学是否有助于社会流动？来自"英国文法中学联盟"的调查（见表3-4）表明，英国民众中，48%的人认为"文法中学有助于社会流动，为社会不利阶层提供成功的机会"，13%的民众认为"文法中学有害于社会流动，仅仅有助于那些社会特权阶层"，另有18%的民众认为"文法中学对社会流动既无好处，也无坏处"。不同政党对"文法中学有助于社会流动，为社会不利阶层提供成功的机会"这一观点的支持度，从高到低依次为保守党（64%）、英国独立党（58%）、自由民主党（52%）、工党（41%）。由此可知，英国社会总体上认可文法中学在促进社会流动方面的积极作用的，但仍然有相当一部分民众（尤其是工党支持者）持否定态度。

表3-4 英国民众对"文法中学是否有助于社会流动"的看法统计

单位：%

观点态度	保守党	工党	自由民主党	英国独立党
文法中学有助于社会流动，为社会不利阶层提供成功的机会	64	41	52	58
文法中学对社会流动既无好处，也无坏处	16	19	19	16
文法中学有害于社会流动，仅仅有助于那些社会特权阶层	6	20	12	11
不知道	15	20	18	15

数据来源：ComRes.MIP Grammar Schools Poll[EB/OL].[2021-12-25].http://www.ngsa.org.uk/downloads/MIP_Grammar_Schools_Survey_April_2015.pdf.

在支持者看来，文法中学为那些来自低收入家庭的学生摆脱贫困和获得不用付费的高质量教育提供了机会，比其他社会机构更有助于促进社会流动。反对者的典型观点为，文法中学制造对立的社会，意味着固化社会阶层之间的流动，并且进入文法中学就读的学生，其家庭背景绝大部分是中产阶层。2013年，萨顿信托（Sutton Trust）的一份调查报告指出，文法中学被富裕家庭的学生所垄断，就读文法中学的学生中仅2.7%的学生能享受免费午餐。英国教育标准局主席威尔肖爵士（M. Wilshaw）指出，文法中学在促进社会流动方面是失败的，文法中学"塞满"了中产阶层的孩子，已经无法促进社会流动。[①] 此外，有研究表明，英国社会流动渐趋缓慢，重新创办更多的文法中学只是意味着拥有更多的知名机构以"安置中产阶层的孩子"，因为文法中学注重学术，而这往往有利于中产阶层的学生。[②]

教育公平向来是有关公学存废的核心问题之一。主张废除公学的人士认为，公学中主要有性别、不同社会阶层受教育机会、教育资源配置等方面的不公平。首先，性别不公平。公学建立之初便是以招收男生为主。公学革命之后，公学中女生的比例有所上升，也出现了只招收女生的公学，但整体上公学依然是男生的天下，女生依然是公学中的弱势群体。另外，公学中女教师占比较低。其次，不同社会阶层受教育机会不公平。从公学的产生来看，它本身带有等级性和排外性——就是一种为上层社会服务的学校类型。在教育民主化的不断演进以及公学自身对民主化的不断回应中，当代公学的等级性和排外性有所削弱。但从根本上看，它不过是将排外的标准从阶级、财富转向了智力。进而言之，公学美其名曰以智力、才能选拔学生，实则智力、才能依然取决于家庭背景（见表3-5）。因为公学的私立性质意味着能支付得起昂贵学费的唯有那些上层社会家庭。近年来，公学采取了一些改进措施，比如减免学费和奖学金等，但面向的只是少数学生，纠偏效果并不明显。

最后，教育资源配置不公平。从硬件上看，公学凭借充足的资金，配备了精良的实验室、现代化设备和体育设施等。从软件上看，公学的师生比小于普通公立学校。据独立学校信息社1984年的统计，英国校长会议（HMC）学校的师生比为1：2，普通公立学校为1：16.2。在第六学级，公学实行一对一的导师制，普通公立学校根本做不到这一点。公学的维护者坚持认为，如果人们承认公学曾经为社会作出过贡献因而应当保留的话，那么某种类型的"隔离"是不

① Cassidy S.Grammar school is no better for pupils than a comprehensive [EB/OL]. （2014-11-21）[2020-12-27]. http : //www.independent.co.uk/news/education/education-news/grammar-school-is-no-better-for-pupils-than-a-comprehensive-9873886.html.

② Stone L.Do away with grammar schools : They won't fix our broken education system[EB/OL]. （2013-01-18）[2020-12-27].http : //www.telegraph.co.uk/education/educationopinion/10524956/Do-away-with-grammar-schools-they-wont-fix-our-broken-education-system.html.

可避免的，只要这种隔离是基于智力而非财富，就是可以接受的。[①]

表3-5　4所公学不同家庭背景的学生数

单位：人

学校	入学年份	家庭背景								总计
		社会下层	社会中层	专门职业者	教士	军官	乡绅	贵族	其他	
哈罗公学	1801—1810	0	2	24	28	24	215	128	242	663
	1811—1820	0	2	25	43	23	269	146	227	735
	1821—1830	0	0	32	54	35	211	107	153	592
	1831—1840	0	0	39	62	28	210	117	119	575
	1841—1850	0	14	50	120	46	265	143	123	761
拉格比公学	1801—1810	0	38	12	94	17	190	22	61	434
	1811—1820	0	29	12	115	38	396	56	136	782
	1821—1830	0	17	13	116	18	240	24	92	520
	1831—1840	0	11	12	154	29	494	59	129	888
	1841—1850	0	14	13	246	97	822	90	171	1453
圣保罗公学	1801—1810	63	134	52	14	1	38	0	82	384
	1811—1820	55	117	99	19	8	36	2	22	358
	1821—1830	29	90	75	41	12	20	2	10	279
	1831—1840	26	55	101	46	8	22	0	9	267
	1841—1850	18	42	99	51	3	15	1	11	240
伊顿公学	1801—1810	0	15	54	42	10	305	226	390	1042
	1811—1820	0	3	55	29	7	308	245	579	1226
	1821—1830	2	6	55	38	25	376	283	612	1397
	1831—1840	0	7	81	44	27	389	232	536	1316
	1841—1850	0	4	84	77	32	430	330	709	1666

数据来源：Bamford T W.Public schools and social class 1801-1850[J].The British Journal of Sociology，1961（3）：224-225.

二、精英主义必要与否

在批判文法中学和公学的若干理由中，"文法中学和公学带有精英主义取向"是关键性的一点。

---

① 原青林.揭示英才教育的秘诀：英国公学研究[M].哈尔滨：黑龙江人民出版社，2005：287.

　　支持文法中学者认为，理论与实践均表明文法中学坚持精英主义是合理的。从理论上看，任何一个社会都需要精英人才，文法中学的存在为精英人才的成长和成才提供了最佳的通道和可能性。从人的多样性来看，学术才能超群的学生客观存在，为什么不能为这些学生的发展提供一个恰当的平台呢？从实践上看，文法中学实施精英主义的效果是极佳的，文法中学提供的精英教育满足了社会对人才数量和质量的需求，尤其是在一些特别行业的人才培养方面有着显著的成就。

　　反对文法中学者主要从社会平等的角度质疑和批判文法中学的精英主义取向，认为文法中学在一定程度上致使社会阶层固化。有评论者直接指出，进入文法中学的这些学生，不是因为能力突出，而是因为家庭带给他的财富、权力、地位等帮助他成为一名潜在精英。

　　英国公学的定位便是培养精英，这是全世界所公认的。支持者认为英国公学的精英教育十分成功，集中表现在三个方面。

　　第一，公学是英国社会精英人才培养的摇篮。英国从 1721 年的第一任首相至 20 世纪 80 年代的 50 位首相中，有 33 位曾就读于九大公学，占总数的 67.3%。在滑铁卢战役中指挥英、普联军击败拿破仑而享誉青史的陆军将军、首相威灵顿公爵（1st Duck of Wellington）毕业于伊顿公学，二战期间的著名将军蒙哥马利（V. Montgomery）毕业于圣保罗公学，而丘吉尔毕业于哈罗公学。1987 年，英国首相撒切尔夫人的政府内阁中共有 22 位成员，其中 17 位曾就读于公学，占总数的 77%。当今英国王位继承人威廉王子毕业于伊顿公学，其父查尔斯王子及祖父菲利普亲王是 20 世纪崛起的戈登斯托恩公学（Gordonstaun School）的毕业生。公学不只是培养政治领袖，在《英国名人辞典》所列的 18 世纪名人中，属于学术文化名人的约有 22% 毕业于九大公学；在 1950 年出版的《作家介绍》中，属于文化天才者约有 2500 人，其中 490 人毕业于九大公学，843 人毕业于其他 51 所公学。也就是说，在当时健在的英国作家中，入读公学者约占 49%，如果不把苏格兰和爱尔兰计算在内，比例可上升为 66%。[①] 有学者感叹："历史上的英国精英教育模式培养了大量的世界领袖人物，为'日不落帝国'培

---

① 原青林. 揭示英才教育的秘诀：英国公学研究 [M]. 哈尔滨：黑龙江人民出版社，2005：80–81.

养了大量的管理者，也为社会和家庭培养了大量优雅的'绅士'。……英国出产的具有强烈责任感的'绅士精神'，赢得了全世界的尊重。"①

第二，英国精英教育的成就不仅体现在其培养出来的领袖人才数量众多，而且还体现在所培养的人才质量优异，英国精英人才身上所凝聚的责任感、沉稳、谦逊、礼貌、绅士风度、灵活应变等特有气质是精英教育的真正硕果。②这与英国公学注重培养精英的内在结构是息息相关的。概言之，公学从体能训练、礼仪风度的养成、性格陶冶、学术培养四方面开展精英教育。在体能训练方面，公学注重体育运动，体育项目多种多样、设施齐全，坚持进行每天一次的、以宿舍为单位的体育比赛和经常性的校际体育比赛，从而培养学生敢于拼搏、公平竞争、团结协作、荣辱与共的精神。在礼仪风度的养成方面，通过古典课程和宗教课程进行道德熏陶，在课外活动中进行礼仪和才能训练，使学生养成所谓上流社会必须具有的风度，他们的一举一动都适度有节，精力充沛而不鲁莽，感情丰富而不轻浮，任何时候都能以从容、谦恭和富有理性的形象示人。③在性格陶冶方面，公学的一切教学活动安排归根结底都是为培养学生性格的目的服务的。吃苦耐劳意志、公平竞争意识和集体合作精神都是学生性格的组成部分，其中的核心因素则是学生所持有的优越感和自信心。④诚如英国教育作家奥尔德里奇（T. B. Aldrich）所言，"英国人最自负的是这些公学让他们获得了这样一种品质：管理别人和控制自己的能力；把自由和秩序结合起来的能力；热心公益的精神；充满活力和男子气概的性格；坚定而不盲从舆论的主见；爱好娱乐和注重健身的意识……公学在培养英国绅士性格方面承担了最主要的责任"⑤。在学术培养方面，公学设置了全面而灵活的课程，具有广而精的特点，分为古典课程和现代课程、必修课和选修课、考试科目和非考试科目，并大胆开发新的课程。公学实行严格的学业管理，课程安排井然有序。体现最高学术性的第六级教学是公学的重中之重，而第六级的课程与教学又是围绕普通中学教育证书考试展

① 孔凡琴. 多维视阈下的英国高中教育办学模式研究 [D]. 长春：东北师范大学，2011：120.
② 孔凡琴. 多维视阈下的英国高中教育办学模式研究 [D]. 长春：东北师范大学，2011：120.
③ 原青林. 揭示英才教育的秘诀：英国公学研究 [M]. 哈尔滨：黑龙江人民出版社，2005：87.
④ 原青林. 揭示英才教育的秘诀：英国公学研究 [M]. 哈尔滨：黑龙江人民出版社，2005：87-88.
⑤ 奥尔德里奇. 简明英国教育史 [M]. 诸惠芳，译. 北京：人民教育出版社，1987：113.

开的。凡此种种，确保了公学所培养的精英德才兼备。

第三，英国精英教育模式在世界范围内产生了积极影响。这不仅体现在大量的海外学生涌向英国接受这种精英教育的熏陶，而且表现在许多国家模仿和移植英国的精英教育经验，来发展本国的精英教育（既包括大学教育，也包括中等教育）。[①] "目前，英国的这种培养领袖和各级精英人物的教育模式，已经被美国成功地学了去，成为美国私立学校最耀眼的教育核心精神，并与德国的研究型大学模式结合，成为目前最有影响力的美国私立大学的立校原则，令世界为之倾倒，却又无法模仿。"[②]

反对者认为，英国公学过于秉持精英主义，忽视了普通大众教育。精英教育凭借着悠久的历史传统、卓越的成就、社会上层和政治力量的支持、经济优势等，始终拥有最优质的生源、一流的师资和办学条件，并且最大限度地使其毕业生占据着牛津、剑桥等精英大学的席位。而综合化中学、职业中等教育机构在这些方面（尤其是在优质生源方面）都无法与之竞争，在受抑制的状态下艰难发展，所导致的结果之一便是精英教育与大众教育发展的严重不平衡。因此，在英国既有世界上最好的中等学校，也有质量很差的中学。如果把它们排列起来，就会像一条长长的龙，高耸入云的龙头就是只占整个中等教育约 10%的公学和文法中学（它们都以学术型教育为主），而那长长的龙尾便是约占 90%的大众化教育机构。

三、分流选拔问题重重

11 岁考试曾是英国文法中学选拔学生的最主要方式。20 世纪 40—60 年代是英国三轨制教育体系全盛时期，主要通过全国性的 11 岁考试将学生分到不同轨道的中等教育机构。由于政党更迭以及教育民主化的不断推进等，英国于 1965 年废除了全国性的 11 岁考试，但随后一些文法中学依然采用 11 岁考试选拔心仪的学生，近年来甚至有一部分人认为有必要重新引入全国性的 11 岁考

---

① 孔凡琴 . 多维视阈下的英国高中教育办学模式研究 [D]. 长春：东北师范大学，2011：121.

② 张健柏 . 解读精英教育之一 [EB/OL].（2009—08—08）[2021—12—25].http：//mingchengbb95.blog.163.com/blog/static.

试。11 岁考试的存废争论和实践表明，"一刀切"地废除选拔性考试的做法效果并不佳，小范围内选拔性考试的存在是符合教育发展规律乃至社会需求的，关键的问题是如何让选拔性考试更加的合理和公平。

四、教育质量受到挑战

文法中学是否有助于提高教育质量？英国社会对此历来存在着争议。来自文法中学联盟的一项研究表明，58% 的英国民众认为文法中学有助于提高教育质量。[①] 这项调查反映了英国民间对文法中学的态度，但学术界对这一问题的争论较为激烈。

支持者认为，文法中学是英国优质中等教育的提供者之一，教育质量突出。具体表现为：第一，文法中学学生的学业水平遥遥领先。文法中学联盟 2006 年的统计表明，在 A-level 考试中取得 A 的学生中，一半以上的学生来自英国 164 所文法中学，考试成绩最优异者来自选择性的公立学校。第二，文法中学为优异学生的成长成才创造了良好的环境和氛围。文法中学一般学风优良，以培养学生学术能力为旨趣，课程设计和教学安排以促进优异学生成长成才为目的，学校内部学生间保持良性竞争关系。凡此种种，都是综合中学和其他类型学校所不能比拟的。有研究指出，综合学校所构筑的学校环境不利于提高学术成就，比如，聪明孩子会因为在校表现优异而受到欺凌，为了跟上社会团体的步伐，他们不得不做出一些调整。而文法中学能将有潜能者集中起来，创造一个更易于学习的安全环境。

反对者认为，文法中学在提高教育质量方面的作为十分有限。原因主要在于：第一，文法中学优质教育的保持有赖于严格的学术选拔。换言之，文法中学的学生是被挑选出来的学术能力居优的一部分人，这部分人的起点普遍比综合中学中的大部分学生要高，因此他们理所当然能够在诸如 A-level 考试中取得优异成绩。第二，就整个公立中等教育体系而言，保留了文法中学的地区，总体教育质量不如那些废除了文法中学的地区。有研究比较了那些仍然保留文法中

① ComRes.MIP Grammar Schools Poll [EB/OL].[2021-12-25].http：//www.ngsa.org.uk/downloads/MIP_Grammar_Schools_Survey_April_2015.pdf.

学的地区与那些完全实行综合中学的地区的学生总体的学业成绩水平，结果表明，前者不如后者。因为前者实行的选拔性教育把优秀学生都挑走了，破坏了教育生态，致使那些学业能力低下的学生集中在一所学校，从而在整体上不利于所有学生学业成绩的提高。第三，在文法中学就读的学生与在综合学校就读的聪明学生的学业成绩并没有多大差异。这就表明并不是只有文法中学才能培养聪明学生，才是聪明学生的最佳选择。

第四章

CHAPTER
4

————

美国学术高中制度

美国是当今世界英才教育体系最完备的国家之一，也是英才教育研究的聚集之地。学术高中是美国复杂英才教育体系中的一种安置英才学生的方式和手段。美国不仅有私立的英才高中，在公立教育系统中也存在以考试作为选拔手段的公立学术高中。就目标而言，它们都旨在培养顶尖的学术精英。

第一节　美国学术高中制度的历史嬗变

美国学术高中制度内嵌于美国英才教育制度，由此，从整体上梳理美国英才教育制度的发展脉络就能窥见美国学术高中的发展历史。付艳萍将美国英才教育制度分为四个时期，分别是关注期、摇摆期、稳定期和深化期。[①] 在付艳萍的基础上，本书将美国英才教育制度分为六个发展时期，分别为：早期发展阶段（19世纪末）、平稳发展阶段（20世纪二三十年代）、质的飞跃阶段（二战结束至20世纪60年代初）、摇摆发展阶段（20世纪60年代中期至80年代初）、复兴发展阶段（20世纪80年代中期至20世纪末）以及深化发展阶段（21世纪至今）。

一、早期发展阶段

资优教育在美国最早可追溯到19世纪末。19世纪末的美国基本完成了近代工业化，进入了经济发展的狂飙时期。同时，各种科学技术变革层出不穷，新思想不断涌现。在教育领域，以杜威为代表的进步主义教育思潮逐步成为主流。进步主义教育运动强调开展广泛的教育改革以促进更广泛领域的社会革新。公立学校开始推行一系列的教学改革，比如昆西教学法、有机教育学校、葛雷制等。

---

① 付艳萍. 美国高中资优教育发展研究 [D]. 上海：华东师范大学，2016：47.

在此背景下，美国英才教育的趋势逐渐显现。1861年，美国密苏里州的圣路易斯学校校长哈里斯（W. T. Harris）推出了"加速学习计划"以满足天资优异学生的发展需要。该计划允许学业表现优异的学生跳级，可在一年、一个学期、一个季度或五周的时间内跳到下一年级。但是，该计划没有考虑到天才儿童的社会需求。

随着进步主义教育运动的不断推进，"圣大巴巴拉集中计划""永久分组制"相继被提出。1900年，纽约市首次在学校中推出"速进班"，允许天资卓越和表现优异的学生用两年时间完成三年的课程内容。这标志着专门的英才班级在美国出现了。1901年，马萨诸塞州沃斯特市创办了"预备学校"，对选拔出来的在语文、数学两科有天赋的学生进行特殊教育。这预示着美国第一所英才学校的诞生。与此同时，纽约市创立中学，招收在工艺、机械、数学和科学等方面有特殊才能的男孩，实行特殊教育。1918年，美国中等教育改革委员会颁布了《中等教育基本原则》（*Cardinal Principles of Secondary Education*），强调对中学生实行差异化教育。

综上可见，在早期发展阶段，美国英才教育的形式只是个别地方所开展的教育实验和计划，英才教育的辐射范围和受益群体比较有限，英才教育的课程教学体系也不曾建立。但正是这些实验性的英才教育实践，为美国探索高中阶段英才学校创办积累了最初经验。

二、平稳发展阶段

第一次世界大战对于英国、法国、德国等欧洲大陆的强国而言，代价无疑是巨大的，但对于远离战场的美国来说是崛起的契机。20世纪20年代被美国人称为"咆哮的20年代"，这反映的是美国社会各方面的突飞猛进：经济发展遥遥领先，人民生活水平大幅度提高，教育也空前繁荣。

在此背景下，英才教育在美国也进入了平稳发展期。20世纪20年代，比奈—西蒙量表（Binet-Simon Scale）被应用于英才儿童的鉴定之中。美国斯坦福大学教授特曼（L. M. Terman）在比奈—西蒙量表的基础上开发出了斯坦福—比奈量表（Stanford–Binet Scale）并广泛应用到儿童智力鉴别中。当时使用该量表识别了 1500 多名英才儿童，并对其进行相应的教育干预。量化鉴别工具的研制很大程度上加快了美国英才教育的发展进程。美国联邦政府开始给予资优教育密切的关注。1931 年，美国联邦教育部成立特殊儿童与青少年办公室（Office on Exceptional Children and Youth），主要负责资优生的教育事务。

三、质的飞跃阶段

20 世纪 50 年代至 60 年代中期，美国英才教育取得质的飞跃。这主要表现为英才教育的政策立法有了实质性突破，资优教育结束了以地方教育实验为主的局面。

二战结束之后，美苏争霸成为国际主要格局。在两个阵营的较量中，科学技术的较量最为关键。在此背景下，美国联邦政府愈加重视英才教育。1950 年，美国国会颁布《1950 年国家科学基金会法》（National Science Foundation Act 1950）。该法案的颁布意味着美国联邦政府开始通过立法的形式对英才教育进行干预。[1] 按照该法案的要求，联邦政府创立了国家科学基金会，通过基金的形式对数学和科学等领域的研究提供相关支持。同年，美国教育政策委员会（National Education Association Educational Policy Commission）发布报告《资优教育》（Education of the Gifted Children），批判美国对资优教育缺乏关注的现实损害了资优生的利益，不利于他们的长足发展；建议保守地增加对英才儿童的需求和发展机会的关注，但并不建议将英才儿童安置到特殊班级以及进行能力分组。

1957 年，苏联"斯普特尼克 1 号"卫星上天，激起了美国社会各界对国内教育的强烈批判和深刻反思。美国民众一致认为，以实用主义和杜威教育哲学为指针的传统美国教育在教育质量的提升和科学人才的培养方面的成效是不佳的甚至是失败的。美国派出教育考察团赴苏联进行访问和学习。在总结苏联教育的优势时，教育专家认为苏联从基础教育阶段就注重系统化的、严格的学术训练。有鉴于此，美国社会掀起了一股加强学术的教育运动，结构主义、永恒主义等教育流派纷纷涌现。1958 年，美国出台《1958 年国防教育法》（National

---

① 戴耘，蔡金法. 英才教育在美国 [M]. 杭州：浙江教育出版社，2013：16.

*Defense Education Ac*t），要求注重科学技术教育，增拨大量教育经费，加强对有才能学生的资助；规定每四年用于资优生的指导、咨询、测试与鉴别的经费要达到 1500 万美元；培训大量中小学教师以加强科学、数学和外国语的教学；资助各州开发测试系统进行资优生识别并为其提供特殊的指导咨询和教学服务等。1959 年，科南特发表报告《今日美国中学》（*The American High School Today*），即《科南特报告》，指出学校应为占全体学生 15%~20% 的学术资优生开设高难度的数学、自然科学和外国语课程，使他们的才能得到更好的发展，特别要对占学生总数 3% 的具有极高天赋的学生予以特殊安排。

从英才教育实施的角度看，该时期美国英才教育政策从小学扩展到了中学。1941 年，美国全国教育联合会发表了一份公报，指出应当为初中和高中优秀学生提供教育设施。代表性的研究著作有萨普逊（E. Sampson）的《3000 天才儿童》和赫斯（L. Si-Co）、科莱尔（G. Coler）合著的《教育优秀学生》。

美国还针对英才教育设立了专门的服务机构。1954 年，美国成立了天才儿童协会（National Association for Gifted Children，NAGC），开展有关英才及其教育的相关研究。1958 年，美国教育研究协会（American Educational Research Association，NSSE）出版了第三部关于天才教育的年鉴。20 世纪 50 年代至 60 年代，美国出版的天才教育相关图书，数量大约为 40 年代的 20 倍。[①]

四、摇摆发展阶段

1965—1982 年，美国在英才教育的政策上反映出一定的摇摆特征。一方面，美国在政策层面对英才教育给予了热切的关注；另一方面，在实际操作层面英才教育受到一定的阻碍。

首先，国家政策层面对英才教育的热切关注从未间断。1965 年 4 月，联邦政府正式颁布了《初等和中等教育法案》（*Elementary and Secondary Education Act*）。根据该法案，联邦政府对来自贫困家庭、不同种族、英语水平有限的英才儿童提供资金支持，努力推进英才教育在弱势群体中的发展。该法案对美国

---

① S. 斯坦塞. 美国的英才教育 [J]. 国外社会科学，1986（3）：43–44.

教育影响深远，推进了美国教育的民主化进程，使教育公平、机会均等的概念植入民众心中。1965 年 11 月，美国联邦政府签署了《高等教育法案》（*High Education Act*），提出成立全国教师团以补充资优教育师资力量。全国教师团由一批有经验的优秀教师和年轻大学生组成，团队成员被派往师资紧缺的城市及农村的中小学去执教。这在一定程度上有助于发掘更多具有接受高等教育潜力的英才学生，并为他们提供特殊的教育机会。1969 年，美国联邦政府的多位议员共同向众议院提交《资优生教育援助法》（*The Gifted and Talented Children Education Assistance Act*）提案。该法案得以通过并被纳入《1969 年初等和中等教育修正案》（*The Elementary and Secondary Education Amendments of 1969*）的"资优生教育"条款。其从三个方面对英才教育提出了建议：①州级政府官员要接受有关英才教育的特殊培训，而且从事英才教育的教师也有权接受《初等和中等教育法案》以及《高等教育法案》对教师研究项目的支持和帮助；②各州要努力开发一些有关英才教育的创新型教育培养计划；③联邦政府责令教育部部长就英才儿童的现状开展全国性调查[①]。1972 年，时任教育部部长马兰（S. P. Marland）递交了资优生教育现状评估报告——《马兰报告》（*Marland Report*）。该报告认为："资优生是那些被专业人士鉴定为具有高水平表现的儿童。这些儿童在一般智力、特殊学术倾向、创造性思维、领导能力、视觉或表演艺术、心理运动能力等六个领域中的个别或全部领域表现优异或具有潜力"；"资优生在接受常规学校教学项目之外，需要接受差别性的教育项目，进而实现自我发展以及对社会作出贡献"；"不同文化、种族和社会经济背景下都会产生资优生"。该报告还指出，全美只有 4% 的资优生接受了适合其能力水平的教育，而大部分资优生的教育需求被忽视。该报告引发了公众对资优生教育需求的关注。1974 年，时任总统福特（G. R. Ford）通过《1974 年初等和中等教育修正案》（*The Elementary and Secondary Education Amendments of 1974*），提出要实施"特殊教

---

① 该调查涉及的具体内容有：当前提供给英才儿童的特殊教育项目能否满足英才儿童的需求；联邦政府实施的哪种教育项目能够满足英才儿童的需求；联邦政府实施的教育项目对满足英才儿童的需求能起到多大的作用；开发何种新的英才教育培养项目能更好地满足英才儿童的需求；等等。该调查搜集到的资料直接推动了《马兰报告》的出台。

育计划"，为各州及地方教育机构开展资优教育项目提供资金支持，并资助资优教育领域的培训、研究及项目建设。在该法案的推动下，教育部成立了资优生办公室（the Office of the Gifted and Talented）该法案获得广大资优教育工作者与资优生父母对资优教育的广泛支持，带动了美国资优教育取得突破性发展。1978 年，联邦政府颁布《1978 年初等和中等教育修正案》（*The Elementary and Secondary Education Amendments of 1978*）①，提出为资优生提供独立的教育项目，并为各州规划、开发、实施与改造资优生教育项目提供财政支持；同时，呼吁各地教育部门积极开展资优生的识别工作，跟踪记录资优生的教育情况。

与此同时，美国政府和社会领域对公平的追求与倡议在一定程度上阻碍了英才教育的实施进程。20 世纪 60 年代是美国历史上的一个动荡年代，追求平等是重要的时代特征。60 年代中期，受民权运动和女权运动的影响，美国国内追求教育公平的呼声日益高涨，少数民族争取平等教育权益的运动此起彼伏。联邦政府对待资优教育的态度出现一定的逆转。联邦政府颁布的《1964 年民权法案》（*Civil Right Act of 1964*）明确规定，在就业与教育领域禁止以种族、肤色、宗教、民族以及性别为由的歧视，实施"人人教育机会均等"的"肯定性行动"，并投入 13 亿美元用于这些学生的教育。虽然《1964 年民权法案》也提及为资优生提供补充性教育，但并没有付诸实践。联邦政府对弱势群体教育机会的关注，一定程度上阻碍了资优教育的发展。在追求平等的社会浪潮中，《1958 年国防教育法》中提出的一系列资优教育支持计划和项目没过几年就被迫中断，有些项目则被纳入普通教育的轨道中。1981 年，里根（R. W. Reagan）总统签署的《综合预算协调法》（*Omnibus Budget Reconciliation Act of 1981*）提出缩减教育财政投入；与此同时，《1978 年资优生教育法》被废止。1982—1984 年，美国联邦政府终止了所有对资优教育的政策与财政支持，资优生办公室也被迫关闭。

综上可见，20 世纪 60 年代末到 80 年代初，美国联邦政府在资优教育政策上具有一定的摇摆特征。整个美国教育在追求公平与卓越之间来回摇摆。一方

---

① 《1978 年资优生教育法》（*Gifted and Talented Children's Education Act of 1978*）是该法案的条款之一。它对《马兰报告》中的定义进行修正，删除"心理运动技能"，将资优表现的范围缩小为一般智力、创造力、特殊学科领域、领导能力、视觉和表现艺术等 5 个领域。

面，在民权运动不断推进的背景下，民众追求教育平等的呼声愈发热烈，教育政策随之也作出了回应；另一方面，美国联邦政府仍然关注英才教育政策对人才培养的作用，在政策上的松动和摇摆之后又会迅速重振英才教育。

五、复兴发展阶段

20 世纪 80 年代至 20 世纪末，美国英才教育迎来了复兴时期。1983 年，美国国家教育卓越委员会（National Commission on Excellence in Education）发布了题为《国家在危机中：教育改革势在必行》（*A National at Risk：The Imperative for Education Reform*）的报告。该报告认为，公平和高质量教育对经济和社会发展有着深远且实际的意义；无论在原则上或实践中，都不应该让一个目标屈从于另一个目标。依据该报告，美国学校应该致力于让所有学生接受严格的学术课程；不同种族、宗教和社会阶层的学生都应该获得心智与精神实现最大限度发展的平等机会与途径。该报告发布后，美国国内掀起了一场追求"教育卓越"的改革运动。同年，卡内基基金会提交了《高中：关于美国中等教育的报告》（*High School：A Report on Secondary Education in America*），指出所有高中都应为资优生提供特殊教育，为资优生创建艺术或科学磁石学校。此外，全美促进经济发展教育工作组（National Task Force on Education for Economic Growth）发布报告《卓越行动：改善全国学校的综合计划》（*Action for Excellence：A Comprehensive Plan to Improve Our National's Schools*），建议各州和地方学校开发或扩大针对学术资优生的教育项目，并为资优生提供严格、丰富和有挑战性的教育活动。1988 年，美国国会通过了《1988 年贾维茨资优生教育法案》（*Jacob K. Javits Gifted and Talented Students Education Act of 1988*）。该法案是美国唯一一部专门推动资优教育发展，且如今仍在发挥法律效力的法案。其启动了"贾维茨资优生教育计划"以满足资优生学习需求，联邦政府则为资优教育研究、教师培训以及示范性教育项目提供财政支持。1990 年，美国成立了全美资优教育研究中心（National Research Centers on the Gifted and Talented，NRCG/T）。1993 年，美国联邦教育部发布题为《国家卓越报告》（*National Excellence：A Case for Developing America's Talent*）的资优教育白皮书，提出改善资优生教育的若干建议，具体包括：建立更有挑战性的课程标准；提供更多有挑战性的学习机会，增加学习灵活性、多样性；增加早期儿童的教育机会；增加在政治、经济和社会中处于不利地位的资优生及少数族裔资优生的学习机会；拓展资优概念，资优表现为多方面天赋才能，包括领导力、创造力、艺术能力等；重视资优教育教师专业发展；提升资优生的国际竞争力；等等。

综上可见，"追求卓越"是 20 世纪八九十年代美国教育发展的主旋律，资优教育重新受到联邦政府的重视。

六、深化发展阶段

进入 21 世纪，美国英才教育走向深化发展阶段。无论是在经费的投入上还是在英才教育的实际指导上都深入推进。2001 年，美国颁布《不让一个孩子掉队法》（*No Child Left Behind Act 2001*，NCLB），这成为英才教育发展的关键节点。该法案延续了对"贾维茨资优生教育计划"项目的支持，配套出台了《2001年贾维茨资优生教育法案》（*Jacob K. Javits Gifted and Talented Students Education Act of 2001*）。NCLB 指出，要通过开展科学研究、采取创新策略及其他活动，提升中小学满足英才儿童教育需求的能力；授权教育部向各州或地方教育机构、私立教育机构等提供资金，支持开展满足英才儿童特殊教育需求的教育项目和活动（培训英才教育教师及其他为英才儿童提供服务的教职人员）；各州教育部门应把提升中小学校规划、实施和改进英才儿童识别与教育项目的能力作为优先事项，且政府资助对象应包括开展英才儿童教育的私立中小学校。在 NCLB 的影响下，联邦政府重视 STEM[①] 教育的一系列政策助推了英才教育发展。2006 年，《提高美国竞争力计划》（*American Competitiveness Initiative*）的颁布显示了美国在数学和科技等领域保持创新力与国际竞争力的实际行动。同年，美国国家科学院发布报告《在风暴中崛起》（*Rising Above the Gathering Storm*）提出加强数学和科学教师的培训，并督促联邦政府投入 30 亿美元用于支持 STEM 学科的发展。2009 年，奥巴马政府颁布文件《力争上游》（*Race to the Top*），明确指出提

---

① STEM，指科学（science）、技术（technology）、工程（engineering）、数学（mathematics）4 门学科。

供财政拨款 43.5 亿美元以鼓励各州进行教育改革，包括扩大对高绩效公立特许学校的支持、重振数学教育和科学教育等。2010 年，联邦政府发布《改革蓝图：重新授权〈初等和中等教育法〉》（*A Blueprint for Reform: The Reauthorization of the Elementary and Secondary Education Act*），明确要求加强英才教育。[①] 该法案提出，为州、学区和非营利性（教育）合作伙伴提供竞争性专项拨款，以增加学生接受加速学习的机会，包括在高中阶段开展大学水平的课程学习以及在小学和初中阶段开设英才教育项目。同时，专项拨款的获得者要提供相关的教育服务，以帮助学生获得更多英才教育机会。该法案还指出，支持各州加强 STEM 教育，提升教师有效开展 STEM 教育教学的技能，特别是在高需求地区实施优质的 STEM 教育。同年，美国国家科学研究委员会发布报告《培养下一代 STEM 创新者：识别并发展国家的人力资源》（*Preparing the Next Generation of STEM Innovators：Identifying and Developing Our Nation's Human Capital*），提出要开展关于 STEM 领域英才学生教育研究；美国科学与技术总统顾问委员会（President's Council of Advisors on Science and Technology）则提出，在未来 10 年增加 1000 所 STEM 学校，包括 200 所高中和 800 所中小学，后又补充指出，到 2020 年，STEM 学科大学毕业生要增加到 100 万人。2013 年，美国共和党与民主党联合提交议案《赋权教师给予资优生帮助法》（"To aid gifted and high-ability learners by empowering nations teachers act，talent act"）。该提案指出，各州应要求地方教育部门扩大英才儿童的比例；帮助学校给予英才儿童更多教育支持；每年比较各地方学校间英才儿童的学业表现。同时，该提案要求，接受学校改进计划拨款的地方教育部门必须开展英才儿童识别工作并满足其学习需求；教育部应继续开展关于英才教育的研究与项目开发活动，建立国家英才儿童研究与宣传中心（National Research and Dissemination Center on the Gifted and Talented），搜集全美英才教育相关信息，建立英才教育数据库；增加英才教育教师专业发展机会，提

---

① 褚宏启.追求卓越：英才教育与国家发展——突破我国英才教育的认识误区与政策障碍 [J].教育研究，2012（11）：28-35，67.

升教师英才教育能力，增加学生选修大学先修课程（AP 课程）[①]、国际文凭大学预料课程（IBDP 课程）中数学、科学和外国语课程的数量等。2014 年，联邦政府出台《综合拨款法》（*2014 Consolidated Appropriations Act*），提出为"贾维茨资优生教育计划"拨款 500 万美元；2015 年，联邦政府在该项目上的拨款达到 1000 万美元。2015 年 12 月，奥巴马签署《让每个学生成功法》（*Every Student Succeed Act*，ESSA）。该法案对 NCLB 作出修正，旨在确保美国教育系统为每个高中毕业生进入大学学习或就业做好准备。这也再次表明了联邦政府对"公平"与"卓越"双重目标的重视。ESSA 延续了对"贾维茨资优生教育计划"的支持，保留了 NCLB 中有关英才教育的政策内容，并提出要进一步提升中小学校教师识别与教育英才儿童的能力，以及利用英才教育服务、资源与教育方法为所有学生服务的能力。

概言之，21 世纪以来美国资优教育的深化发展具体表现为：英才教育经费较为充分；英才教育立法更多元和细致；英才教育管理和服务机构不断增多，职能进一步完善。[②]

第二节　美国学术高中的发展特征

美国学术高中制度可用"分类""专业化""特色化"3 个关键词来概括。"分类"是指美国的学术高中呈现出分类发展的特征，私立学校高中和公立学术高中同步发展。"专业化"是指美国学术高中强调学生的专业化发展，通过 AP 等高级课程来实现学生在某一学科领域的专业发展。"特色化"与"分类"是紧密相关的，高中的分类发展为特色化发展奠基，分类之后的高中至少在培养方向、课

---

① 大学先修课程（advanced placement courses，AP 课程是美国高中和大学的衔接课程），由大学理事会管理，供 11、12 年级优秀学生选修。美国 AP 课程已有半个多世纪的历史，始于 20 世纪 50 年代初，由福特基金会启动。福特基金会资助的教育研究机构在哈佛大学、普林斯顿大学和耶鲁大学等参与下对美国高中教育进行了研究，基于该研究，建议为高中生开设一些大学水平的课程，称为"大学先修课程"。1955 年，美国大学理事会接管该项目，承担了开发课程、组织考试以及培训教师等工作。随后，AP 课程迅速在美国推广。目前，AP 课程已成为美国高中教育的标准项目，全美 2 万多所高中，70% 已开设了 AP 课程。
② 傅松涛，范明丽. 美国天才儿童教育：学习权利社会保障的历史反思与启示 [J]. 比较教育研究，2006（11）：33-39.

程内容等方面都存在极大的差异性，因此更易于办出特色。美国学术高中的"特色化"集中表现在课程内容上，培养理工科人才的 STEM 高中与培养艺术人才的艺术高中在选修课上的差异是显而易见的。

一、学术高中的分类发展

（一）私立学术高中

美国私立教育的产生要远早于公立教育。早在殖民地时期，美国就已形成了较为完备的私立教育体系。即便在公立学校运动中，私立教育受到了一定的冲击，但大体上私立教育仍是美国教育至关重要的组成部分，甚至可以说是美国精英教育的主要阵地。当前，美国已建立完备的私立教育体系，高中阶段的私立教育主要由私立学术高中来提供。美国的私立学术高中分为宗教性质的和非宗教性质的，前者占据绝大部分，后者在美国虽为少部分，但发展势头良好。美国的私立学术高中的良性发展与美国政府的私立教育政策以及非政府层面的积极行动是分不开的。

首先，美国联邦和州政府以政策和法案的形式为私立教育的发展提供良好的服务和指导。具体做法有：①联邦政府教育部专门设立"非公立教育署"（Office of Non-Public Education，ONPE）以服务和指导私立教育。"非公立教育署"的一些日常职责和活动有：对所有影响私立中小学的事项进行指导；对影响私立学校以及师生发展的制度进行复议和指导；确保私立学校的学生和教师都纳入联邦教育部的项目和举措之中；沟通各州和地方教育机构并就私立教育话题进行协商交流。此外，还提供一些扩展性的服务。比如，为私立学校的学生和教师参与联邦教育部出台的项目和举措提供咨询，包括：召集私立学校就一些感兴趣的和关心的话题开展会议研讨；派工作人员在会议上发言；在网页上持续更新联邦教育项目信息以确保私立学校能够及时获取并参与其中；等等。[①] ②推出促进私立教育的相关计划和法案。譬如，20 世纪 90 年代，布什政府在颁布的《美

---

① U.S.Department of Education.Office of Non-Public Education[EB/OL].（2021-06-29）[2021-10-23].http：// www2.ed.gov/about/offices/list/oii/nonpublic/index.html.

国 2000：教育战略》（*America 2000：An Education Strategy*）中强调要实施"教育凭证"计划。该计划将美国的择校运动推向高潮。所谓的教育凭证，是指政府发给家长的代表一定数额现金的证券，作为专门帮助家长为其子女选择学校的费用。家长可根据需要自行在公立、私立以及教会学校之间作出选择。该计划的初衷为提高公立学校的教育质量，盘活整个教育市场，间接上也促进了私立学校的发展。尤其是帮助一些来自社会不利阶层家庭的孩子成功进入私立学校就读。再如，2001 年出台《不让一个孩子掉队》，进一步强调教育市场化，扩大教育的选择权，为私立学校的学生和教师提供一定的帮助等。概言之，政府层面为促进私立教育发展所提供的服务和指导主要包括私立学校的管理、招生办法、教育经费等方面。在私立学校的管理方面，州一级层面出台有针对性的私立教育法，对私立学校的办学标准、审批、课程设置、师资队伍等方面作出规定。譬如，私立学校实行校长管理制；私立学校的审批手续虽然因州而异，但一般手续比较简单，申报者只需达到规定办学条件并到相应教育部门登记注册便可；私立学校的质量监管由六大区教育认证部门加以实施；政府有权检查私立学校的卫生和安全条件。[①] 在招生办法方面，给予私立学校较为自由的招生权限。比如规定私立学校具有跨区招生的资格和权利，这显然有别于许多公立学校的就近入学政策。在教育经费方面，虽然美国私立学校教育经费独立，但联邦政府或州政府也通过种种形式间接资助其发展。譬如，对一些非营利性私立学校实行免税制度；学校的房地产，捐赠给学校的财产、基金以及收益中用于学校发展的，可免税；对私立学校的学生实行奖学金和贷款制度，确保来自社会弱势群体的学生支付得起私立学校高昂的学费。

其次，非政府层面促进私立学校发展的行动主要体现为组建若干私立学校联盟。譬如，全国性的私立学校联盟就有全国独立学校协会（National Association of Independent Schools，NAIS）、寄宿学校协会（the Association of Boarding Schools，TABS）、美国私立教育理事会（Council for American Private Education，CAPE），以及全国天主教教育协会（National Catholic Educational

---

① 杨慧敏. 美国基础教育 [M]. 广州：广东教育出版社，2004：125.

Association，NCEA）等教会学校联盟。各州也成立了各类促进私立学校发展的协会。譬如，在麻省、纽约等州和地区成立了 19 个私立学校协会。以下以全国独立学校协会为例具体说明非政府层面如何促进私立学校的良性发展。成立于 1962 年的全国独立学校协会的主要职责为：发布独立学校的相关研究并分析其发展趋势；管理和指导独立学校的办学；为独立学校及学校董事会领导等提供专业发展的机会。[①] 该协会一切行动以卓越、公平、效率和情感为价值追求和行动原则；每年发布有关独立学校的报告，为独立学校的发展提供建设性的建议和帮助；致力于发展更多的独立学校加入该协会，建构全国性的独立学校沟通网络；等等。

　　私立学术高中能保留至今且发展势头良好，最根本的原因有二：符合美国民众的多样化教育需求尤其是卓越教育需求；教育质量过硬。从其产生来看，私立学校就是为了满足拥有不同宗教信仰的美国民众的教育需求而设立的。早在殖民地时期，不同宗教信仰的群体为了延续本群体的宗教信仰及文化习俗而开办了各类教会学校。目前，教会学校仍然是私立学校中的绝对主体。除此之外，一些面向非宗教群体的私立学校也应运而生，不断壮大着私立学校的队伍。美国私立高中卓越的教育质量对民众有着极大的吸引力。反映教育质量的指标非常多，以下从升学率、校园安全、学术氛围的视角加以阐述。在升学率方面，统计数据显示，2010—2011 年度，305842 名私立高中毕业生中有 64% 升入四年制大学学习[②]，该比例远超公立高中。在校园安全方面，美国私立学术高中学生吸毒、酗酒的现象远少于公立高中。在学术氛围方面，私立学术高中学生修习高级水平课程的人数远超公立高中，且课程更具挑战性。综上可见，宽松的政策氛围、专业的协会组织等为美国私立学术高中的发展创造了良好的外部发展条件；而美国民众多样化的教育需求是私立学术高中发展的原生动力，私立学术高中自身的卓越教育质量是其生存和发展的根本性条件。

---

① NAIS.How does NAIS serve its members?[EB/OL].（2021-09-12）[2021-11-12].http：//www.nais.org/About/Pages/About-NAIS.aspx?src=utility.

② National Center for Education Statistics.Characteristic of private schools in the United States：Results from the 2011-12 Private School Universe Survey[EB/OL].（2013-03-16）[2021-11-12].http：//nces.ed.gov/pubs2013/2013316.pdf.

美国大部分私立学术高中历史悠久，一般由社会知名人士为践行某种教育理念而创办。目前，私立学术高中为 9—12 年级的学生提供严格的学术教育、多样化的体育活动、各种各样的课外活动和领导机会，以培养"全人"（"well rounded" person）为目标。与公立高中相比，私立学术高中还具有以下 10 个典型特征：高升学率；比公立高中更严格的教学；经费充足，开设更多课程，安排更多课外活动，能更好地满足学生的学习需要；班级人数少，师生比低，有助于实施个别化教学；更重视学生的大学升学，聘请专职顾问，协助其升学；营造良好的学习环境，学业优秀的学生受到激励；为大学学习做好充分准备（私立学校的课程难度高，学生更能适应大学学习和生活[1]）；学校规模小，以"袖珍型"居多[2]；大多是 13 年一贯制学校，要在私立学术高中就读很大程度上应从学前班开始就在这些名校就读[3]；学生大多来自富裕家庭等社会上层。[4] 以下以北京大学附属中学一位游学美国顶级私立高中的学生的些许感想来说明美国私立学术高中的日常点滴。

北京大学附属中学学生虞小茜游学美国
顶级私立高中之后的一些感想

……但当我第一次步入 Hotchkiss 的校园时，让我震惊的，不仅是校园可以用"湖光山色，绿荫环绕"这两个词来形容，更是因为，学校里无论是房屋的设计、室内的陈设，还是师生们的一言一行，都处处流露出一种高贵、文明的气质。

更让我感到意外的是 Hotchkiss 学校对于学生学习上的严格要求。

---

[1] 孙昂. 美国私立高中及其招生流程（上）[J]. 少年儿童研究，2015（5）: 30-33.

[2] 以排名进入全美前 20 名的 7 所纽约市私立高中名校为例，毕业生人数最多的霍瑞斯曼学校（Hourace Mann School），每年 180 人，圣三一学校和道尔顿学校 110 人，学院学校、布利尔雷学校、斯宾塞学校、恰平学校更是低至每年各 50 人。7 所学校每年毕业生总共只有 600 余人，比中国的一所高中还少。

[3] 招新生主要在学前班，其他各年级只收插班生。因此，要在名校读高中，需从小学一年级之前的学前班开始"占坑"。

[4] 私立学校学生主要来自高收入家庭。纽约市有 125 万名中小学生，110 万人就读于公立学校，15 万人就读于私立学校，但富裕家庭（年收入 20 万美元以上）有 72% 将孩子送入私立学校。入读私立学校是上层地位的象征。

与国内一样，他们也有严格的排名，甚至还会有一项荣誉专门授予获得学年度学科成绩第一名的学生，并且这位学生的名字将永远被镌刻在墙上木制的学校荣誉榜上。

如果你认为学校只重视学生的学科成绩，就忽视了其他素质的培养，那可是错了。我们一直强调的素质教育，在 Hotchkiss 就如空气一样无处不在。

Hotchkiss 把美国以学生为中心即学分制与选课制的办学模式发展到了极致。学校开设了 223 门难度不一的课程任由学生自己挑选，这样学生在学业上享有最大限度的主动权、自主权，可充分发挥自己的潜力与特长，各层次学生均可按自身条件，各取所需、各得其所。而课后还有许多学习各式各样技能的俱乐部，诸如烹调、音乐、体育、缝纫、摄影、救生、辩论等，供学生体验和发挥。

到了暑假，学校更是会开设各种各样的暑期活动供学生进一步地发掘自己的潜能，我参加的环境科学暑期活动就是其中的一个。而让我大开眼界的是，整个活动期间，我们不止每周听一次音乐会，还要不停地参观各种博物馆、艺术馆、农场、工厂、科研院所等等，真是陶情冶性，获益匪浅。

在 Hotchkiss 的日子里，无论学习多么紧张，也不管野外考察前在森林里已经接受了红军长征般的训练，每天下午一个半小时的体育活动都是雷打不动的。在他们看来，体育活动是促进人与人交往和培养团队精神最有效的方式。体育活动的内容丰富多彩，游泳馆、健身房等场所都向学生开放，也可以在标准化的篮球、排球、壁球馆中打比赛。

开始那段时间，最让我感到无法融入的还是课堂上随时都会发动的讨论。只要老师一声令下，那些美国同学就纷纷举手发言，而我的大脑里却是一片混乱——虽然我懂得很多与讨论话题有关的知识，但就是思维打不开，无法把学过的东西活学活用。[1]

---

[1] 虞小茜 . 我在美国顶级私立高中游学 [J]. 课堂内外·高中版（A版），2006（12）：16–19.

（二）公立学术高中

20 世纪 70 年代中期，美国经济衰退，且这种颓势一直延续到 80 年代。相反，同一时期日本早早走出了经济危机的阴霾并获得了经济的大发展，在许多领域特别是汽车和电器制造领域赶超美国，一度成为世界第二大经济体。对比之下，疲软的美国经济引发了各界的高度关注。在国际性测验中，日本学生也常常将美国学生甩在身后。受此影响，美国政界、经济界乃至教育界人士再一次达成了统一认识：以往和当前培养的人才在数量和质量上均无法满足经济建设和社会发展的要求。1983 年发布的报告《国家处在危机中：教育改革势在必行》（*A Nation at Risk：The Imperative for Educational Reform*）显现了美国对经济疲软和人才缺乏的担忧，建议通过教育改革储备未来国际竞争所需要的各类人才。该报告认为，美国基础教学水平不尽如人意，在 17 岁的美国学生中，只有 1/3 的人能够解出多步计算题，只有 1/5 的人能够写出有说服力的文章。报告不仅标题极具煽动性，正文的措辞也带有强烈的火药味："我们未来受到了威胁。……如果有一个不友好的外国试图将今日这种平庸的教育强加于美国，我们很可能会将之视为战争行为。而事实是，我们竟然允许它发生在我们自己身上。"[1] 这份报告发表以后，美国各州纷纷采取行动，其中之一便是增加公立学术高中的数量。[2]

1. 纽约州的特殊高中制度

目前，纽约州有 9 所特殊高中，这些学校"特殊高中"的身份得到纽约州法律的认可，是纽约州为学术和艺术方面有天赋的学生服务的公立高中。1972 年，纽约通过了《赫克特 - 卡兰德拉法案》（*Hecht-Calandra Bill*），以确保史岱文森高中（Stuyvesant High School）、布朗克斯科学高中（Bronx High School of Science）、布鲁克林科技高中（Brooklyn Technical High School）的特殊科学和数学高中的身份与地位。该法案规定设立一种普遍的考试制度以选拔那些在数学

① Toppo G. "Nation at risk": The best thing or the worst thing for education?[EB/OL]. （2008-04-22）[2021-09-20].http：//www.usatoday.com/news/education/2008-04-22-nation-at-risk_N.htm.
② Atkinson R D，Hugo J，Lundgren D，et al.Addressing the STEM challenge by expanding specialty math and science high schools[J].NCSSSMST Journal，2007（2）：14-23.

和科学方面有天赋和表现突出的学生进入上述高中就读。1984 年，表演艺术高中、音乐和艺术高中合并成为拉瓜迪亚音乐和艺术及演艺高中（High School of Music and Art），并被纽约州法律确定为特殊高中。1988 年，史丹顿岛科技高中也获得了特殊高中的身份。2002 年，纽约州开办了 3 所新的特殊高中，分别是李曼学院美国研究高中（The High School of American Studies at Lehman College）、约克学院皇后区科技高中（Queens HS for the Sciences at York College）、纽约城市学院数理及工程高中（The High School for Mathematics，Science and Engineering）。2006 年，布鲁克林拉丁学校（Brooklyn Latin School）正式加入特殊高中行列。上述除拉瓜迪亚音乐和艺术及演艺高中外的 8 所高中，学生需要通过参加特殊高中入学考试（Specialized High School Admissions Test，SHSAT）并获得优异成绩才能就读。纽约州法律对特殊高中的身份和地位进行了说明和阐释，以法案形式给予这些高中通过统一考试选拔优异学生的权利。正因如此，这 9 所高中在纽约州有着极高的人气和地位，教学资源丰富、师资力量雄厚、生源优异、选拔考试竞争激烈，赫然见诸全国最优异的公立高中的名单之中。

2. 弗吉尼亚州的州长学校制度

州长学校是弗吉尼亚州为天才学生设立的专门公立学校。目前，全州的 20 所州长学校分为两大类：一类是全日制州长学校，如玛吉·沃克州长学校（Maggie Walker Governor's School）等；另一类是"联合学校"（由许多学校联合起来的非全日制学校）。弗吉尼亚州教育行政部门非常重视州长学校，通过立法的形式给予这些学校教育资源、经费、课程等方面的特别支持。在师资的聘用上，设置了较高的标准，学校的老师大多具有硕士及以上学历。在课程设置上，学生可以多选一门课。普通高中每学年一般选 7 门课，甚至可以选择 8 门。此外，还为这类学校就读的学生提供免费校车接送服务等。"最叫人吃惊的是教育行政部门会为所有学生提供免费班车。要知道这两所学校的学生并不是就近入学。学生只要能考入州长学校，教育行政部门就会在学生家附近安排小车接送点。"[①]

州立理科高中即为 STEM 高中，是美国基础教育阶段科学技术人才培养的

---

① 王芳.如何通过高中阶段赢得教育优势：对美国弗吉尼亚州大里士满地区公立高中的考察 [J].全球教育展望，2014（3）：73-87.

主要阵地，是一类为有天赋、有才能以及对 STEM 领域有浓厚兴趣的学生开设的精英教育学校。它致力于发展学生科学、技术、工程和数学等方面的学习兴趣，为他们将来成为 STEM 领域的领军人才提供学术准备。[①] 根据组织结构不同，STEM 高中分为 5 类：学校内部的学校（school-within-a-school）、抽离计划学校（pullout programs school）、独立学校（stand-alone school）、寄宿学校（residential school）和依托于大学的学校（university-based school）。

第一类：学校内部的学校。这类学校是大型综合中学中的独立学校，是典型的校中校，以高标准的学术来要求和培养学生，比如罗斯福高中。作为美国的蓝带学校之一的罗斯福高中是一所典型的大型综合高中，科学、技术和数学课程是这所高中的一大特色。该高中为学生提供大约 19 门科学课程、11 门数学课程。

第二类：抽离计划学校。这类学校一般是跨区域而建，将某几个地理或行政区域内的若干所高中的天才学生抽离出来加以集中培养，为其提供额外的数学、科学和技术教育。典型的例子为中央弗吉尼亚州长学校（Central Virginia Governor's School）。该校位于林奇堡市，主要为阿莫斯特县（阿莫斯特县高中）、阿波马托克斯县（阿波马托克斯县高中）、贝德福县（杰弗逊森林高中、自由高中）、坎贝尔县（阿尔塔维斯塔高中、布鲁克维尔高中、鲁斯特堡高中和威廉坎贝尔高中）和林奇堡市（E.C. 格拉斯高中、赫里蒂奇高中）的学生提供数学、科学方面的课程。被选拔出来的学生早上在中央弗吉尼亚州长学校学习数学、科学等课程，下午回到自己原来所在的学校学习其他课程。学校运作所需的经费主要来自生源学校、弗吉尼亚州教育部天才项目办公室以及地方工商企业。

第三类：独立学校。独立学校是为在数学和科学等领域有专长的学生专门设置的、功能齐全的公立学术高中。它与传统的高中十分相似，最大的区别是在课程设置上。

第四类：寄宿学校。这类学校是美国公立学术高中的标杆性学校。其与独立学校的区别在于要求学生住校。寄宿为学生提供了集中学习科学、数学、技

---

① 卢春. 美国"科学、技术、工程和数学"（STEM）高中述评 [J]. 外国教育研究，2011（12）：12-16.

术课程的氛围。寄宿 STEM 高中日常所有运作（常规课程、课外活动、社会实践等）都围绕着科学、数学、技术等主题。典型例子为伊利诺伊州数学科学学院。该校是美国排名前十的理科高中，入学标准十分严苛，不仅要看学生的学业成绩（SAT，各科平均成绩），还要看教师的推荐信等。该校为学生开设丰富的数学和科学课程，其中数学课程包括数学调查、多变量微积分、微分方程、离散数学、数论和统计数据等，科学课程包括科学调查、高级化学、生物化学、有机化学、环境化学、微积分物理、现代物理、行星科学、分子和细胞生物学、微生物和疾病、生理和疾病等。值得一提的是，该校为学生数学、科学学习创造了一个独一无二的文化氛围，譬如学校有一半以上的俱乐部与数学和科学有关，学生所组织的社会调查、项目学习等也与此相关。

第五类：依托于大学的学校。这类学校是由一所公立高中和周边的大学合作创办的。大学为公立高中实施数学和科学教育提供丰富的高级课程、资深的教员、先进的现代化实验室等；高中则负责基础课程的教学。譬如，得克萨斯科学技术、工程与数学学院就附属于北得克萨斯州大学，是在得州法律应允的前提下为全州的资优学生开设的科学技术、工程和数学高中。学生在北得克萨斯州大学接受两年的高级科学技术、工程和数学等方面的教育。这类学校最大的特点是充分利用了大学的教学资源来实施特殊的 STEM 教育。

二、严格的入学选拔标准

在美国，学术高中的录取比例十分低（有些甚至比"常春藤"大学的录取比例还低）。譬如，2015 年，纽约 8 所公立学术高中中，5 所为 STEM 高中，分别为史岱文森高中，布朗克斯科技高中，布鲁克林科技高中，纽约城市学院数学，科学和工程高中（the High School for Mathematics, Science and Engineering），约克学院皇后区科学高中（Queens High School for the Sciences at York College），录取比例分别为 1 ：24、1 ：20、1 ：12、1 ：106、1 ：107；2 所是人文社科高中，分别是布鲁克林拉丁学校、李曼学院美国研究高中，录取比例依次为 1 ：44、1 ：104；另外 1 所为专科艺术高中，即拉瓜迪亚音乐和艺术及演艺高中，录取比例为 1 ：12。而这一年哈佛大学的录取比例大约为 5.3%[①]（约为 1 ： 19）；2014 年，耶鲁大学的录取比例为 6.3%[②]（约为 1 ： 16）。同样，私立学术高中的录取比率也非常低。以"八校联盟"（Eight Schools Association，ESA）[③]组织成员为例，2013 年，霍奇基斯中学（Hotchkiss School）的录取率为 18%；2015 年，圣保罗中学（St. Paul's School）的录取率为 15.6%，迪尔菲尔德学院（Deerfield Academy）的录取率为 16%，安多弗菲利普斯中学（Phillips Academy Andover）的录取率为 13%[④]，劳伦斯威尔学校（Lawrencevill School）的录取率为 10.0%，菲利普斯埃克塞特学院（Phillips Exeter Academy）的录取率为 19.0%。

美国学术高中的低录取率表明就读这些高中的竞争相当激烈，学校一般通过设置严格的选拔标准来招录最优异的学生。常见的入学选拔方式如下。

1. 考试

比如纽约市的 8 所公立学术高中凭借 SHSAT 来选拔学生。该考试由纽约市教育局组织且只适用于纽约市的 8 所公立学术高中。纽约市的初中生如若想入读 8 所公立学术高中，就必须参加 SHSAT，最终能否被录取要看分数高低。学生即使在初中阶段门门功课不及格，并且隔三岔五地旷课，只要他在公立学术高中入学考试中成绩超过所报名的公立学术高中的录取分数线，就会被录取；反之，如果一名学生以全年级第一名的总分从初中毕业，且在社会上屡获各类奖项，但只要他没有参加公立学术高中入学考试，或者参加了考试但成绩但未达到报名的公立学术高中的录取分数线，就不会被公立学术高中录取。[⑤]该考试的出题和评分由美国指南服务公司（American Guidance Services，Inc.）承办，纽约

① Stanford offers admission to 2,144 students, expands financial aid program [EB/OL].（2015-03-27）[2021-09-10].https：//news.stanford.edu/news/2015/march/new-admits-finaid-032715.html.

② Yale College by the numbers[EB/OL].[2021-10-09].https：oir.yale.edu/yale-college-numbers.

③ "八校联盟"是美国东北部的一个私立高中的联盟组织，成员包括霍奇基斯中学、圣保罗中学、迪尔菲尔德学院、安多弗菲利普斯中学、劳伦斯威尔学校、乔特罗斯玛丽霍尔中学（Choate Rosemary Hall School）、北野山高中（Northfield Mount Hermon School）、菲利普斯埃克塞特学院。这 8 所私立寄宿制学术高中组成联盟，相互之间开展有关学术、体育运动、课外活动等方面的交流和比赛。

④ The making of a Harvard Feeder School [EB/OL].（2013-12-13）[2021-12-03].https：//www.thecrimson.com/article/2013/12/13/making-harvard-feeder-schools/.

⑤ 孙昂. 零距离看美国中学教育：从纽约中考到中国学生就读美国高中 [M]. 哈尔滨：黑龙江教育出版社，2012：15.

市教育局只负责考试的组织和管理，包括接受报名、安排考场、组织管理考试现场和录取新生等。

另外，诸如亨特学院高中（Hunter College High School）这样的学校则采取自主考试的方式录取新生。入读亨特学院高中除了从小学直升的方式外，还可在六年级的时候参加亨特学院高中的入学考试并合格。入学考试之前，先要进行初步筛选，只有那些五年级时在纽约市统一考试中英语和数学都取得高分的学生才有资格参加正式的入学考试，每年纽约市大约9万名六年级学生中只有成绩最好的前2000名有资格报考。正式入学考试包括数学、英语和写作；数学和英语都是选择题，由电脑阅卷，只有这两科总分排在前500名的学生才有资格进入下一轮的写作评分。写作成绩由亨特学院高中英语组的教师集体评阅产生，只有作文得分排在前170名的学生才能取得该校的入学资格。

私立学术高中往往看重学生在标准化考试中的成绩。学生只有参加中学入学考试、独立学校入学考试、天主教会高中入学考试、合作入学考试、高中录取考试等考试并取得优异的成绩，才能在申请私立学术高中时有更多的主动权。

2. "个人档案 + 面试"

大部分学术高中要求学生提供包括学业成绩在内的个人档案。个人档案主要包含学业记录、教师的推荐信、撰写的论文（如科研实践报告等）、参与的课外活动等。[1] 其中，学业记录是选拔的一个硬指标，主要是指初中各学科平均成绩和标准化考试成绩。在各科平均成绩方面，学术高中要求大部分都达到A。譬如，汤森德哈里斯高中（Townsend Harris High School）只招收初中4门主课（英语、数学、科学和社会学）平均分全部在90分以上的学生；贝赛高中（Bayside High School）的环境研究和技术班要求4门主课的成绩全部在85分以上；曼哈顿亨特科学高中（Manhattan Hunter Science High School）和曼哈顿学院（Manhattan College）要求4门主课的成绩全部在80分以上。[2] 而在标准化考试成绩方面，

---

① 郑太年，赵健. 国际视野中的资优教育：拔尖创新人才培养的理论、政策与实践 [M]. 上海：华东师范大学出版社，2012：99.

② 孙昂. 零距离看美国中学教育：从纽约中考到中国学生就读美国高中 [M]. 哈尔滨：黑龙江教育出版社，2012：61，76—77.

学术高中要求学生在 SAT（Scholastic Assessment Test）、ACT（American College Test）等考试中都达到一定的水平。一项针对 16 所 STEM 高中的调查显示，有 13 所学校参考 SAT 成绩，10 所参考 ACT 成绩，4 所参考 PLAN 成绩[①]。教师推荐信、学生撰写的论文及课外活动情况在初选中也占有相当的分量。这些资料是学校选择最适合的学生的重要依据。通常情况下，每位申请者需要递交 3 份教师推荐信。这些推荐信侧重描述能够展现申请者真实的学习兴趣和水平的诸多细节，进而帮助学校了解学生所具备的素养。此外，学校还注重考察申请者的课外活动情况，多次提醒申请者不要仅仅把对个人成就的描述局限于已有的学习成绩，而忽视了所参与的各类实践活动。一些理科高中还专门设计了由家长或监护人填写的申请表。这类申请表的内容包含了能够表现学生的非凡个性、创造力、独立思考能力、自主性、责任心等的生活细节。[②]

面试并非招生的必备环节，只在需要的情况下进行。面试主要是为了了解学生的兴趣爱好、入学动机、性格特征及生活经历等。面试的问题十分简单，基本上是日常交流中的话题，例如阅读书目的类型，是否有住校的经历，最喜欢的学科，最近科技领域的新发现，等等。面试官主要由学校主管人员以及招生负责人担任。[③]

3."试镜 + 个人档案"

这种招生选拔方式常见于专科艺术高中。譬如拉瓜迪亚音乐和艺术及演艺高中的舞蹈、戏剧、器乐和声乐专业主要通过试镜的方式录取新生，此外还要看学生的个人档案。不同专业试镜的方式有所差别：舞蹈、戏剧、器乐和声乐专业注重现场表演，要求学生临场展示自己的才能；与绘画相关的专业则要求学生携带自己的个人画册（小型作品直接带原件，陶瓷和雕塑等大型作品则应拍成照片制作成册）。学校试镜委员会将根据学生的现场表演和个人作品展示打分。

---

① PLAN 测试是针对 10 年级学生设计的，以检测其大学学习准备情况；在 ACT 之前进行，是预测 ACT 成绩的有力工具。

② 郑太年，赵健.国际视野中的资优教育：拔尖创新人才培养的理论、政策与实践 [M].上海：华东师范大学出版社，2012：99.

③ 郑太年，赵健.国际视野中的资优教育：拔尖创新人才培养的理论、政策与实践 [M].上海：华东师范大学出版社，2012：100.

在最终招录的时候，该校对学业成绩也有一定的设定，要求学生的各科成绩不能低于一定的标准。

三、德才兼备的培养目标

美国学术高中的使命就是培养各方面的卓越和精尖人才。不同高中对卓越和精尖人才的具体理解存在差异，但大体上都从"成才"和"成人"两个角度来阐述。"成才"的目标主要强调将学生培养成为某一学科领域的专才和领袖。譬如，伊利诺伊理科高中定位于培养具有"创造性"和"科学道德思想"的科学、数学和工程学领域的领军人物；阿肯色州数学、科学及艺术学校旨在创建、鼓励和维持促进学生、教师和教职人员追求数学和科学等知识的学习氛围，使学生成为未来社会的领军人物。[1]"成人"的目标关注的是学生人格方面的发展，具体体现在对学生非智力因素、道德品质等方面的发展提出要求。譬如，密西西比理科高中就强调促进学生在学术、社会性和公民素养方面的发展[2]。史岱文森高中的目标是：培养善于观察、富有想象、思维敏捷的人；培养不断进取、敢为人先、勇于创新的人；培养能说能做、乐于实践、身心健康的人；培养追求自我、善于协作、贡献社会的人。[3]

四、丰富且深广的课程

美国学术高中的课程丰富且深广。"丰富"主要是从数量上来讲的。有学者对美国16所理科高中的课程设置进行了调查，结果显示，这些学校平均开设21门数学学科课程（各学校10~50门不等）和34门自然科学学科课程（各学校19~60门不等）。其中，13所学校规定的数学学科必修课程的数量平均为3门（各学校1~6门不等）；7所学校规定的自然科学学科必修课程的数量平均为5门（各

[1] 郑太年，赵健. 国际视野中的资优教育：拔尖创新人才培养的理论、政策与实践 [M]. 上海：华东师范大学出版社，2012：96-97.
[2] 郑太年，赵健. 国际视野中的资优教育：拔尖创新人才培养的理论、政策与实践 [M]. 上海：华东师范大学出版社，2012：96-97.
[3] 王定华. 为造就拔尖人才奠定基础：美国纽约三所重点高中调查 [J]. 课程·教材·教法，2001（3）：65-67.

学校 3~10 门不等）。^①"丰富"还体现在每一学科都由不同内容、层次的课程组成。譬如，同样一门数学课程，不同的学校开设的内容截然不同，有的学校侧重微积分，有的学校侧重线性代数等。

"深广"指的是课程内容的深度和广度。最能体现学术高中课程深广这一特点的要数 AP 课程、IBDP 课程以及选修课程。美国教育界尤其是美国名牌大学十分看重 AP 课程，录取新生时将其作为学业能力高低的一个主要指标。目前，美国的学术高中均开设了大学先修课程，一些非学术性的综合中学也为学生提供相应的 AP 课程。^②譬如，霍瑞斯曼学校提供 20 门 AP 课程；史岱文森高中共开设 55 门 AP 课程；布朗克斯科技高中开设了除德语和文化方面的 AP 课程之外的所有的 AP 课程，涉及英语、社会科学、数学、科学、语言、艺术六大学科，共计 31 门课程；拉瓜迪亚艺术高中开设了英语文学和创作、西班牙语、法语、意大利语、日语、世界历史、美国历史、微积分等 20 门 AP 课程。^③

IBDP 课程是由国际文凭组织开发的面向 16—19 岁高中生的大学水平的课程，由六大学科群和三大核心课程（创新、活动和服务，知识论，拓展论文）组成。IBDP 课程定位于培养具有批判意识、创新精神的国际公民，以高难度著称，被世界范围内的高校认可。目前，IBDP 课程已成为美国学术高中的高级课程之一，尤其受到公立学术高中的青睐。自 1976 年纽约市的弗朗西斯·路易斯高中（Francis Lewis High School）成为美国第一所开设课程的公立学校以来，越来越多的公立学校，尤其是磁石学校开始积极引入 IBDP 课程。^④一些顶尖学术高中纷纷成为 IBDP 课程提供学校。在 2011 年的一份高中综合排名榜单中，排名前 50 位的高中有 7 所开设了 IBDP 课程。^⑤

另外一类体现"丰富"和"深广"的课程为选修课。美国学术高中选修课程

---

① 转引自郑太年，赵健. 国际视野中的资优教育：拔尖创新人才培养的理论、政策与实践 [M]. 上海：华东师范大学出版社，2012：108.

② 刘清华. 美国大学先修课程 60 年：卓越与公平的互动 [J]. 高等教育研究，2014（11）：102—109.

③ LaGuardia High School [EB/OL].[2021—11—16].https：//en.wikipedia.org/wiki/Fiorello_H._LaGuardia_High_School#cite_note-7.

④ 熊万曦. 美国高中国际文凭课程发展研究 [J]. 比较教育研究，2015（3）：30—36.

⑤ 美国新闻与世界报道. 美国高中排名 [EB/OL].[2021—11—16].http://www.university-list.net/us/rank/school-100006.html.

内容的丰富性和深广性远超人们的想象。以布朗克斯科技高中为例，该校共为学生提供了 160 多门课程，其中大部分为选修课。选修课程涉及英语、社会研究、数学、生物科学、物理科学、外语、技术、艺术、健康与体育等学科领域，每一领域又延伸出各种形式的选修课。譬如，数学学科的代表性选修课包括数学研究、微积分、统计和数据分析、数学数据搜集、游戏编程、机器人、机器人项目管理等；外语学科的代表性选修课包括专业西班牙语、西班牙叙事和电影、高级对话、大学水平希腊语、经典翻译、韩语等（见表 4-1）。

表 4-1 布朗克斯科技高中代表性选修课程

学科	选修课程举例
英语	新闻工作坊、辩论队（主要针对布朗克斯科技高中演讲和辩论队成员）
社会研究	大屠杀领导阶层、社会科学研究项目
数学	数学研究、微积分、统计和数据分析、数学数据搜集、游戏编程、机器人、机器人项目管理
生物科学	生物学（遗传学）、心理学、微生物学、营养学、法医学、动物行为、运动生理学、海洋生物学
物理科学	物理科学研究、工程学导论、数字工程、化学（定量分析）、物理（现代物理导论）、天文学和天体物理学、有机化学导论
外语	专业西班牙语、西班牙叙事和电影、高级对话（法语、日语、中文、拉丁语、西班牙语）、现代希腊语和文学荣誉班、大学水平希腊语、初学者现代希腊语强化班、初学者现代希腊语中级荣誉班、经典翻译、韩语
技术	应用科学、计算机技术、计算机图形学、建筑制图
艺术	基本表演（即兴和表演）、高级表演（游戏制作）、艺术工作室、摄影和设计工作室、绘画工作室、音乐导论、数字音乐实验室、音乐会乐队、爵士乐队、中级乐队、管弦乐队、合唱
健康与体育	篮球、棒球、排球、特技飞行术、威浮球、体操、瑜伽、重量训练、健身、橄榄球、足球、飞盘、曲棍球、手球

五、高质量的专任教师

美国学术高中确保教育水准的一大法宝便是聘任高质量的专任教师。由于这类高中强调专业性和学术性，因而对教师队伍的质量要求比一般高中高得多。事实上，美国学术高中师资的优异性是显而易见的。1993—1994 年的一项调查就已显示，私立中小学教师拥有极高的文凭，在 37.8 万名私立中小学教师中，拥有博士学位、教育学专业证书、硕士学位、学士学位的教师占比分别为 1.7%、2.9%、29.8% 和 59%。[1]2015 年，纽约州顶尖私立高中霍瑞斯曼学校、圣三一学校、布利尔雷学校、斯宾塞学校、学院学校的教师中拥有硕士学位及博士学位的教师占比分别为 94%、82%、73%、73%、72%。[2] 霍瑞斯曼学校 240 名教师中里有 186 名持有硕士学位，22 名持有博士学位。公立学术高中的教师质量也十分优异。譬如，布朗克斯科技高中的许多教师都拥有高学历，其中一些还获得了博士学位；很多教师在任教高中的同时，也任教于大学。这些都确保了布朗克斯技术高中的理科教学足够优越。再如，李曼美国研究高中的 25 名教师中，23 人拥有学士学位，1 人获得高等教育文凭证书（1 位教师缺学历信息）；文科硕士 9 人，理科硕士 8 人，理科教育硕士 2 人，美术硕士 1 人，MST 1 人，健康硕士 1 人，MSLD 1 人，法学博士 1 人；有 2 人获得硕士双学位。教师所毕业的院校包括李曼学院、布鲁克林大学、纽约州立大学、哥伦比亚教育学院、加州大学伯克利分校、纽约大学、佩斯大学、摩西学院、格林内尔学院、北卡罗来纳中央大学等。[3]

六、探究、合作、独立的学习方式

美国学术高中的学生普遍采用探究、合作、独立的学习方式。一些学者指出，学术高中的典型特征之一便是强调探究性学习和教授高级思维方法。比如，科学学科普遍采用问题解决模式进行教学，强调对知识的应用和转化，而非仅仅识记；主张让学生在课堂上行动起来，而非仅仅坐着听讲。一项针对美国 16 所州立寄宿制理科高中的调查显示，16 所学校均为学生提供参与科研的机会，学生每周在实验室进行研究的时间平均为 6 小时（各学校 2~8 小时不等）；15 所学校的学生能跟随一位教师或导师进行研究（占 93.75%）；13 所学校的学生跟随

---

[1]　杨慧敏. 美国基础教育 [M]. 广州：广东教育出版社，2004：125.

[2]　孙昂. 美国私立高中及其招生流程（上）[J]. 少年儿童研究，2015（5）：30–33.

[3]　数据根据李曼美国研究高中网站上所提供的教职员一览表整理而来，详见网址：http : //hsas-lehman. org/faculty/index.html。

导师参加暑期研究项目（占 81.25%）；12 所学校的学生必须完成一项独立的研究，能够到校外实验室开展研究，且有机会发表研究成果（占 75%）。[①] 另外，理科高中主要采用合作式教学与学习。例如，马萨诸塞州理科高中的每门课程都提倡开放式教学与学习，强调师生之间及生生之间的合作交流。学校开设的"研究讨论会"课程，要求学生聚焦某问题，自由讨论，提出假设，进行论证，然后设计实验；工程学课程则需要学生以小组为单位共同开发新产品等；即便是语言学科，也包含电影制作、独立研究、游戏等学习方式。[②]

七、极高的名牌大学升学率

美国学术高中拥有极高的名牌大学升学率。就私立学术高中而言，极高的名牌大学升学率本身就是最大"卖点"。美国"福布斯"网站按照毕业生升入美国大学十大名校的比例对美国高中进行了排名，进入前 20 名的全部是私立高中，高居全美榜首的圣三一学校，名牌大学升学率达 41%。[③]

公立学术高中名牌大学高升学率也绝非浪得虚名。就纽约州的几所公立学术高中来看，名牌大学升学率均比较高。譬如，史岱文森高中每年有 20% 左右的毕业生进入"常春藤"大学或同一档次其他顶尖学校。其 2007 年的毕业生中，17 人被哈佛大学录取、16 人被麻省理工学院录取、39 人被哥伦比亚大学录取、83 人被康奈尔大学录取。[④] 布朗克斯科学高中每年的毕业生中，有 12%~15% 进入"常春藤"大学或同一档次的其他名校。2007 年的毕业生中，有 4 人被哈佛大学录取、5 人被普林斯顿大学录取、3 人被耶鲁大学录取、5 人被麻省理工学院录取、22 人被康奈尔大学录取、79 人被纽约大学录取、38 人被密歇根大学录取。布鲁克林技术高中 2007 年的毕业生中，3 人被哈佛大学录取、8 人被哥伦比亚大学录取、8 人被康奈尔大学录取、27 人被纽约大学录取、38 人被密歇根大学

① 郑太年，赵健. 国际视野中的资优教育：拔尖创新人才培养的理论、政策与实践 [M]. 上海：华东师范大学出版社，2012：102–103.

② 郑太年，赵健. 国际视野中的资优教育：拔尖创新人才培养的理论、政策与实践 [M]. 上海：华东师范大学出版社，2012：108.

③ 孙昂. 美国私立高中及其招生流程（上）[J]. 少年儿童研究，2015（5）：30–33.

④ 孙昂. 零距离看美国中学教育：从纽约中考到中国学生就读美国高中 [M]. 哈尔滨：黑龙江教育出版社，2012：5–6.

录取。李曼学院美国研究高中的毕业生全部考取大学，包括哥伦比亚大学和康奈尔大学等"常春藤"名校以及斯坦福大学、卡内基·梅隆大学和纽约大学等其他顶尖大学。[①] 约克学院皇后区科学高中的毕业生，除了被哥伦比亚大学、布朗大学、康奈尔大学和宾夕法尼亚大学等"常春藤"名校录取外，有的被约翰·霍普金斯大学（该校有全美顶尖的医学院）录取。[②] 史坦顿岛科技高中的毕业生100%升入大学学习，每年都有人考入"常春藤"名校。[③] 建于 2006 年的布鲁克林拉丁文高中，有部分学生被"常春藤"名校录取。[④]

第三节　美国学术高中制度的学理争论

美国学术高中的教育质量受到社会各界的普遍认可，但在教育公平方面尚存争议，集中在入学机会、招生方式等方面。

一、入学机会是否公平

美国学术高中入学机会的不平等具体体现为不同族裔学生入读学术高中的概率差异巨大。[⑤] 美国私立学术高中一直为富裕家庭所垄断，比如纽约私立学校的生源中有 72% 来自富裕家庭。私立学术高中昂贵的学费将许多贫困家庭的有才能的孩子阻挡在外。虽然近年来私立学校奖学金制度的不断完善增加了贫困家庭孩子入读私立学校的可能性，但总体上私立学校仍然是富裕家庭的大本营。

入学机会的不公平在公立学术高中也体现得相当明显。2008 年的一项统计

---

① 孙昂. 零距离看美国中学教育：从纽约中考到中国学生就读美国高中 [M]. 哈尔滨：黑龙江教育出版社，2012：10.

② 孙昂. 零距离看美国中学教育：从纽约中考到中国学生就读美国高中 [M]. 哈尔滨：黑龙江教育出版社，2012：11.

③ 孙昂. 零距离看美国中学教育：从纽约中考到中国学生就读美国高中 [M]. 哈尔滨：黑龙江教育出版社，2012：13.

④ 孙昂. 零距离看美国中学教育：从纽约中考到中国学生就读美国高中 [M]. 哈尔滨：黑龙江教育出版社，2012：14.

⑤ Gootman E.In elite N.Y. schools, a dip in Black and Hispanics[N].New York Times, 2006–08–18. Mazie S.Equality, race and gifted education : An egalitarian critique of admission to New York city's specialized high schools[J].Theory and Research in Education, 2009（7）：5–25. Santos F.To be black at Stuyvesant High[N].The New York Times, 2012–02–25.

显示①，纽约市各族裔学生总数与参加公立学术高中入学考试的比率、最终被录取的比率存在极大程度的不同步。纽约市学生比重最大的非洲裔学生（32.7%）和西班牙裔学生（39.9%）最终被公立学术高中录取的比率非常低，仅占8.3%和8.4%，而在全市学生中占比最小的白人学生（仅占13.4%）和亚裔学生（13.5%）最终被公立学术高中录取的比率十分高，分别达到29.6%和53.3%。纽约市教育局公布的数据显示，2017年特殊高中录取的新生中，非裔学生占4%，西班牙裔学生占6%，白人学生占24%，亚裔学生则高达62%。相比之下，纽约市所有高中录取的新生中，非裔学生和西班牙裔学生的比例分别为26%和41%，而白人学生和亚裔学生分别为15%和16%。②又有研究指出，近年来少数族裔，尤其是非裔学生的公立学术高中入学率一直在下降。例如，在斯蒂文森高中，非裔学生的入学率一直在下降，2012年仅有40名非裔学生，占1.2%，而亚裔学生占72.5%，白人学生占24%，拉丁裔学生占2.4%。③

对于公立学术高中白人和亚裔学生占优的情况，有研究者作了专门探讨。他们认为，白人和亚裔学生（尤其是后者）占据绝大部分公立学术高中名额，这并不表明他们的学业特别突出，而是因为他们参加了大量强化补习班。"能不能上公立学术高中"很大程度上有赖于学生的课外补习程度，课外补习越多、越深入，则越有可能在公立学术高中入学考试中取得好成绩。由于补习班收费昂贵，那些贫困家庭的优异学生往往与之无缘。纽约市教育局的资料显示，布朗克斯区南部第七学区的初中生进入公立学术高中的人数最少，这是一个贫困人口比例较高的社区，而曼哈顿第二学区的初中生进入公立学术高中的人数最多，这是纽约著名的富人聚居区。④可见，能不能上公立学术高中取决于学生的家庭社会背景。换言之，一位出身于富人家庭的学生与另一位同等聪明程度但出身于贫困家庭的学生相比，前者进入公立学术高中的可能性远远高于后者。这种

① 数据转引自孙昂.零距离看美国中学教育：从纽约中考到中国学生就读美国高中[M].哈尔滨：黑龙江教育出版社，2012：35.
② The battle over who gets into elite public schools[EB/OL].（2019-05-09）[2020-08-25].https：//www.edweek.org/leadership/the-battle-over-who-gets-into-elite-public-high-schools/2019/05.
③ Santos F.To be black at Stuyvesant High[N].The New York Times，2012-02-25.
④ 孙昂.零距离看美国中学教育：从纽约中考到中国学生就读美国高中[M].哈尔滨：黑龙江教育出版社，2012：28-29.

由出身背景所带来的教育机会的不公平在公立学术高中招生过程中是一种常态。

二、考试选拔是否科学

美国学术高中普遍采用考试方式选拔新生。譬如，纽约州的 8 所公立学术高中采用 SHSAT 来招录新生。私立学术高中往往也需要学生提供相关的考试成绩。多年来美国学术高中的高毕业率和高升学率等都证明了严苛的考试还是能够选拔出一定的英才的，但是对仅凭入学考试选拔新生的做法，美国教育界向来有争议。支持者认为，考试有统一标准，可以减少人为因素干扰，促进学生重视学业。史岱文森高中前校长泰特尔（S. Teitel）先生曾向《纽约时报》表示，史岱文森高中及校友坚决拒绝用考试以外的其他任何方式录取学生，"他们喜欢这所学校的原因之一是它真正以成绩为基础，你只有通过考试证明（你的水平），你才能进入史岱文森"[1]。反对者认为，考试内容总是不完善的，而且往往只涉及学生的能力和知识中的一个狭窄领域，难以综合评判学生，甚至会导致族裔、性别和阶层歧视。一项名为《调整公立学术高中入学考试进程的行动方案》的文件指出，公立学术高中仅仅将考试作为入学标准的做法是"过时的和前后矛盾的"，越来越多的大学在选拔学生的时候降低了对分数的关注度，很少有大学仅凭考试成绩来（如 SAT 等）决定是否录取。[2] 该方案建议，应当实施多层面的入学政策。2012 年 9 月，纽约市的一个教育民权团体联盟向美国教育部提起诉讼，指出纽约州特殊高中的入学考试政策涉嫌种族歧视，违背了联邦宪法。[3] 这种批评愈演愈烈，2014 年，纽约州 17 位议员共同向州议会提交了 A10427 号议案，要求取消特殊高中入学考试。替代的选拔方式为"从纽约州每所初中选出排名前 7% 的学生进入特殊高中"，基于平时成绩、出勤率、州标准化考试分数、面试和推荐信等确定学生的排名。[4]

---

① 孙昂.零距离看美国中学教育：从纽约中考到中国学生就读美国高中 [M].哈尔滨：黑龙江教育出版社，2012：15.

② An action plan for fixing the specialized high school admissions process[EB/OL].[2021-09-12].http：//bronxboropres.nyc.gov/pdf/bxbp-actionplan-shsat.pdf.

③ The meaning of merit：Alternatives for determining admission to New York City's specialized high schools[EB/OL].[2021-11-02].https：//www.naacpldf.org/wp-content/uploads/CSS_MeaningOfMerit_finalWeb.pdf.

④ Pathways to an elite education：Exploring strategies to diversify NYC's specialized high schools[EB/OL].[2021-09-02].http：//fiscalresearchcenter.issuelab.org/resources/21246/21246.pdf.

三、精英主义是否合理

就入学机会来看，美国选拔性学术高中已经形成稳定的生源，亚裔和白人中产阶层占据了绝大部分的学额。这在追求文化多元和政治多元的美国是危险的，因此，包括纽约州在内的选拔性学术高中试图通过招生方式的变革来促进种族多元化。当前，美国普遍采用平权的方式来增加其他族裔的入学代表性，即在符合报名条件的候选人中采用随机抽签的方式决定入读人选。

在社会阶层流动性方面，有研究统计了美国选拔性学术高中新生的家庭经济背景，发现美国中产阶层占据了绝对的比例，有意思的是，绝大多数新生的双亲中，至少有一人毕业于精英学术高中。这就意味着选拔性学术高中已成为美国当代精英群体实现社会阶层再生产的一种途径。

无论是在种族上还是在社会阶层上，美国选拔性学术高中都已成为精英文化再生产的重要阵地，这对于大众文化的发展和社会阶层的流动是相当不利的。

四、培养成效是否凸显

选拔性学术高中能否有效促进学生的发展？换言之，选拔性学术高中办学成效如何？美国教育学、社会学和经济学等领域的学者对此开展了深入探讨。一部分研究认为，美国选拔性学术高中对于促进学生的各方面发展（品行、学业成绩等）都有积极的影响。"选拔性学术高中充满活力和竞争性，学生普遍严肃对待学习，并具有极强的学习目的性。学生的行为问题很少，学生的出勤率非常高。学生对学校具有较强的认同感，并具有足够的动力去追求成功。"① 选拔性学术高中就读的学生学业成绩普遍较好，但这是选拔性学术高中的高标准与严要求、深广的课程教学和高质量的教师引导的必然结果吗？会不会是因为那些就读选拔性学术高中的学生本身条件优异（极强的学习动机、良好的学习习惯、扎实的学识基础，等等）？一项权威研究从经济学的角度分析了波士顿和纽约的考试学校的招生和学生学业成绩之间的关系，结果表明："学校的录取分

---

① Jr. Finn C E, Hockett J. Exam schools from the inside : Racially diverse, subject to collective bargaining, fulfilling a need[J]. Education Next, 2012（4）: 12.

数线对学生的考试成绩或大学质量几乎没有影响"，"虽然研究选取的样本考试学校的学生的学业成绩相对较好，但是如果没有考试学校，这些学生中的大多数可能会做得更好"。① 其他研究也得出了类似的结论。比如芝加哥联邦储备银行和芝加哥学校研究联盟发起的一项研究表明，就读芝加哥选拔性学术高中对学生成绩没有统计学上的显著影响。②

综上可见，美国的选拔性学术高中的人才培养成效受到了一定质疑。从学生的学校体验来看，选拔性学术高中普遍比较安全、纪律良好、学习氛围较好，但也有相当一部分研究通过实证数据说明了选拔性学术高中并不能显著提高个人的学业成绩，因为学习成绩更多地取决于学生的学习动机、学习能力等。

① Abdulkadiroğlu A，Angrist J D，Pathak P A.The elite illusion：Achievement effects at Boston and New York exam schools [J].Econometrica，2014（1）：137-196.
② The role of selective high schools in equalizing educational outcomes：Using place-based affirmative action to estimate heterogeneous effects by neighborhood socioeconomic status[EB/OL]. [2021-11-15].https：//www.minneapolisfed.org/institute/working-papers/17-02.pdf.

第五章

CHAPTER
5

————

日本超级科学高中制度

超级科学高中（Supper Science High School，SSH）是日本英才教育的一种形式，是近年来日本致力于深度建设和发展的学校形态之一，旨在培养国际上有影响力的未来科学家，受到日本政府的肯定和重视。本章通过整体介绍日本英才教育制度来呈现日本超级科学高中制度产生的历史背景和社会现实；在此基础上，从学校数量、学校性质、办学条件、甄别选拔、管理运营、培养目标、课程内容、学习方式等维度探讨日本超级科学高中的发展特征。

第一节　日本英才教育制度的历史嬗变

李建明在《从隐性到显性：日本英才教育政策及实践路径分析》一文中指出："日本英才教育政策及实践经历了五个发展阶段，即第二次世界大战前精英主义教育阶段、低迷消沉阶段、反思与萌芽阶段、试点性阶段、显性化阶段。"[①]本书以此为参照，将日本英才教育制度分为四个阶段，分别是"二战前后：英才教育制度的萌芽与废止""20 世纪 50 年代中期—80 年代初：英才教育政策的凸显""20 世纪 80 年代中期—90 年代末：英才教育的试水""21 世纪以来：英才教育制度的深化"。日本超级科学高中就是在日本英才教育推进的过程中产生和发展的。

一、二战前后：英才教育制度的萌芽与废止

二战前，日本社会并不重视英才教育，但英才教育确已存在。早在 1918 年，京都师范学校附属小学开设了"第二教室"，设立面向高智能小学生的特殊班级。20 世纪三四十年代，精英主义取向依然是日本教育的基本特征，与此同

---

① 李建民.从隐性到显性：日本英才教育政策及实践路径分析[J].比较教育研究，2018（1）：30-36.

时，英才教育也进入了政策视域。这一阶段日本对英才安置的方式和内容进行了一定探索。在英才安置方面，日本认可提前入学或跳级制度。《中等学校令》等多部法令中均指出，"除按照正常学制逐级升学外，文部省也认可满足一定条件并具备同等学力的学生进入高一级学校学习"，这为跳级的实施奠定了政策基础。据统计，1930 年日本初中生中跳级生占 0.5% 左右，1931 年占 0.9% 左右，高中生中跳级生达到 24.8%。但由于日本社会对跳级制度的质疑（认为大量跳级增加了学生管理难度，对不跳级学生造成不利影响），日本政府于 1943 年彻底废止了该制度。[①]

1944 年，永井柳太郎在众议院总会上提出《关于战时设立英才教育机构的建议》，呼吁对具有优秀才能的中小学生实施特别教育。同年 12 月，日本文部省出台相关政策，对在科学方面具有较高天分的学生实施特别科学教育。由此，文部省指定东京高等师范学校（今筑波大学）、东京女子高等师范学校（今茶水女子大学）、广岛高等师范学校（今广岛大学教育学部）、金泽高等师范学校（今金泽大学教育学部）开设"特别科学教育班"（又称为特别科学学级、特别科学教育学级、特别科学组），面向日本全国招收在物理、化学、生物、数学方面表现优秀的旧制初中 1—3 年级学生、国民学校 4—6 年级学生。[②] 此外，京都帝国大学也申请开设"特别科学教育班"。虽然 1947 年"特别科学教育班"在教育改革中走向终结，但它意味着日本正式显性地对英才进行集中培养的尝试，也对 21 世纪超级科学高中的实践具有一定的启蒙作用，其所培养的一批人才对日本战后经济高速发展起到了引导作用。

二战结束，作为战败国的日本按照美国的教育体制进行战后教育改造。1946 年 3 月，由 27 位教育专家所组成的代表团对日本教育进行调查。调查指出：日本已有的教育制度具有典型的双轨制特征，对普通群众和少数特权阶级实施不同类型的教育；已有教育制度注重学生的知识学习而忽视了学生的能力和兴趣差异。调查还认为，要"改造日本教育的主导原则，即用民主主义代替法西斯主义，自由代替控制，分散代替集中，要群众教育不要英才教育，国际主义代

---

① 麻生诚，岩永雅也.创造的才能教育 [M].町田：玉川大学出版部，1997：56.
② 李建民.从隐性到显性：日本英才教育政策及实践路径分析 [J].比较教育研究，2018（1）：30-36.

替狭隘的民族主义"。^① 基于此，日本于 1947 年 3 月颁布《教育基本法》，指出："建立一个民主的和有文化的国家，为世界和平和人类幸福作出贡献。实现这个理想主要依靠教育的力量。我们要尊重个人的尊严，并努力培养热爱真理与和平的人民，而目的在于创造普及文化和丰富个性的教育。"同时出台了第一个国家教育标准，明确规定各类学校（包括公立和私立）所执行的教育活动都应当符合标准。教育、文化、体育、科学和技术部（MEXT）对日本所使用的所有教科书进行审查，统一学习目标和学习内容。标准化和统一化的教育政策在一定程度上实现了国民素质均衡的目标，日本很快就进入了所有学龄儿童都能上高中的时代。学校培养了一大批同质人才，为日本经济发展提供了充足的人力资源。然而，这种过度的教育公平严重阻碍了优秀人才的培养，带来了划一化和僵硬化的问题，阻碍了个人性和多样性发展，以及自我教育能力的发展，造成了"心灵的荒芜"。^②

综上可见，二战前后，日本的学校教育强调划一性、平等性，忽视对学生个性、创造力以及思维表达能力的培养。与此同时，英才教育被批评为违背教育民主原则，英才教育及其相关政策举步维艰。

二、20 世纪 50 年代中期至 80 年代初：英才教育政策的凸显

20 世纪 50 年代中期，日本经济进入高速增长时期。经过了战后非军事化的社会重建，日本各行各业都迎来了平稳有序发展的局面。但在教育领域暴露出了一系列问题，比如教育过于标准化、机械化，忽视了不同学生个性化的发展需要。由此，日本各界开始探讨解决之法。

首先，日本本土的社会团体提出实施英才教育的要求。1960 年，玉川学园大学教授伏见猛弥开办了"英才教育研究所"。通过借鉴欧美实验与研究的成果，1965 年，伏见猛弥开始在埼玉县饭能市私立圣望学园的初中和高中、山口县下松市立下松初中、富山县滑川市立北加积小学开展英才教育实验和研究。^③ 该研究以 2—12 岁智力在 120 以上的儿童为研究对象，开展英才教育的干预。实验

① 宋全成，曹宪忠. 论日本战后的教育改革 [J]. 日本研究，1993（2）：86–89.
② 汪辉，李志永. 日本教育战略研究 [M]. 杭州：浙江教育出版社，2014：18.
③ 梁忠义. 日本注重英才教育的趋势 [J]. 外国教育研究，1979（1）：48–54.

结果表明，通过英才教育干预，200 位参与实验的儿童的智力年均提高了 17 左右，其中 2—3 岁时提高最多（为 20 左右），4—5 岁时提高 17 左右，6 岁以后提高 15 左右。

其次，政府层面也开始了英才教育政策的探索。教育行政部门开始调整和修订标准化的教育内容及课程。1954 年 10 月，日本教学计划审议会提出，高中应当实施适应升学和个性发展需要的分科制和选修学分课程。1957 年，日本经营者团体联盟在发布的文件《关于振兴科学技术教育的意见》中主张："把初等、中等教育制度的单线型变为复线型，在初中、高中按照每个学生的出路、个性、能力，分为普通课程（根据需要也可分为人文系统和理工系统）和职业课程，实施高效率的教育。"1958 年修订的初中教学大纲指出，实施适应学生的发展需求与个性特点的教育，在增加选修科目的同时，特别强调要适应初中二、三年级学生的需要。同年修订的高中教学大纲，根据与初中教学大纲的同一宗旨，强调设置多样的课程类型，以适应学生的能力和个性。上述种种，可看作倡导英才教育的前奏。

最后，日本经济界从推动经济发展角度出发，要求在中学阶段实施英才教育。1960 年，日本经济审议会发表了《日本经济的长期展望》，首次提出"人才开发论"；同年，日本科学技术会议在咨询报告《关于以十年后为目标振兴科学技术的综合基本措施》中强调："今后有必要考虑在能力、个性、出路方面区分人文系统和自然科学系统的课程制度。"自 1961 年起，日本对初中二、三年级全体学生强制实行"全国统一学力调查"，旨在基于"人才开发论"对青少年进行早期开发，达到"发现英才、培养英才"的目的。1963 年，日本经济审议会在《经济发展中人的能力开发的课题与对策》中提出，实施基于能力的教育政策；在具体制度上主张，入学和升学不搞一刀切，按能力实行跳级制，实施教育教学课程的多样化，明确提出在 100 人当中选拔 3~5 名"高才能的人"（在有关经济的各方面起主导作用、能指引经济发展的人）。

日本文部省在 20 世纪 60 年代后期开始回应这些外部要求。1966 年 10 月，日本中央教育审议会在《关于后期中等教育的扩充整备》中提出从教育制度层面考虑实施"特别教育"，"对于在智力、艺术及其他方面有较高素质的学生，有必要实施有效的特别教育。为此，有必要研究教育制度的灵活性和特别教育方法等方面的问题"。1971 年发布的报告《关于今后学校教育综合扩充整备的基本政策》提出："对那些天资聪颖与兴趣广泛的学生，通过教育指导，圆满而有效地进行多种多样的能力差别教育。"① 该报告提出了初等、中等教育改革的基本设想，要求修订中小学教学大纲。由此，日本小学、初中、高中教学大纲相继于 1977—1978 年修订。修订后的小学、初中教学大纲除了重视基础知识外，还注重教学计划的伸缩性和灵活性，给予学校和教师更多自主权，注重对学生独立思考能力的培养。修订后的高中教学大纲强调建立特色学校，发挥学校优势，实施有助于学生个性发展的教育。具体表现为：实施适应学生个性和能力的多样化教育，削减必修科目、课程及学分，制订以选修科目为核心的教学计划；按照学生对学习内容的熟练程度编班（按照学习成绩分班），实施相应的教学。这一重大教育变革使日本英才教育取得突破性发展，标志着英才教育从民间自发组织逐渐步入政府统筹发展的轨道。

三、20 世纪 80 年代中期至 90 年代末：英才教育的试水

20 世纪 80 年代，新自由主义思潮在日本产生全方位的影响。新自由主义主张以竞争的市场来重建政治经济秩序，发挥市场的调节作用，减少政府对经济的过度管理和干预。在自由竞争、市场导向等观念的指引下，公共教育领域追求学校教育多元化、学校选择自由化。1984 年，时任日本首相的中曾根设立了"临时教育审议会"，按照新自由主义的价值理念对日本教育进行改革与规划。临时教育审议会认为，日本教育具有典型的集权划一性，学校教育封闭、僵化。教育改革的首要任务是要根据"尊重个性""自我责任"的原则对教育进行松绑，对教育内容、方法、制度、政策等进行根本性检讨，培养学生的创造性、思考力和表现力。

20 世纪 90 年代，日本经济逐渐走向低迷，经济增长率一度出现零增长甚至负增长。1993 年，美国总统克林顿提出以"信息高速公路计划"重振美国经济，欧洲也有不少国家提出了"信息高速公路计划"。面对经济的长期低迷，日本政

---

① 梁忠义. 日本注重英才教育的趋势 [J]. 外国教育研究，1979（1）：48–54.

府寄希望于以尖端科技推动新兴产业的发展。1995 年 11 月，日本正式公布了第 130 号法律《科学技术基本法》，该法案成为日本实施 21 世纪科技战略的纲领。1996 年，日本内阁出台《第一期科学技术基本计划》，明确提出"科学技术创造立国战略"。

在此背景下，从 20 世纪 80 年代中期到 90 年代末，日本重新制定了显性的英才教育政策，开始了英才教育的试点（见表 5-1）。1991 年，日本中央教育审议会发布报告《适应新时代的教育制度改革》，对日本长期实施的"形式平等"教育政策所造成的教育单一化和僵化等问题进行反思，倡导"从形式平等向实质性平等迈进"，强调构建多样化、选择性制度的重要性。同时也指出，除了在高中阶段为卓越能力学生提供特定领域的多种教育措施外，还应采取教育上的"例外措施"。"例外措施"主要限定在数学和物理领域，为中学生创造提前接触大学教育及研究的机会。该报告直接影响了日本文部省的教育决策。1994 年，文部省专门就"例外措施"实施问题开展全面研究，发表报告《教育例外措施——发展特定领域个性的教育》，对"例外措施"的目的、意义、实施领域、对象、具体实施方法、大学入学年龄等提出建议并得到采纳。同年，开展了若干试点项目，结束了日本英才教育在政策层面的真空状态。

表 5-1 20 世纪 90 年代日本英才教育试点项目内容

学校或机构	领域	项目形式
名古屋大学	数学	学习大学正规课程
		大学教授进行个别指导
东京工业大学	数学、物理	参加大学公开讲座
京都大学	数学	参加大学公开讲座
广岛大学	数学	参加大学公开讲座
东京都立大学	数学、物理	参加大学公开讲座
早稻田大学	数学	参加大学公开讲座
数学奥林匹克财团	数学	参加民间团体的研习会或讲座
数理科学振兴会	物理	参加民间团体的研习会或讲座

资料来源：李建民. 从隐性到显性：日本英才教育政策及实践路径分析 [J]. 比较教育研究，2018（1）：30-36.

四、21 世纪以来：英才教育制度的深化

进入 21 世纪，伴随经济全球化和教育国际化进程的加快，世界各国政府普遍意识到，人才竞争已成为国家综合国力竞争的关键，而人才培养的基础在于教育。"教育—人才"成为 21 世纪综合国力的核心竞争力。为此，世界各国纷纷制定教育发展战略，国家之间的教育竞争更多表现为教育发展战略的竞争。①

然而 21 世纪初的日本面临前所未有的国际竞争压力。一方面，与欧美发达国家相比，日本的国际竞争力有下降趋势；另一方面，亚洲其他国家（主要是中国、韩国）正在不断追赶日本。这种现象在教育领域也体现得相当明显。2000年起，日本多次参加经济合作与发展组织（OECD）的 PISA 调查，测试结果显示，日本学生的科学、数学和阅读成绩的排名有所下降。2006 年的 PISA 调查数据显示，日本高一学生的科学素养总分在 57 个参与国中排名第六。其中"学生对科学的喜爱程度指数"的调查显示，日本学生的得分全部低于 OECD 平均水平。另外，2001—2009 年，在生命科学、纳米技术、材料科学、能源和制造技术等许多领域，日本研究人员和工程师的数量一直在减少。为了重振日本科学教育，培养出在国际竞争中有影响力的科学家，日本政府出台了一系列的科学教育改革政策。

2002 年 8 月 30 日，改组后的日本文部科学省提出了新的教育主张，出台了教育改革文件《落实人力资源战略，培养勇于开拓新时代的日本人——由单一化走向自立与创造》，包含 4 个目标和 6 项措施。其中 4 个目标分别是：培养独立思考、自觉行动的坚强的日本人；培养领导"知识时代"的顶级人才；培养继承和发扬文化传统、创造社会精神财富和物质财富的日本人；培养活跃于国际社会、有修养的日本人。② 该文件明确提出日本要在 21 世纪"培养活跃在国际社会的日本人"，以知识、智力和科学技术领先国际社会实现"教育大国"梦想的战略目标。2009 年，日本科学技术振兴机构（JST）设立了英才教育小组委员会（Gifted Education Subcommittee），并指派特别小组调查科学教育的支持体系。特

---

① 汪辉，李志永 . 日本教育战略研究 [M]. 杭州：浙江教育出版社，2014：10.
② 田慧生，田中耕治 .21 世纪的日本教育改革：中日学者的视点 [M]. 北京：教育科学出版社，2009：32-33.

派小组提交的报告中确立了日本科学和技术英才教育的 3 个目标：满足学生的需要，促进个体潜能的最大化发挥；识别和展现个体的潜能；让那些拥有天赋的学生得到高级的、专业的技能培养。

具体来说，日本先后出台了 5 项科技基本计划来培养科学英才。《第 2 期科学技术基本计划》（2001—2005 年）提出实施"科技创造立国"的基本国策，明确将英才培养纳入计划，倒逼文部省加强理科教育。2002 年，文部省推出《科学技术与理科计划》，具体包括 6 项措施：实施超级理科高中项目，设立专门高中实施数理方面的英才教育；实施"爱好理科学校"项目，在以实施理科教育为主的地区指定"爱好理科学校"，学校要重视观察和实验，增强学生对理科的喜爱；实施"区域科普人才"项目，构筑区域科普人才网络，与"爱好理科学校"合作开展相关活动；实施科学伙伴项目，初中、高中与大学、研究机构开展多种形式的合作；实施理科教育数字教材开发项目，在教育教学中融入最新科技研究成果，开发数字化教材；实施未来专业技能人才项目，由文部省指定专门的高中开发技能人才培养课程和教学法，推进高中与大学、研究机构的合作，从而推动专业技能人才的培养。

《第 3 期科技基本计划》（2006—2010 年）是日本公共政策中明确提出发展英才教育的文件，提出"发展资优生的个性和能力""完善以科学和数学教育为重点的高中支持系统""促进资优生参加各种国际科技竞赛"等目标。[1]2010 年，日本科学技术振兴机构出台了关于英才教育的政策研究文件《才能教育分科会报告》，围绕支持科技创新高水平人才的发展和培养，讨论理科英才的一贯制培养体系。[2]

《第 4 期科技基本计划》（2011—2015 年）呼吁进一步细化资优教育，强调"持续和系统地培养资优生来领导下一代"，"发展一致的活动来识别资优生和发展他们的能力"，以及实施"校内超级科学高中项目""日本科学比赛计划""课外科技竞赛""科学营""下一代科学家计划"等项目。

《第 5 期科技基本计划》（2016—2020 年）旨在培养能够在国际上展现才能

---

[1] 李建民. 从隐性到显性：日本英才教育政策及实践路径分析 [J]. 比较教育研究，2018（1）：30-36.

[2] 肖甦. 天赋与卓越：国际视野下英才教育的政策与实践 [M]. 上海：上海教育出版社，2020：231.

的科学技术人才，提出必须通过中等教育以及大学教育培养下一代科技创新的人力资源，扩大喜欢数学和科学的学生的数量；政府通过提供有助于培养创造力的教育和数理学习的机会来促进英才学生的发展，从主动学习的角度促进学校改进学习和指导方法，为有意愿且有能力的英才学生提供更多的研究机会与竞争机会。

在上述科技基本计划的指导下，日本从 2002 年开始指定和发展超级科学高中。经过 20 年的发展，超级科学高中已经成为日本培养理科英才的最主要的载体，在日本国内乃至国际上产生了一定的影响力。

第二节　日本超级科学高中的发展特征

2002 年以来，日本超级科学高中经历了创成期、发展期和领先期。具体而言，第 1、2 期科技基本计划期间是创成期，第 3、4 期科技基本计划期间是发展期，第 5 期至今是领先期。创成期的主要任务是超级科学高中核心课程的开发、学校管理体制的建立以及学校研发制度的设计；发展期的主要任务是建立系统化的制度，进行更高水平的研究和开发，促进超级科学高中所在区域内科学技术人力资源的充分开发；领先期的主要任务是树立科学技术人才培养的改革典范，推广科学技术人才培养的有效经验。

一、学校数量渐增

当前，日本主要通过超级科学高中来落实英才教育政策。2002 年，日本开始实施超级科学高中计划，旨在实现科学技术顶尖人才的早期培养。通过各种方式从高中开始培养在理科方面有潜力的学生，培养学生的"科学梦想"和"喜欢科学的愿望"，并发展学生的个性和能力，以此为其在大学深造打下良好基础，为科技顶尖人才的成长创造条件。实施第一年，日本文部科学省从申请学校中筛选、指定了 26 所超级科学高中（包括初高中一贯制学校），投入 7.3 亿日元用于学校发展。[①] 由日本科学技术振兴机构负责组织和管理超级科学高中的

---

① 肖甦. 天赋与卓越：国际视野下英才教育的政策与实践 [M]. 上海：上海教育出版社，2020：232.

活动、教师培训、评价等事宜，由各都道府县教育委员会负责科学高中的设置、审核等具体事务。[①]2005年开始了第2期超级科学高中的建设，建设周期延长到了5年；2010年，第3期超级科学高中建设启动。2011年，文部科学省进一步调整了超级科学高中计划，采用优中择优策略，在超级科学高中内部进一步指定部分学校为"核心超级科学中学"，2013年更名为"超级科学高中科学技术人才培养重点校"。

自2002年第一次认定了26所超级科学高中以来，每年都有数量不等的高中被认定为超级科学高中（见表5-2），同一所高中可以申请多次。日本文部科学省2021年8月的统计数据表明，日本共有超级科学高中218所。日本采用"申请—认定—建设—评估"的方式建设超级科学高中。首先，由在科学教育方面做得比较好的高中自主提出申请，提交相关的申报书和材料，然后由文部科学省组织专家对所有的申报材料进行筛选，确定超级科学高中名单。在此基础上，超级科学高中根据申报过程中所承诺的发展目标进行自主建设，文部科学省根据具体情况提供经费、技术、资源等方面的支援。之后，由文部科学省联合教育专家等相关人士对这些超级科学高中的建设现状、问题和成效进行系统评估。

表5-2　日本超级科技高中的数量变化

单位：所

年份	私立	国立	公立
2002	3	3	20
2003	1	0	24
2004	2	0	18
2005	3	2	16
2006	6	0	24
2007	4	1	25
2008	2	0	11
2009	1	0	7
2010	2	0	34

---

① 肖甦.天赋与卓越：国际视野下英才教育的政策与实践[M].上海：上海教育出版社，2020：233.

年份	私立	国立	公立
2011	6	0	32
2012	13	0	60
2013	4	0	39
2014	9	0	7

二、学校性质多元

日本超级科学高中大部分来源于公立高中，2002 年首批指定的 26 所超级科学高中中，国立和公立占了 23 所。文部科学省充分考虑到学校的教育水平，照顾到地区之间的平衡，所指定的科学高中分布在日本各地。[①]2020 年的统计数据显示，日本共有超级科学高中 204 所，其中公立高中 170 所（83.3%），国立高中 9 所（4.4%），私立高中 25 所（12.3%）。在上述学校中，包括 10 所专科高中（1 所国立学校，9 所公立学校）和 51 所初高中一贯制学校（8 所国立学校，25 所公立学校，18 所私立学校）。由此可见，随着日本超级科学高中建设不断推进，超级科学高中的性质逐渐多元化，除了依然以公立高中为主外，私立高中数量不断增长，初高中一贯制学校也参与到了科学英才的培养过程中。

日本文部省 2020 年有关超级科学高中的发展报告中对此做了较为深入的解释。私立高中具有办学特色，追求教育质量，在科学技术人力资源培养方面有其独特的优势和特色；私立高中师资稳定，经费较为充足，能够为日本超级科学高中的创建提供独特的经验。国立大学在科学技术人力资源培养方面也有着天然的优势，其与高校的密切合作能够为超级科学高中的建设带来丰厚的资源。专科高中的专业性极强，其对数学和科学教育的特别关注与投入能够创新科学技术人才培养的特殊路径。

当前，日本在超级科学高中的指定上不区分国立、公立、私立，也不区分普通高中和专科高中，而是以科学高中建立的目的和宗旨为主要考量标准。例如，第 5 期超级科学高中注重分类建设，日本文部科学省要求高中根据自身的现状和建设程度有倾向性地申报三种类型的超级科学高中，分别是"开发

---

① 赵晋平. 从理科高中看日本的精英教育 [J]. 外国教育研究，2004（5）: 24-28.

型""发展型 / 实践型""引领改革型"。"开发型"超级科学高中的主要建设任务是进行新课程等的研究开发，建设周期为 5 年。"发展型 / 实践型"超级科学高中的主要建设任务是对已开发的课程进行实践性的研究开发。申报学校必须有被指定为超级科学高中的经历，建设周期也是 5 年。"引领改革型"超级科学高中的主要建设任务是自主审定科技人力资源开发的系统性课题，并进行雄心勃勃的研发挑战，建设周期为 3 年。2020 年，日本共有 38 所高中申请"发展型 / 实践型"，5 所申请"引领改革型"，最终确定了 21 所"发展型 / 实践型"超级科学高中，1 所"引领改革型"超级科学高中。

三、办学条件优越

日本文部科学省对被指定为超级科学高中的学校给予办学条件的支援。具体可分为两大类：经费等物质上的支援与课程教学改革的政策支援。

日本文部科学省网站上 2021 年的统计数据显示：第 1—4 期科技基本计划时期，日本文部科学省给予每一所指定的超级科学高中每年 7500~12000 万日元的支援，第 5 期是每年 600 万日元。"超级科学高中科学技术人才培养重点校"能得到每年 500~3000 万日元的支持。经费主要用于课程建设、课题研究、实验室建设等。此外，超级科学高中的一些专项活动（广域合作、海外合作）和项目也能够得到政府的经费支持。譬如，对海外研修进行额外的经费支持。当然，日本文部科学省会对各校所要支援的海外研修的内容、形式等进行严格的审查，确保经费支援的公平性和实质性。如果发现超级科学高中的海外研修以参观考察为主，缺乏实质性的科学研究，则取消经费支持。

正是得益于经费上的特别支持，日本超级科学高中的硬件设施、师资力量、校外合作资源等都要比一般中学优越。在东京都教委和文部科学省大量资金的投入下，超级科学高中的试验器械可以和大学相媲美，如激光多工序自动数学控制机床、机器工厂、信息设计室、净化台、照明恒温箱、扫描电子显微镜、X 射线荧光光谱分析仪等。这些实验器械可以让学生尽早地体验理工科的学习，从实践中学习。① 公立长野县诹访清陵高中 2002—2003 年聘请了大量的业界精英举办讲座，开阔了高中生的科学视野，强化了他们对科学的兴趣（见表 5-3）。

表 5-3　公立长野县诹访清陵高中 2002—2003 年开设的科学系列讲座

讲座题目	主讲人
科学和独创性	岩手县立大学校长（东北大学原校长）
如何成为具有创造力的人	御茶水女子大学教授
对于研究开发来说最重要的东西	爱普生（Spson）公司专务
通过医学研究看人的生存方式	信州大学医学院教授
现在的生命科学	京都大学人文科学研究所教授，京都大学理学和医学研究生院助教，日本理化学研究所助教，北海道农业研究中心研究员
关心科学	爱普生职员服务部部长

资料来源：赵晋平 . 从理科高中看日本的精英教育 [J]. 外国教育研究，2004（5）：24-28.

四、甄别选拔独特

日本高中入学考试以学力检查、适应性检查、追加检查、调查书、面试、作文、小论文等形式考评学生的能力、个性、兴趣、爱好等。其中，适应性检查主要是判断学生入学后的学习适应性，对增强学生和学校间的匹配性具有重要作用。调查书是教师对学生学习生活等情况的客观记录，是学生升学和就业的重要凭据；重点记录学生必修课程成绩、特别活动、出勤情况等。② 上述入学考试也基本适用于超级科学高中，以下具体说明。

日本超级科学高中的入学有两种方式，一种是推荐入学，另一种是普通入学考试。二者并不冲突，因为推荐入学要早于普通入学考试，所以推荐入学不成功者依然可以通过普通入学考试就读日本超级科学高中。

推荐入学主要包括申请、材料审查、面试三个环节。首先，由学生根据兴趣、能力、学业成绩提出入学申请，需要提交申请理由书和推荐书等具体材料。

---

① 宋庆清 . 日本公立普通高中多样化改革研究 [D]. 上海：上海师范大学，2014.
② 张家勇 . 日本高中考试招生制度探析 [J]. 世界教育信息，2013（21）：53-57.

申请理由书由学生撰写，推荐书由学生所在学校校长和相关教师填写。其次，组织专家对申请材料进行审核、评定。最后，超级科学高中组织申请者完成小论文和进行面试。小论文是闭卷形式，学生需要在短时间内当场阐述若干问题，问题具有一定的开放性和可探究性。面试分为问答和小组讨论两个环节。在问答环节，考官提问，申请者现场回答；在小组讨论环节，申请者多人对某一问题进行无领导讨论，考官根据小组讨论中申请者的具体表现给出评分。受到新冠肺炎疫情的影响，很多超级科学高中取消了小组讨论环节，根据推荐书、申请理由书、调查书、论文以及面试结果综合判断申请者的最终成绩。以下是日本广岛县立西条农业高中对推荐入学者条件的限定：

符合以下条件，并接受中学校长推荐的初中毕业生可申请。

（1）明确和适当的动机和理由，以申请本校和该系。

（2）对本校相关学科有能力、兴趣和学习意愿。

（3）学习成绩良好。

（4）属于下列任何一项：在文化和体育活动、学生会活动、志愿者活动等方面取得优异成绩，并在入学后积极进取。对生命、食物、环境和能源等的兴趣和学习热情很高。①

普通入学考试的名额基本占学校招生总数的 80% 左右。普通入学考试也需要申请者提供个人材料（入学申请理由书等）。然后参加学校组织的学术能力考试，主要包括日语、数学、英语、社会科学和科学等 5 个科目的测试。最后还需要参加学校组织的面试，面试主要考察申请者的学业动机、学习兴趣和个人品行。譬如，广岛县立西条农业高中的面试共 45 分，主要从以下方面来评价学生：申请人的动机和理由是明确和适当的；高中生活的目标和愿望是明确的，并愿意学习；讲礼貌，守规则，行为和态度适合学校生活。②

① 广岛县立西条农业高等学校 . 令和 3 年度入学者选拔（Ⅰ）（推荐入试）实施要项 [EB/OL].[2021-12-24]. http://www.saijyo-ah.hiroshima-c.ed.jp/r03nyushi/R03senbatu1jissiyoukou.pdf.
② 广岛县立西条农业高等学校 . 令和 3 年度入学者选拔（Ⅱ）（一般入试）实施要项 [EB/OL].[2021-12-24]. http://www.saijyo-ah.hiroshima-c.ed.jp/r03nyushi/R03senbatu2jissiyoukou.pdf.

五、管理运营成熟

超级科学高中由多方共同管理，文部科学省负责筛选、指定超级科学高中，科学技术振兴机构具体组织和管理超级理科高中的活动、教师培训、评价等，各都道府县教育委员会管理理科高中的设置、审核等。在各级教育行政管理机构的支持下，超级科学高中与大学、研究机构、企业、社区等存在广泛的交流合作（见图5-1）。

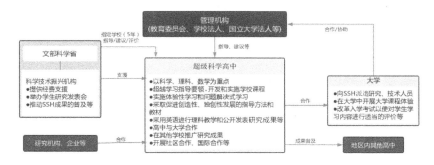

图5-1 日本超级科学高中管理运营体系

文部科学省和科学技术振兴机构协调组织超级科学高中和管理机构，发布超级科学高中的优秀案例和评价结果，进行信息的分享和引导，对超级科学高中相关事宜进行整体的设计、组织和协调。

各地管理机构内对所辖区的超级科学高中实施计划进行论证，提出相关的建议和措施，确保超级科学高中持续性发展，建立超级科学高中的指导机制，提供人力和物力的支援。在所管理的区域内普及和扩大优秀的超级科学高中建设经验与课程辐射范围，积极谋求超级科学高中与地方其他机构（比如大学、研究所）之间的合作。

超级科学高中根据情况适当且灵活地修改所制订的研究开发计划，并实施先进的科学教育，培养将来能在国际上活跃的科学技术人才。在实施计划时，为了不让包括管理人员在内的教职人员的调动影响计划的推进，在校长领导下，学校整体调整研发机制，并通过网站及时发布相关信息。

六、培养目标高远

有研究者随机抽取了日本 10 所超级科学高中的培养目标并作了统计（见表 5-4），有如下发现：日本超级科学高中以培养能够在国际上有重大作为的未来科学家为目标；将科学能力、素养和精神融入培养目标中，强调科学家的专业素养和责任担当；将个人的和谐发展纳入培养目标，强调学生的个性、创造性、热情等非智力因素的发展，不少高中还关注学生的身心和谐发展。从中可见，超级科学高中要培养的未来科学精英不仅在专业能力上有突破性的成就，在道德品质、社会责任担当以及身心和谐发展等方面都能作出示范。

表 5-4 日本 10 所超级科学高中的培养目标列举

学校	被指定为超级科学高中的时间	培养目标
东京都立小石川中学	2006 年	培养能够作为国际社会领导者发挥积极作用的科学人才
北海道北见北斗高中	2017 年	有智慧、性格开朗的学生，严于律己的学生，健康且有干劲的学生
福冈县明善高中	2002 年	培养学生的"科学梦想"和"享受科学的心态"，进一步发展学生的个性和能力
新潟县阿马加崎高中	2013 年	培养能够利用加崎当地资源，具有科学素养和科学探究能力，并能引领未来的科学创新的人才。 （1）具有丰富的逻辑思维能力和个人创造力 （2）愿意为自我实现而努力，同时意识到自己作为组织成员和和平社会创造者的责任 （3）熟悉体育运动，积极提高体力，敢于自信地过学校生活
大阪府立桥和田高中	2011 年	培养拥有远大抱负、可以独立学习、富有挑战精神的人才，能作为领导者开创未来并在全球范围内发挥积极作用
埼玉县越谷北高中	2018 年	以完善人格为目标，培养"即使在进入大学和走出社会后也会成长的越谷北高中学生"，其具备"真正的学术能力"。 （1）尊重事实，有强烈的科学精神和批判精神 （2）重视身心锻炼，热爱工作，有责任担当意识 （3）有丰富的情感，较强的文化创造力，爱好大自然 （4）独立性强，但也重视协作；自律、守法
和歌山县海南高中	2004 年	培养能开拓未来、具备科技创新力的主动学习者

学校	被指定为超级科学高中的时间	培养目标
秋田县立秋田中央高中	2013 年	（1）通过培养丰富的人性和社会性，获得稳定生存的素质和能力 （2）能够设定高目标并独立思考、判断和行动 （3）努力通过发现、探索和解决问题来提高自己的学术能力，并实现较高的职业目标
广岛县西条农业高中	2012 年	培养善于解决在生活、食物、环境、能源等领域的问题，能在可持续社会的建立和发展中发挥重要作用的科学家
大分县立大分舞鹤高中	2010 年	培养能胜任 5.0 社会的高水平创新型人才；培养具备科学探究能力、逻辑思维能力、国际交往能力、设计思维能力、跨学科连接能力等 5 种能力的人才

例如，北海道北见北斗高中在最新一轮的超级科学高中建设过程中，建构了北见北斗高中所要培养学生的能力标准（见表 5-5），包括 2 个一级类目（认知能力和非认知能力）、6 个二级类目（理解事实的能力、根据科学概念进行解释的能力、价值判断的能力、团队协作能力、思考和坚持的能力、挑战的能力）和 20 条能力评价标准（其中认知能力 10 条，非认知能力 10 条）。能力标准的建构为衡量学生的科学知识、能力、精神状态等提供了基准。

表 5-5　北海道北见北斗高中构建的学生能力标准

能力维度		能力评价要点
认知能力	理解事实的能力	（1）能正确使用知识、语言和信息通信技术 （2）可以结构性地联系相关信息
	根据科学概念进行解释的能力	（1）能发现和解决问题 （2）能从不同的角度进行逻辑思考 （3）能与他人交流 （4）能正确、快速地描述自己的想法 （5）能用日语和英语做演讲 （6）能用日语和英语讨论
	判断价值的能力	（1）能从全局的角度思考问题 （2）能作出公开的和道德的价值判断

续表

能力维度		能力评价要点
非认知能力	团队协作能力	（1）智力上可以相互依赖 （2）能理解对方的立场 （3）能遵守礼仪和道德准则 （4）能发挥领导作用
	思考和坚持的能力	（1）可以有目的地执行 （2）可以反复行动直到成功 （3）能客观地解释自己的行为和想法
	挑战的能力	（1）能根据新想法进行计划和设计 （2）具有主体性，可以坚持到底 （3）可以勇往直前，不怕失败

七、课程内容高阶

日本超级科学高中具有不遵循日本"高中学习指导要领"而进行自主课程开发和建设的权利。日本文部科学省通过政策立法的方式给予超级科学高中自主的课程开发权利，但课程建设必须围绕"培养未来国际上有影响力的科学家"这一核心任务。课程的高阶性、前沿性和研究性成为衡量日本超级科学高中课程质量的主要标准（见表5-6、表5-7）。

首先，超级科学高中的课程具有高阶性，指向研究性思维、批判性思维以及探究性能力、问题解决能力等的培养，而不是对科学知识的简单堆砌。其次，超级科学高中的课程具有前沿性。课程紧跟学科前沿与热点，比如人工智能、呼吸疾病、环境污染、全球抗疫等。课程内容整合前沿研究成果。最后，超级科学高中的课程具有研究性。通过设置"综合探究时间"来确保学生的研究性学习，课程教学采用研究性的方式和问题解决式的方式（下文详述之）。

此外，日本超级科学高中每学期都会组织学科领域的前沿性讲座和各类研讨会。譬如，北海道北见北斗高中2020年为学生举办了前沿科学研讨会。为了让学生有机会接触尖端科学并思考毕业后的研究愿景，该校邀请了北见工业大学、东京农业大学、花王材料科学研究所、川口心脏呼吸医院的7位专家参加前沿科学研讨会，专家和学生就各自研究领域和内容进行研讨；同年，该校邀请了深度参与第60次南极科考的金森先生举办讲座，为学生深度理解极地研究的意义、关注全球问题提供了契机。

表 5-6 福冈县立明善高中必修课程中反映 SSH 特色的课程

	开设的学科名称	课时数	具体课程名称	课时数	学年
普通科（不包括一般文科）	STL 探究 Ⅱ	2	信息科学	1	第2学年
			综合探究时间	1	
数理科	STL 医学科学	3	数理生物	2	第1学年
			保健	1	
	STL 生命科学	3	数理化学	2	第2学年
			家庭基础	1	
	STL 科学技术研究 Ⅰ	2	信息科学	1	第1学年
			综合探究时间	1	

注：STL 指教课融合科目。

表 5-7 北海道北见北斗高中自主调整的 SSH 课程名称和学分列举

	替换的学科（标准学分）	设置的学科（学分数）
第1学年	物理基础（2学分）	SS 物理基础（2学分）
	化学基础（2学分）	SS 化学基础（2学分）
	生物基础（2学分）	SS 生物基础（2学分）
	社会与信息（2学分）	SS 社会与信息（2学分）
	综合学习时间（1学分）	全球本地科学 Ⅰ（1学分）
第2学年	综合学习时间（1学分）	全球本地科学 Ⅱ（1学分）
第3学年	综合学习时间（1学分）	全球本地科学 Ⅲ（1学分）

注：SS 指为了获得更深的科学研究能力等研究开发的课程。

八、课题研究式学习

日本超级科学高中普遍采用"课题研究式"的学习方法，要求学生学会像科学家一样思考和工作。课题研究的一般流程为："观察事件—发现问题—课题设定（利用、结合数学和科学的思维方式）—课题解决—分析·考察·推论（提出假设→验证→观察／实验→结果处理）—表达／沟通（报告准备、演示等）"。

这里以福井县武生高中为例来具体说明。该校在高中三年都设置了课题研究学习的内容，高一设置了"项目研究基础"（2学分），高二开了"项目研究Ⅰ"（1学分），高三开了"项目研究Ⅱ"（1学分），通过三年进阶式的项目研究，培养学生的科学探究能力和解决问题的能力。除此以外，该校开发了项目研究的校本教材和教师手册，指导学生有序开展课题研究，帮助教师系统化地指导学生。

2020 年，该校高一、高二学生共开展了 164 项课题研究，其中数理科有 10 项、普通科 78 项、探索研究科 76 项，高一、高二年级均为 82 项。课题内容涉及工业生产、经济发展、动植物、新型能源、城市建设、人口问题等各个领域，选题范围广泛、新颖，关注社会热点和前沿问题（见表 5-8、表 5-9）。

表 5-8　2020 年福井县武生高中课题研究课题数据统计

课题基本情况		课题数 / 个	占比 /%
课题所属课程性质	数理科	10	6.1
	普通科	78	47.6
	探索研究科	76	46.3
课题所属年级	高一	82	50.0
	高二	82	50.0

表 5-9　2020 年福井县武生高中课题研究课题列举

课程性质	年级	课题名称
数理科	高二	用植物制造橡胶
数理科	高二	乳酸菌与植物的关系
数理科	高二	在越前市考虑建设庇护所
数理科	高二	使用不规则叶片开发小型风力发电
数理科	高二	光和温度对植物有影响吗？
普通科	高二	全球汽车市场现状及未来展望
普通科	高二	让我们重拾越前市的活力吧！
普通科	高二	银行如何才能生存
普通科	高二	打造理想的武生车站广场
普通科	高二	如何提高越前市的总体生育率
探索研究科	高一	一项青少年使用锡罐电话向母亲表达"谢谢"的研究
探索研究科	高一	请停车：安全过人行道

课程性质	年级	课题名称
探索研究科	高一	如何营造残疾人舒适生活的环境
探索研究科	高一	武生高中改革：以更好的高中生活为目标
探索研究科	高一	为什么西方和日本对危机的思考和认识存在差异？

不仅如此，该校还结合人才培养目标构建了课题研究评估要点和评分标准。例如，福井县武生高中课题发表的 5 个维度的评估要点分别是"关注点、构思能力、问题设置能力""幻灯片的可读性""逻辑性""主张和论据的明确性""如何发布"。

第三节 日本超级科学高中制度的学理争论

针对日本超级科学高中的一些质疑和批判，主要聚焦在"精英教育"和"课外补习"两个方面。不过，日本文部科学省始终认为该项目符合日本国家和人民的长远利益，是培养优秀科技人才的摇篮。因此，其在具体实施过程中通过配套的政策和措施来消解批判和质疑，为超级科学高中发挥其价值保驾护航。

一、教育不公平逐渐加剧

日本的英才教育长期在政策上处于隐性状态，但事实上一直都存在着。一旦上升到政策的层面，日本舆论就会明确表示反对。李建明认为，当前日本社会对英才教育的认同度偏低，使得日本尚未形成英才儿童的鉴别和评价机制，对于发现和培养英才造成不小的阻碍；社会对英才教育的误解，使得在财政预算分配上给予英才教育的投入不充分，增加投入面临较大困难。[1] 虽然 21 世纪以来，日本的英才教育有了根本性的突破和发展，但社会民众对英才教育的认同和支持并没有政策上那么急迫。甚至有学者指出，英才教育在日本受到"诅咒"，因为它与精英主义密切相关。一方面，这与日本长期的文化暗流密切相关。日本社会普遍认可"努力是学业和工作成功的根本性因素，而非天赋才能"。在日

---

① 李建民. 从隐性到显性：日本英才教育政策及实践路径分析 [J]. 比较教育研究，2018（1）：30—36.

本语境中，一般用えいさい和しゅうさい来指称英才儿童，这两个词语都与精英主义概念密切相关。松村（Matsumura）指出，日本的公共舆论并不支持英才教育，因为二战以来日本社会平均主义的教育价值取向已经根深蒂固。[①]二战后，日本制定了《日本国宪法》《教育基本法》，确立了平等受教育的基本理念，并建立了一整套保障教育公平的法律体系。譬如，《日本国宪法》第 26 条规定："全体国民按照法律的规定，依照其能力，都有平等受教育的权利。"《教育基本法》第 3 条规定："全体国民均应按其能力享有平等的受教育机会，不得以种族、信仰、性别、社会身份、经济地位以及门第的不同而有所不平等。"因此，在日本，英才教育是对特殊群体的特殊对待，显然不利于社会整体的教育公平。

日本的英才教育以隐性的方式存在着，而在显性层面日本还未建立起国家主导的英才教育制度。一部分日本学者和民众认为，平均主义的教育价值理念剥夺了有才能的孩子接受适切教育的平等机会。常规学校剥夺了英才儿童挑战更高级内容的机会[②]，日本超级科学高中的创办就是对此的纠偏。

二、课外补习之风盛行

日本具有悠久的考试文化传统，甚至在相当一段时间内，媒体都用"东亚考试地狱"等词语来形容日本考试竞争的惨烈程度。随着日本社会"少子化"特征的不断显现，学业考试竞争压力在一定程度上有所缓解，但研究表明，日本的课外补习之风依然强盛。文部科学省 2006 年的调查显示，在公立高中和私立高中读书的学生去补习班上课的比例各为 35.3%、42.9%，家长在补习班上支付的年均费用各为 22.4 万日元、33.7 万日元。[③]这笔费用对工薪阶层来说是比较高的，尤其是日能研、四谷大埼这类名牌补习班，费用一般达到月均 7 万日元。

日本科学超级高中教育质量优异，公立超级科学高中按照所在地区教育当局的选拔方式招生，私立超级科学高中可自行组织选拔考试，家长为了提高子女入读超级科学高中的概率，必然会通过课外补习的方式提升学生的理科成绩。

① Matsumura, N.Giftedness in the culture of Japan[C]//Phillipson S, McCann M, eds.Conceptions of Giftedness：Sociocultural Perspectives. Mahwah：Lawrence Erlbaum，2007：349-376.

② Winstanley C.Too Clever by Half[M].London：Trentham Books Limited，2004.

③ 佐藤孝弘. 日本教育不公平问题分析 [J]. 教育与经济，2010（2）：64-68.

为了消除上述的批判声音，日本文部科学省在推进超级科学高中项目的同时，将超级科学高中定义为"研究开发学校"。研究开发学校是日本于1976年设立的，涉及幼稚园、小学、初中、高中以及其他中等教育学校。根据日本《学校教育法》的规定，被指定的学校可探索各种新的教育内容和教学方法。研究开发学校的成果可以在学习指导要领修订之时作为实践资料，有价值的部分可以正式地导入学习指导要领。如"综合学习时间"就是根据研究开发学校的研究成果而导入实施的。将超级科学高中的理科教育实践纳入"研究开发学校"的范畴，不仅可以给予超级科学高中进行理科教育创新和改革的权利，而且可以消弭社会各界对超级科学高中的批判。

三、人才选拔科学性存疑

当前日本超级科学高中的入学方式分为推荐入学和普通考试入学，这两种方式的科学性都受到一定质疑，推荐入学无法确保所推荐的候选人就是潜在英才。推荐入学有很大的不确定性，很容易受到校长或利益阶层权力干预的影响。入学申请书中所陈述的事实也有可能失实，校方很难甄别学生对某一学科的兴趣和热爱。普通入学考试中超级科学高中需要组织学生进行学术能力测试，学校自主命题的公平性和权威性得不到广泛认同。

四、英才培养质量受质询

日本超级科学高中是否真如它所承诺的那样实现了科学英才的培养呢？当前日本研究领域尚无大范围的实证研究，但就日本科学教育领域的趋势来看，超级科学高中的确有助于科学英才的培养。就读英才科学高中的学生对科学的兴趣以及合作能力、想象力、独创性、理性思考能力、倾听和理解他人的能力等，都有较大的提高。但部分学校的调查数据显示，还有相当一部分学生认为所在学校的科学英才教育并没有发挥其应有的效能（见表5-10）。这意味着超级科学英才高中的教育质量尚未能满足所有学生的发展需要，还有较大的提升空间。

表5-10　北海道北见北斗高中学生对科学能力培养的认同度（学生自我评价报告）

单位：%

调查项目	年份	完全不高	不太高	有点高	大大提高	未回答
对科学的兴趣	2019	4.4	21.3	59.2	15.1	0
	2020	7.9	19.8	56.5	15.4	0.4
对实验、观察、测量等的兴趣	2019	5.3	22.7	54.2	17.8	0
	2020	5.7	14.1	57.3	22.9	0
合作的态度	2019	2.2	8.4	53.3	36.0	0
	2020	0.9	7.0	48.9	42.8	0.4
想象力、独创性	2019	3.6	24.0	53.7	18.7	0
	2020	2.6	18.5	54.6	24.1	0
理性思考的能力	2019	3.1	26.6	54.7	15.6	0
	2020	4.4	21.1	52.9	21.6	0
倾听和理解他人意见的能力	2019	1.3	9.3	62.2	27.2	0
	2020	0.4	6.2	52.4	41.0	0
向他人解释和表达的能力	2019	3.1	27.6	56.4	12.9	0
	2020	1.8	19.4	56.4	22.4	0
国际性	2019	9.8	40.0	41.8	8.4	0
	2020	5.7	30.4	49.8	14.1	0

资料来源：北见北斗高等学校.研究开発実施报告书 [EB/OL].（2020-11-8）[2021-12-24].http：//www.kitamihokuto.hokkaido-c.ed.jp/?action=cabinet_action_main_download&block_id=115&room_id=1&cabinet_id=1&file_id=740&upload_id=6078.

宫城县古河灵明中学的科学英才教育实施评估数据发现：超过1/3的学生认为该校的科学英才教育对提高学生的科学兴趣并无太大助益；23.6%的学生认为学校生活并不充实；21.2%的学生认为该校的科学教育并不能提高基础学术能力；19.5%的学生认为该校并不关心学生身心健康（见表5-11）。可见，部分超级科学高中的教育质量有待提升。

表 5-11　宫城县古河灵明中学 SSH 实施评估结果

单位：%

调查项目	很符合	大致符合	不太符合	不符合	不知道
有助于提高学生对科学的兴趣	10.2	32.1	19.6	17.8	20.3
有助于提高学生的基础学术能力	18.0	42.4	12.6	8.6	18.3
学校生活很充实	23.4	53.0	17.8	5.8	0
学校关心学生的身心健康	17.1	53.3	12.1	7.4	10.1

资料来源：R2 学校评价图 / 分析结果 [EB/OL].（2020-12-19）[2021-12-25].https：// freimei-h.myswan.ed.jp/cabinets/cabinet_files/index/70/f85229a904b901c5b059d7b3cd3a4383?frame_id=528.x

第六章

————

韩国英才中学制度

韩国社会把英才界定为：具有非凡才能，为了开发其潜力而需要"特殊"教育的个人。与日本一样，韩国教育深受儒家文化圈的影响，在教育传统中十分注重考试选拔。因此，韩国的英才中学总是与高选拔性、高竞争性相联系。在现代英才中学的发展史上，韩国虽然是后发国家（起步较晚），但发展迅速，是当前东亚地区唯一针对英才教育进行立法的发达国家。韩国的英才教育立法是如何起步的？在英才教育立法的背景下，韩国的英才中学具有哪些特征？本章将围绕以上两个问题进行阐述。

第一节　韩国英才中学制度的历史嬗变

二战结束到 20 世纪 70 年代末，韩国政府并未直接出台与英才教育相关的政策，但培养英才中学的实践未曾中断。[①]20 世纪 80 年代以来，由于教育问题不断暴露、社会经济形势多变以及国际竞争白热化，韩国政府将英才教育立法提上了日程。

一、"自由放任"时期英才中学的事实存在

韩国于 1949 年制定了《教育法》，规定实行"六三三学制"，即六年小学、三年初中和三年高中。但由于 20 世纪 50 年代初期政局不稳定，同时受到朝鲜战争的影响，韩国教育发展处于停滞不前的状态。朝鲜战争结束后，韩国政府致力于发展教育，但教育的重心是初等义务教育，对中等教育则采取自由放任政策。受此影响，一方面，韩国在 50 年代中期以后出现了"教育热"。1960 年

---

① 在 20 世纪 60 年代末韩国高中阶段就开始分流，一部分高中具有极高的大学升学率，教育质量被韩国社会各界认可，这部分学校事实上就在从事培养英才的工作。

普及了初等义务教育，小学的就学率达到了 96%。另一方面，中等教育的发展明显滞后。小学教育的普及导致初中入学的压力激增，小学加班加点操练学生答题技巧，家庭为了升学而给孩子报了额外的课外补习班，最终导致学生学业负担巨大，身体素质下降，厌学、自杀比率增长。为了缓解初中入学激烈的竞争压力以及在短期内普及初中教育，韩国于 1969 年开始取消初中入学考试，实施全员就近入学政策。由此，就学的压力顺延到了高中的入学竞争。

处于儒家文化圈的韩国，其民众十分认同通过教育和考试来改变命运。高中入学考试被看成决定个人命运的大事，为了能够被一流的高中录取，韩国高中生往往只能选择繁重的重复学习和课外补习来应对。高中成为大学的预科，其课程以升学考试科目为主。过重的学习负担，不仅阻碍了学生的身心发展，而且扩大了学校间的差距。同时，社会上出现了大量的私立补习学校，教育费用急剧上涨，形成恶性循环。

二、"高中平准化"时期英才中学艰难发展

1974 年，韩国在教育公平理念的引领下，在首尔和釜山地区开始试行"高中平准化"政策。"高中平准化"政策不仅致力于解决教育问题，还试图解决社会问题。在学校教育方面，升学压力巨大、学习负担过重，严重影响了初中生的身心健康，许多学生为了追求高分而陷入思想紧张、情绪不安的状态；为了升学率，学校采用灌输式的方式进行教学，教学生死记硬背，不教考试以外的内容，学校教育被考试左右；不同学校、不同地区间的教育水平差距日益扩大，高升学率的学校和地区受到追捧、资源倾斜，破坏了教育生态。在社会教育方面，过重的课外补习费用给家庭和国家造成了严重的负担，造成了社会资源的浪费；课外补习盛行使韩国民众对学校教育失去了信心，社会上出现的应试学馆之类的教育机构则严重冲击了学校的正常教学秩序；整个社会笼罩在一味追求一流学校的应试风潮中。[①]

所谓"平准化"，就是实现韩国所有普通高中的"平等、标准"，以此打破将

---

① 孙启林.战后韩国教育研究[M].南昌：江西教育出版社，1995：98–99.

高中分成三六九等的局面（见表6-1）。"平准化"体现为在全国范围内设立学校群，每个学校群都包含一定数量的公立和私立学校，不同学校群之间尽量做到学校质量的平衡，一流的高中分散到各个学群中。学生必须在所属的学群内报考，最终以"抽签"的方式确定录取名额。顺利实行上述高中招生制度的前提是各学校的教育条件的均衡化。因此，韩国文教部在设备、教员、财政等方面加快消除各学校之间的差别。比如，整顿和丰富学校设施，开展教师培训以提高教师的素质，提高教师薪酬待遇；扶植和支援公立学校，制定《私立学校教员年金法》，国库补助私立学校教员年薪的20%；采取诸如禁止课外补习之类的配套措施。①

表6-1　1965—1980年韩国中小学升学率

单位：%

年份	升学率	
	初中	高中
1965	48.4	81.1
1970	63.8	70.9
1975	75.9	75.6
1980	96.8	89.8

数据来源：刘国瑞.韩国发展高中阶段教育的经验及启示[J].辽宁教育研究，2001（2）：23-28.

　　"高中平准化"政策在韩国政府的强力推行下得到了普及，相当程度上改变了韩国高中教育的格局，在追求教育公平层面的确取得了一定的效果。第一，取缔了名牌高中，稳定了初中学生的情绪，减轻了学生家长的教育费用负担，进而促进了初中教育的正常化发展。第二，拉平了学校与学校之间学生的学习水准，从而消除了过去曾存在的名牌高中与一般高中所形成的学力差别。第三，由于实施了名目繁多的奖学金制度和允许报考同一系列大学的优惠政策，加之实业高中可以实施前期考试的规定，提高了优秀初中毕业生申报实业高中的比率，从而为振兴韩国的实业教育奠定了坚实的基础。第四，严格采取控制其他

① 孙启林.战后韩国教育研究[M].南昌：江西教育出版社，1995：100.

地区初中学生转校到平准化地区高中的措施，既消除了初中生涌入大城市的现象，又为韩国人口疏散政策的落实作出了贡献。①

与此同时，"高中平准化"政策从诞生之日起就不断引发各种问题，实施过程中困难重重。1974 年，韩国文教部就扩大实施平准化的区域（将适用区域扩大到仁川、大邱、广州等地）举行听证会。但由于资金投入无法保障，私立学校财政困难凸显，韩国私学财团联合会、大韩私立中学校长协会、全国私立大学联合会等机构都强烈反对该政策，由此引发了全国讨论。韩国文教部委托韩国教育开发院对此开展全国范围调查，1978 年和 1979 年的两份报告指出："高中平准化"政策虽然出现了各种问题，但总方向正确。由此，文教部在 1980 年将高中平准化适用区域扩大到全国 20 个地区。平准化实施区域的扩大再次加剧了韩国国内的矛盾，除了首尔、釜山等人口密集的重要城市平准化推进较好，那些只有一所高中的小地方根本无法真正实施。此外，学校设施的不配套使得平准化地区的学校都处于二流水准，导致教学质量下降，出现了所谓的"下向平准化"。同时出现的恶性补习现象更是加重了学生的经济负担。这一改革在最大限度上追求教育公平，但平均主义的做法使得优质高中的教育停滞不前，学生学习能力下降，青少年早期留学、海外移民等人才流失现象日益增多。

综上可见，"高中平准化"政策削平了高中之间的内部差异，在一定程度上打压了韩国英才中学的发展；学群内"抽签"的招生方式降低了学业标准之于人才培养质量的重要性，导致了英才中学培养质量的下降，造成了"普遍平庸"的局面。事实上，"高中平准化"政策严重阻碍了韩国英才中学的发展以及英才的培养。

三、"关注卓越"时期英才中学的试点发展

20 世纪 70 年代后期，韩国政府开始意识到，要应对激烈的国际竞争，必须培养创造性人才。由此，韩国政府着手推动英才教育。一方面，以韩国教育开发院和韩国行动科学研究所为核心大力推进英才教育研究。具体研究内容有：英

---

① 田以麟. 今日韩国教育 [M]. 广州：广东教育出版社，1996：58.

才发展特征及其成长环境、英才心理特征、英才教育模式。一部分研究成果成为指导韩国英才教育实施的论据和策略。另一方面，加快英才教育的实施步伐。1978 年，韩国教育开发院发布的《教育发展的前景及课题》强调了国家层面发展科学英才教育的必要性，确定要在基础教育和高等教育阶段加强基础科学的教育，以提高国际竞争力，加快工业发展。其中，高中阶段要为在科学领域有潜能的学生设立专门的学校，提供特殊的教育。文教部自 1981 年 3 月起，以两年为计划，分阶段推进英才教育，指定 7 所学校实施英才教育，然后对英才教育的成果进行检验，以作为确立英才教育具体计划的参考资料。1983 年，创建了韩国第一所以培养科技英才为目标的科学高中——京畿道科学高中。有鉴于科学高中试点的成功，同年，韩国《基础教育法》规定建立"特殊目"高中。"特殊目"高中是指以特色化、个性化为目的创办的高中，可细分为外国语高中、科学高中、艺术高中、体育高中。比如，科学高中专门招收在数学和科学方面才能超群的英才学生，主要采取加速培养的方式，使得部分毕业学生可直升韩国科学技术院。1984 年，韩国设立了大田、光州、晋州科学高中。

为了推动教育多样化发展，扭转"高中平准化"所带来的教育划一性，1985 年，韩国设置了直属总统的教育机关——教育改革审议会。1987 年末，教育改革审议会提出了最终意见，着重强调教育的自律性和尊重个性，主张追求卓越，倡导教育环境的人格化。根据上述改革方针，韩国文教部决定：实现高中类型的多样化；导入跳级制和留级制，恢复部分学校的入学考试制度；进一步扩大和发展科技高中；推动私立学校的发展。[①]1987 年，韩国在教育开发院创设了最早的英才教育研究室，着力推进英才教育的全面发展，进一步扩大科学高中数量。1993 年，韩国有科学高中 13 所，分布在 12 个地区，其中汉城（今首尔）有 2 所。[②]

四、"英才教育立法"时期英才中学合法化

如果说 20 世纪 80 年代以前的韩国教育致力于"平等""均衡""普及"，那

---

① 陆兴发 . 韩国高中教育的发展和改革 [J]. 外国教育资料，1993（2）：77-81.
② 田以麟 . 今日韩国教育 [M]. 广州：广东教育出版社，1996：53.

么 21 世纪的韩国教育则追求"竞争""卓越""多样化"。[①]20 世纪 90 年代，在经历了数十年小规模的英才教育实验后，韩国政府认为对英才教育的重视有必要提升到政策层面，由此拉开教育改革大幕。1995 年修订的韩国《教育法》第154 条中有关早期升班、早期毕业的规定，就为英才少年的快速成长开辟了新的途径。[②]1996 年起，韩国教育部指定韩国教育开发院为英才教育中心，负责开发识别英才的测量工具及学习资料。[③]韩国开始在全国试办英才教育示范学校和英才班级。

韩国社会真正对英才教育达成共识是在 1997 年亚洲金融危机之后。韩国民众一致认为："国家发展需要与其他国家进行激烈竞争，而为应对信息化、个性化、全球化的 21 世纪'知识基础社会'，确保国家竞争力，发现与培育以科技领域为首的各领域的优秀人才，无疑是极为必要的"，"英才是最重要的'国家资产'"。[④]

21 世纪前后，韩国在基础教育阶段大力推行英才教育。1999 年 12 月 28 日，《英才教育振兴法》在国会得以通过，这为英才教育提供了法律保障。[⑤]但该法案没有在第一时间落地，因为韩国政府尚在探索系统化推进英才教育的制度和路径。2001 年 12 月，韩国公布《国家人力资源开发基本计划》，提出了推动英才教育的 4 个策略：构筑英才教育制度基石；推进反映各英才教育机构特色的英才教育事业；创设激发英才潜能的教育条件；完善英才教育基本体系。[⑥]

2002 年，PISA 测试成绩后公布，韩国国内一片哗然。测试结果表明，在与 30 个 OECD 成员方的比较中，韩国普通学生科学成绩排名第一，数学成绩排第二，阅读成绩排第六。但是韩国 5% 的顶尖学生成绩排名是科学第五，数学第六，阅读第二十。因此 OECD 建议，韩国应重视优秀学生的教育，最好启动

---

① 姜英敏 . "高中平准化"时代的落幕：韩国高中多样化改革浅析 [J]. 比较教育研究，2010（6）：43–47.
② 索丰，孙启林 . 韩国基础教育 [M]. 上海：同济大学出版社，2015：13.
③ 索丰，孙启林 . 韩国基础教育 [M]. 上海：同济大学出版社，2015：13.
④ 刘继和，赵海涛 . 韩国英才教育制度及启示 [J]. 比较教育研究，2012（12）：59–63.
⑤ 索丰，孙启林 . 韩国基础教育 [M]. 上海：同济大学出版社，2015：14.
⑥ 朴钟鹤 . 韩国英才教育的历史沿革与特点 [J]. 比较教育研究，2010（4）：67–71.

英才教育项目计划，激发英才的潜能。①2002 年 3 月，韩国正式实施《英才教育振兴法》。《英才教育振兴法》涉及韩国英才教育的目的、内容及实施方法，英才教育和英才班级的设立与管理，英才教育费用的支持，等等。譬如，《英才教育振兴法》第 1 条规定，韩国英才教育的目的是"早期发掘优秀人才，启发其与生俱来的潜力，通过实施跟其能力与素质相适应的教育，以达到个人的自我实现，促进国家和社会的发展"②。第 12 条规定，英才教育的对象是在"特定学科或特定领域"，以及"艺术和体育领域"中被认定具有一定水平以上的优秀人才或具有潜在能力的人才。③ 该法还专门规定了实施英才教育的教育机构，即普通学校的英才特殊班、英才教育中心、英才特殊学校。④ 第 2 条规定："国家可以将高中课程以下的各级学校中的一部分学校指定或转换为英才学校，或重新设立与经营英才学校。"第 6 条指出："为实施英才教育，国家或地方政府可以在高中课程以下的各级学校中将学科领域的整体或一部分设置为英才班级。"第 8 条指出："市道教育厅、大学、国立与公立研究所、政府出资机构以及科技、艺术、体育等相关公益法人可以设置与经营英才教育院。"⑤ 这意味着英才儿童可以在学校接受与其能力和素质相适应的英才教育。自此，英才教育开始在韩国初中等教育阶段实施，完全进入公共教育领域中。

随后，釜山科学高中（后更名为"韩国科学英才高中"）转型为第一所英才学校，经过在选拔方式、课程设置、学校管理等方面为期一年的准备，于 2003 年 3 月开始招生。随后，韩国分别将釜山科学高中、首尔科学高中、京畿道科学高中、大邱科学高中转型为英才高中。2005 年，为了制定国家中长期英才教育规划，韩国教育人力资源部在人力资源开发会议上发布了报告《英才教育振兴综合计划确立方案》以及《英才教育振兴法实施令》。前者勾画了 2003—2007 年韩国英才教育的发展蓝图，后者分别于 2008 年、2013 年、2018 年修订。⑥

① 谌启标. 韩国基础教育改革中的英才教育计划 [J]. 外国中小学教育，2005（5）：9–12.
② 刘继和，赵海涛. 韩国英才教育制度及启示 [J]. 比较教育研究，2012（12）：59–63.
③ 索丰，孙启林. 韩国基础教育 [M]. 上海：同济大学出版社，2015：14.
④ 谌启标. 韩国基础教育改革中的英才教育计划 [J]. 外国中小学教育，2005（5）：9–12.
⑤ 索丰，孙启林. 韩国基础教育 [M]. 上海：同济大学出版社，2015：14.
⑥ 贺淑曼. 天生我材必有用：英才教育学（修订版）[M]. 北京：教育科学出版社，2014：303.

第二节　韩国英才中学的发展特征

随着《英才教育振兴法》的出台，韩国英才中学进入了突破性的建设发展时期。英才中学在数量、办学性质、培养目标、选拔方式、师资力量、课程教学以及办学条件上都具有一定的优越性，以下详述之。

一、学校数量持续增长

自 20 世纪 80 年代韩国加快英才教育政策和立法进程以来，韩国英才教育在规模、数量和师资配备等方面都取得突破性发展。截至 2020 年，韩国共有 82012 名学生接受英才教育，占韩国中小学学生总人数的 1.53%，比 2003 年增长了 62038 人，增幅达到 1.28%（见表 6-2）。[①]

韩国的英才中学大致包括科学英才中学、科学艺术英才中学等。科学英才中学旨在培养科学与工程专业人才。自 2003 年韩国第一所英才中学（釜山科学英才高中）设立以来，科学英才中学的数量不断增长，截至 2020 年，韩国共有科学英才中学 28 所，该年受教育人数达到 6892 人（见表 6-3）。

韩国科学艺术英才中学不是从原来的理科高中转型而来，而是新设立的。韩国政府认为，科学英才中学过于强调科学知识和素养，而未来全球科技领军人才不仅需要有深厚的科学素养，还要具备艺术与人文素养。韩国于 2015 年和 2016 年分别设置了世宗科学艺术资优学院、仁川科学艺术资优学校。科学和艺术英才中学的人文和艺术科目所占的比重略高于科学英才中学，并且设置了科学、数学和艺术相结合的"融合科目"。

2014 年，韩国教育部和科学、信息通信技术和未来规划部（现为科学和信息通信技术部）从设立目的、教育目标、课程、职业发展、教师活动等 5 个方面对科学英才中学和科学艺术英才中学做了区分。但实际上，科学英才中学和科学艺术英才中学并没有太大区分。在科学艺术英才中学，数学和科学是基础，而艺术处于附属地位（见表 6-4）。

---

① Gifted Education Datebase. 영재교육 대상자 현황 추이 [EB/OL].[2021-12-25].https：//ged.kedi.re.kr/stss/main.do#download.

表6-2　2003—2020年韩国英才学生数量及占比

年份	英才学生数量 / 人	英才学生占比 /%
2003	19974	0.25
2004	25213	0.32
2005	31100	0.40
2006	39011	0.51
2007	46006	0.59
2008	58346	0.77
2009	73865	1.00
2010	92198	1.27
2011	111818	1.59
2012	118377	1.76
2013	121421	1.87
2014	117949	1.88
2015	110053	1.81
2016	108253	1.84
2017	109266	1.91
2018	106138	1.90
2019	99998	1.83
2020	82012	1.53

数据来源：Gifted Education Datebase. 영재교육 대상자 현황 추이 [EB/OL].[2021-12-25].https：//ged.kedi.re.kr/stss/main.do#download.

表6-3　2012—2020年韩国科学英才中学数量及学生数量

项目	2012 年	2013 年	2014 年	2015 年	2016 年	2017 年	2018 年	2019 年	2020 年
学校数量 / 所	24	25	26	27	28	28	28	28	28
学生数量 / 人	4905	5263	5695	6023	6699	6880	6831	6891	6892

数据来源：Gifted Education Datebase. 영재교육 대상자 현황 추이 [EB/OL]. [2021-12-25].https：//ged.kedi.re.kr/stss/main.do#download.

表6-4 韩国科学英才中学和科学艺术英才中学的区别

项目	科学英才中学	科学艺术英才中学
设立目的	培养优秀的理工科专家	培养在科学、艺术、人文领域具有融合思维和研究能力的融合人才
教育目标	培养具有数学科学潜力，对科学和工程研究开发感兴趣并愿意从事相关职业的学生	培养对科学、艺术、人文学科有较大兴趣，具有高级思维能力，有较强的创造性和开拓意愿的学生
课程	数学、物理、化学、生命科学、地球科学（60%以上）等基础科学领域的专业课程，理工学院教授和研究人员的研究活动	STEAM教育活动〔STEAM代表科学（science）、技术（technology）、工程（engineering）、艺术（arts）、数学（mathematics）。STEAM教育就是科学、技术、工程、艺术、数学多学科融合的综合教育〕
职业发展	借助理工学院和院系的资源，在科技领域进行研究和开发	升读科学或艺术等专业以开拓融合领域或通过融合专业创造新领域
师资安排	除教师外，还使用大学、研究所和公司的研究人员等专业人才	跨学科课程由专家与各专业教师联合教学

二、办学性质公立为主

从办学性质来看，韩国高中分为国立高中、公立高中和私立高中。国立高中是指由韩国教育部创办的高中，经费来源于国家统一拨款；公立高中是指各类地方政府创办的高中，经费来源于地方财政税收；私立高中是指由私人或机构创办的高中，经费主要来源于高额的学费。就当前而言，韩国"特殊目"高中中的科学、外语、艺术、体育4类学校被认定为英才教育机构。其中，科学高中和体育高中都是公立高中，外语高中和艺术高中多数是私立高中。[①] 比如，2014年韩国共有26所科学高中，其中首尔及釜山各有3所，大邱2所，其余市、道各有1所。只有釜山韩国科学英才高中为国立学校，其余均为地方开办的公立学校。[②] 韩国《英才教育振兴法》第14条（"资金支持"）规定："国家和地方人民政府可以对资优教育机构实施资优教育活动所需的设施运营费用、实验室和实习费用、学费以及其他开展资优教育活动所需的费用，给予全部或者部分补助。"

---

① 索丰，孙启林.韩国基础教育[M].上海：同济大学出版社，2015：14.
② 索丰，孙启林.韩国基础教育[M].上海：同济大学出版社，2015：34.

三、重点培养科学英才

韩国英才教育是指针对英才儿童提供的内容和方法适合每个人的能力和才能的教育。但就目前而言，韩国的英才教育是以科学英才的培养为主。韩国英才教育统计数据库的资料显示，当前 28 所韩国英才中学均为科学英才中学，接受英才教育的 82012 名学生中有 65.4% 学习的是数学、科学（见表 6-5）。

表 6-5　2020 年韩国接受英才教育的学生的学科分布

学科	学生数/人	占比/%
数学	9839	12.0
科学	12189	14.9
理科	31588	38.5
信息	4514	5.5
人文社科	3531	4.3
外语	1462	1.8
发明	4076	5.0
音乐	1699	2.1
艺术	1691	2.1
运动	444	0.5
融合	9237	11.3
其他	1742	2.1
全部	82012	100.0

数据来源：韩国英才教育官网，https://ged.kedi.re.kr/stss/main.do#download。

韩国科学英才教育目的在于提高学生的探究能力和创新能力，使学生具备成为世界级科学家的能力和人品。[1] 比如，KAIST 附属韩国科学英才中学将办学目标定位于"创办世界级科学英才教育机构"，注重培养未来的科研领导者，强调学生创新精神和探究能力的养成。再比如，首尔科学高中强调学生不仅要习得高级和卓越的学术技能，还要使自己成长为有责任的公民和领导者。其目标是：将学生培养成为韩国和世界范围内的顶尖科学家；增强学生在数学和科学方面领先的动机；培养学生的创造力，发展学生的高级研究技能；让学生熟练掌握

---

[1] 肖广军 . 韩国科学英才教育经验及启示 [J]. 教学与管理（理论版），2014（8）：154-156.

英语，为成为全球性的（韩国）领导者奠定基础。其特色做法是培养学生构建他们自己的角色与性格；为学生提供机会以发展他们的社会技能和兴趣；学生通过参加志愿者工作，为社区发展作出贡献；教学生懂得尊重的价值，培养学生的伦理道德意识。[①]

四、选拔方式多元系统

韩国英才选拔鉴定的标准越来越具有"多元智能"的特征，根据学习成绩、智力、创造力、成果和行为观察等综合评定。英才鉴定不再是一次性的、终结性的价值判断，而是侧重于发现、甄别、开发学生潜在能力的系统工程。韩国英才中学选拔英才学生主要分为审查资料、才能测试和夏令营等3个阶段，分别在6月、7月、8月进行。

第一阶段：审查资料阶段。学生提交的报名材料具体有：申请书、推荐信、学习成绩单、数学或科学领域获奖经历、各类认证书以及其他各种证明。鉴定审查委员会秉持公平、客观、准确、高效等原则，对学生提交的材料进行客观评定。只要学生在某一领域表现出卓越英才潜质，便能通过第一阶段的选拔。以首尔市科学高中为例，该高中的初试由校长推荐环节和考官确认环节组成。在初中校长推荐优秀学生后，考官严格认证校长和所在初中的资质，确认推荐书、学生申请书等相关材料，甚至到学生所在初中进行随机访谈。[②]为了确保资料审查的公正性，韩国规定学生所提交的个人申请书中不能出现参加奥林匹克竞赛等获奖信息，以及父母和亲属的职业、地位等信息。

第二阶段：才能测试。英才中学一般采用标准化测验、思维能力测验、创造性解决问题能力测验等方式鉴定英才。以数学检测工具为例，主要通过2~6道主观题来检测学生对数学知识的理解能力、推理能力、评价能力以及发现问题、解决问题的能力。检测工具在编制上最大限度地规避了对单纯知识的考察，以开放的方式提出相关问题，要求学生运用已有知识创造性地解决。

---

① 王雪双，孙进. 培育未来的科技英才：国外科学高中的培养模式与启示 [J]. 外国中小学教育,2015（6）：20–26.

② 姜英敏. 韩国高中入学制度改革刍议 [J]. 比较教育研究，2014（11）：69–73.

第三阶段：夏令营。通过露营、面试、讨论以及相关行为评估等形式对学生进行综合性的鉴定。[①] 该阶段的招录比在 2.5：1 到 2：1 之间。譬如，2003 年，韩国组织的科学训练营采用的选拔方式是要求学生制作并提交研究报告。训练营为学生提供研究所需材料、工具。学生根据材料确定所要探究的问题并进行开放性科学研究，在此基础上形成研究报告；每一位学生都要在小组内进行研究汇报和交流。又如，2016 年，仁川科学艺术英才中学采取集体跳绳、设计数字游戏以及口头采访的方式进行面试。实践考察围绕三方面开展：一是学生提出研究性问题的能力；二是学生创造性解决问题的能力；三是学生汇报与交流个人研究成果的能力。

五、英才师资精锐专业

首先，提高英才教育教师的入职门槛。韩国《英才教育振兴法》第 13 条规定："在英才教育学校（机构）任职的教员由教育部指定。一般情况下，普通教师可以通过研修为获取英才教师资格做准备。"

其次，加大英才教育教师培训力度。《英才教育振兴法实施令》第 31 条详细规定了针对英才教育教师的教育和培训办法：英才教育机构的教师，必须定期进行专业培训，以提高专业水平和资格；英才中学教师受任命的第一年应接受专业培训，韩国国家和地方自治机构负责英才教育教师的专业发展，提供各种各样的培训项目；培训项目的质量由教育部、科学技术部与市、道教育厅负责监督。[②] 教师的研修课包括基础研修（60 学时）、深化研修（120 学时）、海外研修（60 学时）等。在中小学教师职前教育课程设置中，有关英才教育的课程为必修课程。依据"综合计划Ⅱ"，参加培训的英才教育教师人数逐年增加，2008—2012 年参加培训的教师已达到 3 万人（见表 6-6）。[③]

① 肖广军. 韩国科学英才教育经验及启示 [J]. 教学与管理（理论版），2014（8）：154–156.
② 肖广军. 韩国科学英才教育经验及启示 [J]. 教学与管理（理论版），2014（24）：154–156.
③ 肖广军. 韩国科学英才教育经验及启示 [J]. 教学与管理（理论版），2014（24）：154–156.

表 6-6　2008—2012 年韩国英才教育教师参加培训人数计划

单位：人

项目	2008 年	2009 年	2010 年	2011 年	2012 年	合计
基础研修	3000	3000	3000	3000	3000	15000
高级研修	1000	1500	1500	2000	2500	8500
专门研修	500	500	800	1000	1500	4300
海外研修	200	200	250	300	350	1300
学校管理员 / 档案员	100	100	200	200	300	900
总人数	4800	5300	5750	6500	7650	30000

资料来源：金言柱 . 韩国英才教育的昨天、今天和明天 [EB/OL].[2021-12-25].http：// www.yaohua.org：8017/ sites/ news/ Lists/ List49/ Attachments/ 22/ beijing%20presentation.ppt.

最后，完善英才教育教师的激励制度。韩国推出英才和英才教育中心特级教师制度、加分奖励制度、全职教师上课制度等，以吸引更多优秀教师加入英才教育事业。[①]

六、英才课程高阶规范

韩国英才教育课程的发展以 2013 年为分界点：2013 年之前是英才中学根据学校英才学生的实际需要以及英才学校的办学定位自主探索英才教育课程开发的时期；2013 年之后是韩国国家英才教育项目标准的研制和实施时期。

（一）英才中学自主探索高阶课程

韩国英才教育课程指向英才学生高阶能力的发展，包括创造性能力、批判性思维、未来领导力等。比如，韩国科学技术院附属韩国科学英才学校 KAS 的课程包括三类，分别是学科课程、创意研究活动和领导力养成活动。每一类又包括具有高度相关性的不同课程。学科课程分为基础科目和专业科目：基础科目共 62 学分，旨在培养学生的人文素养，通过开设语文、社会、外语、艺术、体育等科目为学生未来的专业学习打下基础；专业科目共 73 学分，旨在培养学生的兴趣和能力，通过开设数学、信息科学、物理、地理、化学、生物等具体科目帮助在某一方面有天赋的学生实现个人潜力的最大限度发挥（见表 6-7 至表 6-9）。

[①]　肖广军 . 韩国科学英才教育经验及启示 [J]. 教学与管理（理论版），2014（24）：154–156.

表6-7 KAS的学科课程基本情况

课程类型	学分	目标	科目	课程作用
基础科目	62	培养学生人文素养	语文、社会、外语、艺术、体育等	专业学习的基础,所有学生都要完成相关课程的学习
专业科目	73	以关注学生兴趣及能力为指向	数学、信息科学、物理、地理、化学、生物等	强化学生在某一领域的才能的培养

表6-8 KAS的创意研究活动基本情况

活动类型	活动介绍
创意基础研究	创意设计探究、研究方法沙龙
小组自主研究	依托国内外大学和研究所的协助,通过"研究和教育"课程以及实际调研等方式开展
毕业研究	围绕感兴趣的话题进行毕业设计和研究。3年级时,学生可依据自身兴趣与KAIST所属教授取得联系,在获得对方同意的基础上,邀请其成为自己的论文指导教师

表6-9 KAS的领导力养成活动基本情况

活动类型	目标	实施载体
领导力养成活动	培养学生的团队合作意识、健康向上的价值观和健全的人格	各种团队活动(社团、思想品德教育)和志愿者活动

2010年起,KSA全面推行英语授课。实施"英语交流中心"计划,帮助不同英语水平的学生实现更好的双语学习,并推出了"语言学讲座""英文校对与翻译""资料管理及咨询"等子计划(见表6-10)。

表6-10 KAS的英语交流中心的课程活动

活动类型	活动介绍
语言学讲座	英语网络教学、课外辅导、TOEFL等英语考试应试策略及辅导等
英文校对与翻译	留学指导、校内外各类英文资料的校对与翻译
资料管理及咨询	各类英语视听资料配套、各类外语考试及留学咨询、英语教育与学习咨询等

资料整理自:朴钟鹤.韩国英才教育的历史沿革与特点[J].比较教育研究,2010(4):67-71.

（二）国家英才教育项目标准实施

2013 年，韩国开始实施第三个 "资优教育综合计划"（2013—2017），致力于开发国家英才教育项目标准，从教学方法、学习方式、教师资质以及教材运用等方面详细规定了具体学科的英才教育课程评估标准，按学段、学科及学生水平开发英才教育课程模式。之后，韩国分别于 2014 年、2015 年和 2016 年出台了科学、数学、人文与社会等学科的英才教育课程标准（见表 6-11），规定了各个学科资优生的核心能力，并设计了英才教育课程开发的一般过程。

表 6-11　韩国中小学英才学生的核心能力标准

核心能力		能力要素
科学核心能力	综合能力	综合运用学术概念、实际应用、通过学习活动了解先进科学技术
	科学人格	沟通分享能力、价值判断能力、自我管理能力、审美能力
数学核心能力	创造性解决问题的能力	直观的洞察力、创造性的应用策略、反思、重建和再创造
	高级数学推理能力	分析与综合、推理、执行逻辑程序、论证
	融合应用能力	建模、应用
	数学沟通与协作能力	理解、表达和转化、协作
	处理信息和使用工具的能力	信息处理、工具使用
	数学态度和实践意志力	对数学的价值认知和态度、实践意愿
人文与社会领域核心能力	语言领域	沟通能力、批判性和创造性思维能力、知识信息处理能力、交际能力、文化享受能力、自我管理能力
	社会研究	创造性思维能力、批判性思维能力、解决问题的能力、决策能力、沟通协作能力、信息利用能力

韩国 "国家英才教育项目标准" 明确了英才教育课程教学开发的过程与范式，强化了资优教育内容的开发，建立了资优教育质量管理体系，有助于为学生量身定制资优教育课程。①

---

① Gifted Education Database. 「국가 영재교육 프로그램 기준: 초·중학교 수학」 개발 목적 [EB/OL].[2021-12-25].https：//ged.kedi.re.kr/intro/course/prostandard2.do.

七、办学条件完备优异

英才中学在办学条件上占据一定优势。首先，英才中学的生师比远远低于韩国普通高中的平均生师比。据统计，科学高中的平均班额是 15.8 人，生师比为 4.9，而韩国高中平均生师比为 14.4。[1] 极低的生师比确保了英才学生能够得到教师较为全面和及时的指导。其次，英才中学的师资力量雄厚。1997 年的一项统计表明，韩国京畿道科学高中的 28 名教师中有 5 人拥有博士学位，21 人拥有硕士学位。[2] 截至 2005 年，韩国釜山科学英才中学共招聘 70 名教师，其中一半拥有博士学位。另外，韩国科学技术院还派了 12 名从事英才教育研究的教授参与教学工作。为了让英才中学的教师更专业地教学，釜山科学英才中学还大量扩充行政职员。[3] 最后，英才中学的硬件设施一流。譬如，京畿科学高中在 2012 年之前接受来自京畿道道府、京畿道教育厅水源市政府等提供的 800 亿韩元的经费支持。这些经费均用于学校设施的扩充以及日常运营。[4] 该校建有先进的物理、化学、生物、地理等实验室，以及语音室、计算机房，还开辟了当时独一无二的学生个人自由研究室，配备了寝室、起居室、活动室、营养室等条件优越的生活设施。[5] 学校设立专项资金购置丰富的图书资料，订阅大量期刊，供师生教科研和学习使用。釜山科学高中是韩国第一所科学英才高中，在教育课程、教员录用、学生招募、先进仪器设备的完善等方面，接受科技省的支援。[6] 釜山科学高中硬件配置一流，建设有尖端科学馆，设置了电子显微镜室、分析器械室、资料制作室、生命工学室等尖端实验室及科学图书馆、多媒体室、讲堂等，配备了多种尖端科学器材，等等。[7]

① 索丰，孙启林.韩国基础教育 [M].上海：同济大学出版社，2015：34.
② 刘继和，赵海涛.韩国英才教育制度及启示 [J].比较教育研究，2012（12）：59-63.
③ 金京泽.韩国科学英才教育的特色 [J].全球教育展望.2003（11）：72-76.
④ 朴钟鹤.韩国英才教育的历史沿革与特点 [J].比较教育研究，2010（4）：67-71.
⑤ 罗震雷.韩国科技英才的摇篮：京畿科学高等学校简介 [J].现代特殊教育，1997（1）：48.
⑥ 刘继和，赵海涛.韩国英才教育制度及启示 [J].比较教育研究，2012（12）：59-63.
⑦ 刘继和，赵海涛.韩国英才教育制度及启示 [J].比较教育研究，2012（12）：59-63.

第三节　韩国英才中学制度的学理争论

　　韩国的英才中学是在国家政策扶持下快速建立和发展起来的。"韩国政府极力说服国民纠正对英才教育的认识偏见，适时把握机遇，乘势而上，水到渠成地出台《英才教育振兴法》以及《英才教育振兴法施行令》，构建了完善系统的英才教育体制。"[①] 当前，韩国对英才教育的争论焦点已经从是否应该实施英才教育转向如何让英才教育的优点最大化、缺点最小化。[②] 总体来看，社会各界对英才教育表示肯定，但认为英才中学的选拔方式、课程设计、教学管理等都需要优化。

一、英才选拔科学性存疑

　　首先，选拔方式有利于男学生脱颖而出，以至于英才中学的女生代表性不足。当前，韩国的英才中学都存在男女性别严重失衡的现象。2019 年和 2021 年的统计数据显示，女生仅占英才中学学生总数的 1/10 左右（见表 6-12 ）。

　　其次，选拔存在地方保护主义，跨地区招生比重偏低。韩国本地的一项调查显示，2021 年韩国 8 所英才中学的 828 名学生中有 560 名来自首尔和京畿道，2020 年这一比例为 68.5%，2019 年达到 70.1%。首尔科学英才中学招收的 84 名新生中有 45 名来自首尔本地，大邱科学英才中学的 90 名新生中有 44 名来自大邱本地。[③] 可见，英才中学在选拔招生过程中存在一定的地方保护主义和地域偏见。

　　最后，选拔试卷及评判标准不公开，致使选拔结果的公正性受到怀疑。韩国科学英才中学选拔的试卷和评分标准是保密的，许多学生根本不知道自己错在哪里，也不知道为什么会被淘汰。

　　韩国英才中学的竞争十分激烈（见表 6-13 ），2021 年以前，由于学生可以同时报考多所英才中学，所以很多学生要同时准备几所英才中学的考试选拔。这不仅增加了学生的学业负担，也使得一些学校的招生名额变得更复杂（比如有学生同时被两所学校录取，其必然要放弃一所，从而造成了招生名额的浪

---

① 刘继和，赵海涛. 韩国英才教育制度及启示 [J]. 比较教育研究，2012（12）：59-63.
② 刘继和，赵海涛. 韩国英才教育制度及启示 [J]. 比较教育研究，2012（12）：59-63.
③ 이윤주. 영재고 올해부터 중복 응시 불가…40%는 지역인재 뽑아 [EB/OL].（2021-05-02）[2021-12-25].https：//www.hankookilbo.com/News/Read/A2021050215010000806.

费）。在 2021 年的英才中学招生规定中，报考者只允许报考一所学校，英才中学的竞争压力才有所缓解。

表 6-12　韩国主要英才中学男女生人数及性别比例

英才中学	男生数 / 人	女生数 / 人	性别比例
韩国科学天才学校	341	54	6.31：1
首尔理科高中	348	28	12.43：1
京畿理科高中	333	47	7.09：1
大田理科高中	264	16	16.50：1
大邱理科高中	229	52	4.40：1
光州理科高中	229	58	3.95：1
世宗科学艺术天才学校	206	76	2.71：1
仁川科学艺术资优学校	189	40	4.73：1

注：仁川科学艺术资优学校的数据截至 2021 年，其他 7 所学校的数据截至 2019 年。

数据来源：https://namu.wiki/w/%EC%98%81%EC%9E%AC%ED%95%99%EA%B5%90。

表 6-13　韩国主要英才中学笔试、面试录取率

英才中学	笔试录取率	面试录取率
首尔理科高中	6.01：1	2.00：1
京畿理科高中	6.08：1	3.58：1
光州理科高中	5.20：1	3.22：1
大田科学高中	4.53：1	1.89：1
大邱理科高中	5.09：1	2.44：1
世宗科学艺术资优学院	8.19：1	3.50：1
仁川科学艺术资优学校	7.41：1	3.75：1

数据来源：https://namu.wiki/w/%EC%98%81%EC%9E%AC%ED%95%99%EA%B5%90。

二、课外补习被再三强化

21 世纪以来，韩国基础教育改革不断向纵深推进，注重儿童的选择性和个性化发展，尤其是注重培养学生的综合素质。韩国颁布了《学前禁止法》，禁止超前学习，但英才学校并不受到该法律的限制。就英才中学的招生选拔而言，光掌握义务教育阶段的基本知识和能力远远不够，因为英才中学的入学选拔考试以高难度和超前学习而闻名。从对被英才中学录取且排名靠前的学生的调查

来看，这些学生在进入英才中学以前都已经学完了所有的高中数学课程。那么，在学校不提供超前学习条件的境况下，备考英才中学的学生如何才能高效地提前学习呢？秘诀就在于课外补习。

韩国 2017 年的纪录片《课外教育悖论》指出，多数家庭每个月要花费超过100 万韩元用于课外补习，有的家庭甚至超过了 300 万韩元。韩国教育开发院编制的《教育统计年报》显示，2014 年，韩国私人教育机构数达到了近 7 万家，补习的学生超过了 700 万人，授课老师多达 28 万人。在总人口仅为 5000 多万人的韩国，几乎可以说"不补习无教育"。

高昂的课外补习费用不仅造成了社会资源的浪费，也影响了学生的身心健康。这里以韩国庆北大学科学英才考试背后的课外补习现象为例来说明。庆北大学的英才教育院于 1998 年成立，其宗旨是"开发英才所具有的认知能力、创造力、对未来积极思考的能力等"[①]。参加该校英才考试的学生除了要考一般科目（英语等），还要考科学、数学、技术等专科，每个科目要参加 3~4 个补习班，有些学生甚至参加 6~7 个有名的补习班。有家长坦言："为了准备英才考试，孩子有好几个月是在车中度过的。"一些辅导机构开设了短则 2 个月、长则 6 个月的集中考试培训班。庆北大学的某教授指出，英才教育被辅导班等机构所左右，"目前很多学生，如未接受辅导班的学习指导，都不敢去考试"。[②]

三、资源倾斜制造不公平

20 世纪 80 年代初，科学高中的设立标志着韩国英才教育的开始，此后科学高中数量不断增长，实施形态也日趋多样化，实施领域日益宽广。但这并不意味着英才教育完全被韩国社会所认可，即便是在英才教育立法时期，依然有一部分民众认为英才教育在人为制造社会不公平，"在强调教育平等主义、考试竞争激烈的韩国，英才教育的导入曾遭到国民的强烈批判"[③]。因为英才中学政策只向少部分学生群体提供特殊教育（经费、师资等方面的倾斜），这不利于实现更

① 金红莲.韩国英才考试选拔制度受到质疑[J].基础教育参考，2005（6）：28.
② 金红莲.韩国英才考试选拔制度受到质疑[J].基础教育参考，2005（6）：28.
③ 刘继和，赵海涛.韩国英才教育制度及启示[J].比较教育研究，2012（12）：59-63.

大范围的教育公平和社会公正。在优质教育资源依然是稀缺资源的背景下，给予英才儿童特殊的教育资源倾斜伤害了大部分的非英才儿童及其家庭。这种担心和批判已经影响了韩国政府对英才教育的经费预算。调查显示，2013年以来，韩国的英才教育预算呈下降态势，2010年的预算共计883亿韩元，2015年削减至648亿韩元。削减预算经费对英才教育产生了直接的影响。例如，韩国各英才教育学校和机构的实验室设备采购不足，英才教育教师参与意愿显著降低，尤其是资深教师，开始拒绝参与"低回报"的英才教育。由此，许多英才教育项目就由未接受相关培训的教师承担，造成了英才教育质量的下降。有鉴于此，韩国英才教育协会副会长指出："创造力和能力相当重要，现实中却并没有充分发展和培养学生这方面的能力。教育行政部门要进一步提供支持，尤其是在财政经费上应当满足资优教育的发展需求，确保教师能够开发和实践适用于英才教育的新的教学方法。"[1]

四、英才培养质量受质疑

韩国英才中学是否真正按照英才教育的内在规律进行人才培养？相当一部分民众认为，当前韩国的一些英才中学已经逐渐转变成为首尔大学等名牌大学的入学考试的训练营。比如大邱科学高中在课程中明确规定了特殊项目的英才入学考试，从而表现出违背培养英才学生这一初衷的行为。即使是新成立的科学高中，也逐渐走上同样的道路。对于希望接受真正的英才教育的学生来说，这一政策转变是利刃。

也有一部分专家提醒，"韩国英才教育正处在危机之中"。当前，英才教育更应指向培养学生的创造性才能，但韩国英才中学在这方面不尽如人意。韩国教育发展研究所所长金在春指出："从现在开始，我们需要将教育范式从以教师为中心转变为以学生为中心，培养有创造力的人才。"[2] 韩国英才中学在培养具有创新能力和合作能力的未来英才方面尚需加大探索力度。

① 듀 기자 ."위기의 영재교육…영재 개념·교육법 다 바꿔라" [EB/OL].（2017-05-29）[2021-12-25].
https：//www.chosun.com/site/data/html_dir/2017/05/28/2017052801108.html.
② 듀 기자 ."위기의 영재교육… 영재 개념·교육법 다 바꿔라" [EB/OL].（2017-05-29）[2021-12-25].
https：//www.chosun.com/site/data/html_dir/2017/05/28/2017052801108.html.

第七章

CHAPTER
7

————

英才中学制度的综合审视

基于上述对中国重点中学制度、德国文理中学制度、英国文法中学和公学制度、美国学术高中制度、日本超级科学高中制度和韩国科学英才高中制度的历史回顾与现状描述，这里可以下一个基本判断：上述六国的英才中学制度仍将继续存在。从长远来看，上述六国不仅不会废除英才中学制度，在某种契机下甚至会强化该制度。譬如，在世界范围内都注重英才培养的当下，英国重新讨论开设新的文法中学，美国进一步加强了 STEM 学校建设，韩国、日本近年来加大对科学高中的政策支持。综合来看，国际英才中学制度的经验对我们理解英才中学制度的价值追求、进行整体的制度内容设计具有借鉴意义。

第一节　英才中学制度的价值追求

任何教育制度都不是价值无涉的，而是多方博弈的结果。任何教育制度的设计和实施都遵循特定价值标准的指导。[①] 概言之，公平与效率这对范畴是各国英才中学制度的价值追求。在英才中学制度框架下，"教育效率"表现为"高质量人才培养"的实现，"教育公平"则体现为"人人受适切教育"目标的达成。

一、教育效率：追求高质量人才的培养

（一）追问教育效率与教育质量之关系

经济学中采用"投入—产出"之比来计算效率，但这一效率观并不完全适用于教育领域。按照经济学对效率的定义，最有效率的是"低投入—高产出"。但这种追求显然只是一个神话。在低技能领域是可以实现的，比方说，在零配件

---

① 孙金鑫，王刚.用好"后发优势"：对中国英才教育政策的反思与建议 [J].教育科学研究，2020（4）：16–23，61.

加工贸易中，生产设备的投入并不高，又依靠廉价劳动力来增加经济效益，最后达到了"低投入—高产出"的目的。然而，"低投入—高产出"在高科技领域是根本无法实现的。以航空发动机为例，国家将顶尖人才、巨额的经费投入这一高精尖产品的研发当中，最终制造出了有自主知识产权的航空发动机，对国家航空和国防事业的发展有着里程碑的意义。这一例子体现出了"高投入—高产出"的特征，如果按照经济学"投入—产出"之比的计算方式，显然比值并不高，但高科技领域永远是一个国家的核心竞争力所在，必须依靠自主研发。因此，"高投入—高产出"的做法是高效率的。教育领域同样存在这种"高投入—高产出"的现象。高质量人才的培养就需要高投入来保障。比如小班教学，小班跟大班比，显然大班效率高，因为它花钱少；但如果把大班划分成几个小班，成本就增大了，效率就降低了。但教育领域倡导这种看似低效率的小班教学，因为实施小班教学对学生的个人发展好处颇多，能够践行因材施教，促进学生个性化发展。所以，许多国家和地区都宁可增加经济成本也要实施小班化教学。显然，高质量的教育是需要高投入来确保的。要确保潜在英才的良性发展，就要为他们创造一个良好的成长环境。这个成长环境包括良好安全的校园环境、自由宽松的制度环境、充满智慧的课程与教学环境、卓越的师资环境等等。上述每一方面的环境创设都需要极高的投入。以充满智慧的课程与教学环境的创设为例，要将学生培养成未来的英才，课程与教学应当有足够的挑战性，这就要求学校开发出丰富的充满智慧含量的课程，如大学先修课程等。这些课程的开发需要动用全国的资源和力量，仅在人力资源方面就包括大学的专家教授、各地的中学校长，甚至是该领域中的顶尖专家。一旦课程开发出来，还应当为课程的顺利实施提供各种保障，比如，建设先进的创新实验室、购买教学所需的仪器设备。这些都需要极高的资金投入。

教育效率的本质是教育的质量。教育有效率是指单位投入（时间、经费、人力）所培养的人才在数量和质量上达到最优。相较于教育数量，教育质量才是教育效率最根本性的内涵。也就是说教育效率取决于教育质量，没有教育质量也就无所谓教育效率。那么，怎样的教育质量才反映了高的教育效率呢？显然，高质量的教育也是高效率的。质量高的标准又是什么呢？简言之，就是对人的发展、社会（国家）发展的贡献大。具体而言，是指教育对促进受教育者个人素质全面提升、人生成功和幸福的贡献，也指对社会进步、国家发展（经济发展、政治发展、文化传承）的贡献。前者是对教育效率的直接衡量，通过教育对个人发展的贡献率来衡量；后者是对教育效率的间接衡量，通过教育对经济社会发展的贡献率来衡量。贡献率越高，则教育效率越高。教育效率是教育规模（数量）与教育质量的统一。使用同样的资源，培养出更多的、高质量的公民，这样的教育就是有效率的。[①] 只有高质量的教育，才有对个人发展、国家发展的高贡献率。教育培养的人有三种情况。第一种是高质量的正品，这是我们最希望得到的，也是最富有效率的。第二种是次品，所培养出来的人存在一定的缺陷，比方说知识技能掌握得不错，但是智力发展不够。次品也有一定的正向效率，但总体上没有正品的效率高。第三种是废品，即培养出来的人缺乏德性、人格不健全。这样的人即便有知识、技能强、智商高，但由于缺乏德性和健全人格，将来很可能给社会带来负面影响，他们要么伤害别人，要么走向自我毁灭。显然，废品所带来的效率是负向的。由此可见，教育要尽可能多地培养正品，如此才能为国家和社会作出较大贡献。

就我国而言，出台重点中学制度就是在特定历史条件下追求教育效率的一种结果。"特定历史条件"概括起来就是两个字：一个字是"穷"，国家人力（合格教师）、物力（学校硬件设施）、财力（教育经费投入）有限，教育资源极度贫乏；另一个字是"急"，国家重建、追赶西方发达国家、实现现代化亟须培养各方面的专门人才。在这种情况下，举全国之力、集中力量创办一批重点中小学，就成为一种符合国情的理性选择。只有这样做才能切实提高有限教育资源的使用效率，也就是用最小的投入、在最短的时间内、培养出最多最好的各类国家急需人才。[②] 随着社会经济水平的提高，重点中学产生的"特定历史条件"似乎已经不复存在。当今中国已经成为世界第二大经济体，人均 GDP 也超过了世界平均水平，各行各业都发展势头良好。在这样的社会背景下，还有必要集中优势力量办重点中学吗？我们的回答是依然十分有必要。理由在于：第一，比

① 褚宏启 . 关于教育公平的几个基本理论问题 [J]. 中国教育学刊，2006（12）: 1-4.
② 夏正江，蒋洁蕾 . 重点高中存废的理论迷思 [J]. 全球教育展望，2014（11）: 25-51.

较来看，我国当前的教育资源既充裕又短缺。同改革开放初期相比较，当前的教育资源已经相当充裕；但是同国际上教育发达国家相比较，我国学生人均教育资源依然匮乏。另外，将国家现有优质教育资源（好学校、好教师）的储量同整个社会对优质教育的需求相比较，可以发现我国现有优质教育资源仍然紧缺。[①] 第二，当前我国对英才的需求依然十分紧迫。一方面，英才的培养标准和规格大幅度提升。当今社会已迈入信息化、智能化、全球化的时代，社会和国家对人才培养规格提出了更高的要求，英才不仅要掌握某一行业和学科的专门化的知识与能力，更重要的是学会学习、学会思考与探究、学会与他人合作、能够运用知识和创造知识、能够运用科学方式解决问题等等。另一方面，从国际竞争的角度讲，虽然我国当前已成为世界第二大经济体，但我国仍然处于产业升级、经济增长方式由粗放型向集约型转变的阶段，社会经济发展过程中依然存在许多"卡脖子"的领域和产业，要在高新技术产业拥有世界话语权，突破"卡脖子"领域的技术难题，就必须"大力提升基础教育和高等教育的质量，按照人才培养的规律去培养社会发展所需要的各类精英人才或高端人才"；可以这样说，"在中华民族的历史上，国家对优秀人才、精英人才和高端人才的渴求，从来没有像现在这样紧迫"。[②] 综上可见，我国当前依然要通过举办重点中学来确保高质量英才的培养。日本、韩国、美国等国家举办英才中学也同样是出于对高质量英才的追求。由此可见，衡量英才中学的教育效率，最根本的指标是看"是否利用这些优质教育资源培养出了足够数量的高质量人才"。如果英才中学做到了这一点，那是其本分；如果做不到，那就说明英才中学在英才培养方面的效率是不高的。要证明英才中学在这方面的高效率，最科学和直观的方法是通过数学建模和统计分析来反映。光有这一点还不够，还应当比较办与不办英才中学两种境况下人才培养的数量和质量，这同样需要更复杂的建模和统计。显然，理论上可以如此假设，但现实是这两种方式不可能在同一历史条件下出现，再说数学建模和统计上也存在着技术难题，因此很难从科学的角度来回答这一问题。目前我们仅仅只是从经验和直觉的角度来衡量英才中学制度在特定

---

① 夏正江. 重点中学损害教育平等吗 ?[J]. 教育发展研究，2008（23）：25-29.
② 夏正江. 重点中学损害教育平等吗 ?[J]. 教育发展研究，2008（23）：25-29.

历史条件下人才培养的效率。比如，我国考入北大、清华的学生基本来自重点中学，英国文法学校和公学几乎垄断了牛津剑桥的生源，美国学术高中具有极高的升学率，日本、韩国的情况也基本相同。由此，从升学率的角度来看，英才中学具有较高的教育效率。

然而，升学率仅仅只是教育效率的表现之一，衡量英才中学教育效率的最根本标准是"英才中学是否真正培养出了英才"。要回答这个问题，首先要明确何谓"英才"。按照古代中国人的说法，"夫草之精秀者为英，兽之特群者为雄……是故聪明秀出谓之英，胆力过人谓之雄"（刘劭《人物志》）。精英不但拥有智慧，还得富含勇气。而按照 17 世纪法国人的说法，精英指"精选出来的少数优秀人物"。精英是稀少的，而且是被精选出来的。[1] 当前，国内外学者大体上从才能和德性两个角度对英才作出阐述。譬如，清华大学老校长蒋南翔将中华人民共和国成立初期的英才的特质概括为"又红又专"："红"大约可以对应李光耀所言的"品性"或者欧美精英的"政治正确性"和"为公共福祉而奋斗的决心和意愿"；"专"的内涵则稍显局限，大约是指服务于国家工业化发展所需要的在某个特定领域的"专业素质和专业问题解决能力"。[2] "红"和"专"分别从思想品性和专业能力对精英人才作出了限定。老一辈教育学家刘佛年也给出了他心目中"出类拔萃的人"的标准。他指出："我们要培养出类拔萃的人才，就要注意培养他们独立学习、独立工作的能力，就是独立提出、分析、解决问题的能力。"[3] 这意味着出类拔萃的人首先应当具备智力上的优势。此外，他还认为优秀人才除了智力发展外，非智力因素，如情感、意志力等也应当同步发展。用他的话来说："一个人要有成就，很重要的是要有很强烈的好奇心和求知欲。碰到新的问题肯去追求、钻研，遇到新的任务，肯去完成。"[4] "学习也好，工作也好，不能只调动某一方面的力量，而应该把一个人的智力、情感的力量、意志力、体

① 宋石男. 当代中国没有精英教育 [EB/OL].（2014-09-01）[2021-12-25].http：//edu.qq.com/a/20140901/018067.htm.
② 罗燕，文雯，马迪，等. 精英的特质与选拔："清华大学本科新生入学调查"工具的研究报告 [J]. 清华大学教育研究，2015（1）：53-59.
③ 教育部普通教育一司. 中学教育经验选编 [M]. 北京：人民教育出版社，1980：36.
④ 教育部普通教育一司. 中学教育经验选编 [M]. 北京：人民教育出版社，1980：37.

力等各方面的力量，都全面地调动和发展起来，这样才能培养好一个人才。"①雷晓云认为英才的特征更多地体现为一种精英意识与精英精神，这不仅仅通过成绩优异、能力非凡、技艺高超、贡献卓越等涵盖与表达；真正的精英应当具备博大之胸怀、独立之人格、自由之精神，以及对真善美之挚爱与不懈追求。②宋石男认为"精英必须是整全的人"，体现为在知识层面和人格方面都应当有所作为。"在知识层面，精英需要具备通识。他不能仅仅学会从淘宝上购买钻戒就认为自己懂得了爱情的真谛。正如1946年华盛顿大学诺斯兰教授所言，具备通识的人，致力于个人的整体健全发展，包含提升生活的目的、提炼对情绪的反应，以及运用我们最好的知识来充分了解各种事物的本质"；"在人格方面，精英需要培育自己的责任感与道德勇气。在这个层面，精英教育既要帮助年轻人成为独立的个体，拥有独特思想和个性化生活，又要使他们能适应公共生活，成为公民和共同文化的继承者"。③

再来看国际社会如何阐述精英的特征。1813年，杰弗逊（T. Jefferson）给友人写信说："在人和人之间有一些自然贵族，因德行和才能而优秀。还有一种是因为财富和家庭身世而成就的假贵族，他们既无德又无才。……自然贵族是社会教化、信任和治理的宝贵的人才……假贵族是良政的祸害，应该有制度防止他们得到升迁。"杰弗逊对自然贵族（真贵族）与人为贵族（假贵族）的区分，能增进我们对精英的理解。自然贵族与人为贵族或者说精英与伪精英之间的区别就在于，前者是为了价值而活，后者则为了价格而活。1996年，世界21世纪教育委员会提出创新人才的7条标准：积极进取的开拓精神；崇高的道德品质和对人类的责任感；在急剧变化的竞争中较强的适应能力；宽厚扎实的基础知识，有广泛联系实际问题的能力；有终身学习的本领，适应科学技术综合化的发展趋

---

① 教育部普通教育一司. 中学教育经验选编 [M]. 北京：人民教育出版社，1980：38-39.

② 雷晓云. 精英教育：一个仍需关注的课题——兼论精英与精英教育的质的规定性 [J]. 现代大学教育，2001（4）：69-72.

③ 宋石男. 当代中国没有精英教育 [EB/OL]. （2014-09-01）[2021-12-25].http：//edu.qq.com/a/20140901/018067.htm.

势；丰富多彩的个性；具有和他人协调并与之进行国际交往的能力。① 美国全国优秀学生协会（National Honor Society）列出了评选优秀高中学生的 4 项标准：第 1 项是学习成绩，要求学生各科平均成绩达到多少分，各地各校要求不一样；第 2 项是社会服务，要求学生无偿为学校或社区做多少小时的义工；第 3 项是领导能力，要看学生是否足智多谋，为人可靠，擅长解决问题和出谋划策，积极参与学校的各项活动，既参加别人组织的活动，也能自己组织活动；第 4 项是品行，要求学生坚持道德原则，易与他人合作，负责任，诚信可靠，关心和尊重他人，是社会好成员。②

综上，我们可以从智力和德性两方面对英才卓越发展的特征进行描述。就智力培养来看，英才应当具备以下特征。①具有强烈的求知欲，对认识世界具有内在的兴趣。对他们而言，读书不是为了考试，而是为了明理和求知，为了发现和探索真理。②知识结构合理（自然科学、社会科学与人文学科知识），熟读古今中外人类文明的经典著作，具有深厚的文化积淀和广阔的认知视野，具有东西方文明的对话与交流能力。③具有自学能力，善于把所学知识在新颖的、不熟悉的情境中加以灵活运用与迁移，能综合运用所学知识去解决现实生活中结构不良的开放性问题，能独立运用自己的脑力劳动去发现和建构新的知识。④受过严格的智慧训练，熟悉人类基本的智力活动模式或思维方式（如逻辑的、经验的、道德的和审美的思维方式），能对人类已有知识经验的真理性、已有认知方式的合理性进行批判性反思与检验。③ 从德性培养来说，英才中学应致力于培养一代有灵魂、有信仰、能引领社会发展和进步的精英。其德性特征涵盖以下几点：有良好的道德理解力与判断力，能对复杂的道德问题进行理性的思考，能够超越时尚与潮流，不为强权或多数人的意见所奴役，拥有独立自由的灵魂；具有胸怀天下、敢为人先、经邦济世的家国情怀；有克己奉公的自律精神、刚毅不屈的意志力和敢于担当的勇气；有乐于奉献、服务国家和民众的社会责任感与

---

① 何晓文. 德育引领创新：华东师范大学第二附属中学创新人才培养的探索与实践 [M]. 上海：华东师范大学出版社，2009：239.
② National honor society[EB/OL].[2021-10-23].http：//www.nhs.us/tabid/2126/default.aspx.
③ 夏正江，蒋洁蕾. 重点高中存废的理论迷思 [J]. 全球教育展望，2014（11）：25-51.

使命感；有优雅的礼仪、高贵的气质、绅士的风度、过硬的心理素质；有善于与不同人打交道的合作意识、沟通能力与领导能力；等等。^①

基于上述英才标准，我们来检视当前国际上英才中学的培养目标。德国文理中学的培养目标大致为：帮助学生发展成熟和对社会负责的态度和人格；传授基础知识和技能；发现和发展学生的天赋；培养学生认识自己天赋和发展倾向和对自己未来发展作出正确选择的能力；培养学生独立作出判断和行动的能力；培养学生对世界的理解和批判的能力；发展学生参与社会民主建设的意识。^②美国学术高中的使命就是培养各方面的卓越和精尖人才。虽然美国不同高中对卓越和精尖人才的具体理解存在差异，但大体上都从"成才"和"成人"两个角度来阐述。"成才"的目标主要强调将学生培养成为某一学科领域的专才和领袖。譬如，伊利诺伊理科高中定位于培养具有"创造性"和"科学道德思想"的科学、数学和工程学领域的领军人物；阿肯色州数学、科学及艺术学校旨在创建、鼓励和维持能促进学生、教师和教职人员追求数学和科学等知识的学习氛围，使学生成为未来社会的领军人物。^③"成人"的目标关注的是学生人格方面的发展，具体体现在对学生非智力因素、道德品质等方面的发展提出要求。譬如史岱文森高中提出，要培养善于观察、富有想象力、思维敏捷的人，不断进取、敢为人先、勇于创新的人，能说能做、乐于实践、身心健康的人，实现自我、愿意协作、贡献社会的人。^④日本的超级科学高中所培养的未来科学精英不仅在专业能力上有突破性的成就，在道德层面、社会责任担当以及身心发展等方面都能引领社会发展。我国华师大二附中所要培养的创新人才的素质包括创新精神、创新能力、创新人格三方面。创新精神包括好奇心、探究兴趣、求知欲、对新奇事物的敏感、对真知的执着追求等。创新能力包括知识水平和能力结构两个方面：一方面，要有扎实的基础知识、厚实的人文底蕴与科学素养、较宽的知识

① 夏正江，蒋洁蕾.重点高中存废的理论迷思[J].全球教育展望，2014（11）：25-51.
② 李其龙.让每一个学生的特长得到充分发展：德国普通高中阶段课程研究[J].全球教育展望,2002（3）：6，18-21.
③ 郑太年，赵健.国际视野中的资优教育：拔尖创新人才培养的理论、政策与实践[M].上海：华东师范大学出版社，2012：96-97.
④ 王定华.为造就拔尖人才奠定基础：美国纽约三所重点高中调查[J].课程·教材·教法，2001（3）：65-67.

面，并形成再生性的知识结构、丰富的隐性知识等；另一方面，要有较强的实践能力、丰富的实践经验、有效的自我管理能力以及理性的创新思维能力。创新人格是创新人才的核心要素，也是最主要的特征。它的构成以非智力因素为主，包括：独立性强、自信心强、敢于冒险、具有好奇心、有理想抱负、不轻信他人意见、富有幽默感、易于被新奇事物所吸引、具有艺术的审美观、兴趣爱好既广泛又专一等。[①] 从中可见，当前英才中学的培养目标中不仅考虑到了英才的智力发展要求，也提出了英才的德性发展标准。基于以上判断，如果英才中学培养出来了如上所述的在智力和德性上都有较充分和高质量发展的人才，那么就可以认为英才中学具有较高的教育效率。

（二）我国英才中学教育效益之检视

提高英才中学的教育效率势必要在人才培养质量上下功夫。但事实上，与国际上英才中学的教育质量相比，我国重点中学的英才培养质量并不尽如人意。

1. 我国重点中学所培养的学生在智力发展方面存在一定缺陷

首先，重点中学的学生虽然擅长考试，但其中相当多的学生仅为考试而读书。对他们而言，求知只是手段，分数才是最终的目的。他们学习的目的不是求知、增长才干与智慧，而是在考试竞争中取胜。笔者对重点中学学生读书目的做了调查，在列出的 4 个读书目的中，51.3% 的学生将"为了将来找到一个好工作"排在第 1 位，22.9% 的学生将"为了实现家人的期望"排在第 1 位，12.8% 的学生将"为了中华民族的伟大复兴"排在第 1 位，11.5% 的学生将"为了发现和探索真理"排在第 1 位。可见，绝大部分的重点中学学生将读书和考试当成获取功利性目的的敲门砖。追求功利目的的学生，往往不理解学习的真谛，一旦达成目的，便会把与学习相关的事情抛诸脑后。其次，重点中学的学生缺乏自由阅读的时间，缺少对经典著作的阅读和学习。笔者针对"重点中学是否给予学生自由阅读的时间"这一问题进行了调查，结果显示，52.9% 的学生指出所在学校并没有给他们自由阅读的时间，32.5% 的学生表示有自由阅读的时间，14.6%

---

① 何晓文. 德育引领创新：华东师范大学第二附属中学创新人才培养的探索与实践 [M]. 上海：华东师范大学出版社，2009：239-240.

的学生则表示不清楚。没有自由时间往往意味着学生无法实现思维的自由驰骋。显然，在重点中学追求"三高"（高升学率、高名牌大学录取率、高竞赛获奖率）的大背景下，其是不可能、也不敢留给大量的自由支配时间来阅读、想象、创作等。一些调查均指出，重点高中的学生缺乏对经典著作的阅读和学习，他们的"课外读物"中充斥的是教辅图书。此外，在残酷的升学竞争下，他们的求知欲、对事物的好奇心早已荡然无存。表面上看，他们考进名校，是了不起的成功者，可实际上他们是真正的失败者，因为他们并不真正看重知识、尊重知识和喜爱知识。举一个极端的例子。衡水中学是全国有名的重点高中之一，被冠以"高考航空母舰"的称号，每年考入北大、清华的学子不计其数，其军事化和量化的管理方式引起了全国各地学校的效仿。但这样一所高考成绩极佳的学校，也招致了巨大的争议，批判者称其为"高考绞肉机"，认为其所实施的是反人道和反本真的教育。笔者认为，衡水中学最大的问题在于用近乎洗脑的宣传方式改变了学生的学习动机，使得学生认为所有的事情都围绕着高考。学习的动力固然有了，但是由于缺乏最基本的学习兴趣，以后的发展将是难以持续的。① 相当一部分重点学校的学生习惯于通过听讲接受现成的知识，不会自主探究、独立思考。他们只会做去情境化的"习题"，不会与"原始问题"打交道，不会把从课堂或书本上习得的知识应用到日常生活中去，遇到实际问题常常束手无策。我国高中生（包括重点高中的学生）普遍没有受过完整的哲学教育，尤其是没有受过"知识论"教育，对自然科学、社会科学和人文学科研究必须遵循的"方法论"知之甚少，缺乏批判性思维与批判性思考能力。

2. 我国重点中学培养出来的学生的道德发展离理想状态还有一定距离

首先，绝大多数学生没有受过严格的、基本的道德思维训练，缺乏道德思维能力。一些学生滥用"自由"，毫无根据地反抗一切，以为这样做就是时尚，就能获得来自同伴的尊敬，就能彰显自己的存在价值；另有一些学生眼中只有"规则""规范"，盲目服从，不理解这些"规则""规范"从何而来、为什么而存在，不能从更高的层次去思考它们的合理性。这两种学生在探求"道德真理"的

---

① 蒋永红. 衡水中学的"水"究竟是什么？ [EB/OL].（2015-08-10）[2021-12-30].http：//www.360doc.com/content/15/0810/10/6108446_490685008.shtml.

问题上都出了问题。"行善必先知善","知善"并不是一件容易的事,它必须借助道德思维的训练。

其次,学生普遍缺乏有关"精英伦理"的教育。北京大学社会学教授郑也夫指出,"重点高中和大学要对其学生实施特殊的'精英伦理'教育:必须回报较早获得的社会恩宠,即为社会承担责任,做社会良好风尚的践行者,做社会优秀文化的守护人"[①]。反观现实,相当一部分重点学校的学生对自己肩负的社会责任没有清醒的认识。一些学生以为,考上重点学校,就意味着将来可以名利双收。钱理群曾批评中国的大学(包括北大)正在培养一批精致的利己主义者,这一批评在某种意义上也适用于重点中学。学生只为自己个人的前途或家庭的利益而读书,固然不能说有什么大错,但如果一个国家的未来精英都这样想、都这样做,那我们这个社会就很危险,就看不到希望。笔者在调查中发现,重点高中学生中有相当一部分对国家大事缺乏关心。针对"你会主动了解国家大事吗"这一问题,37.5%的学生表示"经常会",53.9%的学生表示"有时候会",6.6%的学生表示"不太会",1.9%的学生表示"不会"。针对"你有中国梦吗"这一问题,68.8%的学生表示"有",31.2%的学生表示"没有"。笔者进一步就重点高中学生的社会责任感进行了调查,结果表明:有34.3%的学生主动开展过社会调查,走入社会,了解社会,但高达65.7%的学生缺乏相关的经历;54.0%的学生在高中阶段有过做义工和提供志愿服务的经历,46.0%的学生缺乏这样的经历。这说明大部分重点中学学生不会主动了解社会和服务社会。

再次,重点高中的学生道德成熟度不足。上海市教科院德育研究与咨询中心主任谢怡范教授指出,现在高中资优生的道德判断能力发展滞后6~8年,很多人还处于小学阶段的"平等、报复"阶段[②],而高中生的德育判断力应该发展到"同情周围的弱势群体,培养责任意识"阶段[③]。重点高中学生的道德判断显得非常幼稚,甚至做出一些偏离常态的行为;一些学生的道德判断往往依赖于他人的

---

① 郑也夫. 吾国教育病理 [M]. 北京:中信出版社,2013:47.
② 勿忽视资优教育 [N]. 新民晚报,2005-05-25.
③ 以下三点具体的表现主要参考张泽红的硕士学位论文。张泽红. 资优生德育的实践探索 [D]. 上海:上海师范大学,2006:3-4.

评价，人云亦云，无法独立自主地作出恰当的判断；还有一些学生只根据表面的现象和事实作出道德判断；甚至出现严重的自我中心主义，根据"是否对我有益"作出道德判断；等等。凡此种种皆是重点高中学生道德成熟度不足的明证。

最后，部分学生精神萎靡，没有梦想，没有个性。钱理群在多个不同的场合反复强调，青春时期不只是为进入成年做准备，不只是一个过渡阶段，它本身就有独立存在的价值。"青春时期的生活，有最多的梦想，最纯的情感，最强的求知欲，最真的人生态度"（深圳育才中学严凌君语），这是一个情感丰富、观察敏锐、富于梦想与激情、勇于探究和创造、敢于怀疑和反抗、追求独立与自由的特殊时期。然而，在教育中，许多人把青春时期当作一个不成熟、躁动不安的危险期，认为这个时期应尽量压缩、尽快把它跳过去才好。于是乎，家长、学校和社会就不断地用所谓"成熟"的标准去要求学生，结果便是把本来丰富、敏感和反抗的学生，一个个地变成贫乏、迟钝、屈从的庸人，这是一种"反教育"的教育。在钱理群看来，衡量一所中学是否"一流"的首要标准，就是看这所学校的学生身上是否充盈着一股"青春精神"或"青春气息"。[1] 这话不无道理。2014年3月，作家张曼菱在北大的一次讲演中说，考入北大的学生未必就是精英，他们之所以能考进北大，是因为他们比同龄人更能够接受来自家长、社会和学校的压制，正是这种对压抑的"服从"与"配合"，才让他们考进了北大。她把这种胜利称为"压抑的胜利"。[2] 钱理群和张曼菱的观点有一个交集，即强调发展个性、追求性格的多样化，好的教育不应是对全民族个性与性格的"驯化"。

综上可见，为了达成英才中学的教育效率，必须坚定不移地提高英才中学本身的办学质量，尽可能促进学生的智力发展与德性培育。

二、教育公平：追求人人受适切的教育

从各国对英才中学制度的争议来看，焦点是"举办英才中学是否违背教育公平"。要回答这个问题，首先需要厘清什么是教育公平。教育公平不同于教育

---

① 钱理群. 我的教师梦 [M]. 上海：华东师范大学出版社，2008.
② 详见张曼菱 2014 年 3 月 29 日在北京大学的讲座"压抑的胜利"。

平等。平等的本质是均等性（一样），公平的本质是合理性。平等并不必然意味着公平，而不平等（不一样）有时反而是公平合理的。英才教育作为因材施教的一种形式，体现了教育的差异性公平。教育的差异性公平是指，根据受教育者个人的具体情况区别对待，受教育者的先天禀赋或缺陷以及他们的需求是进行资源分配时必须考虑的前提，要尊重学生的不同需求，要提供多样化的教育资源。提供多样化的教育资源意味着对差异性的认可，但是也意味着公平。[①] 在人文社会科学研究领域，众多学者对差异公平进行了阐述。比如，科尔曼（J. S. Coleman）认为，教育机会均等的第二个演变阶段是认为不同的儿童会有不同的职业前景，必须向每种类型的学生提供不同的课程，且这类多种前景的课程只在中等学校产生。"新设计的中学课程中出现的机会均等的观念与较早出现在初等学校中的机会均等的观念遂有本质的区别。新型中等学校课程中固有的机会均等的思想，在人们看来就是向中等学校毕业生提供多种就业途径。"[②] 常见的做法是通过分流型的课程来达成学生与课程相匹配。胡森强调突出个性发展的实质平等论或结果平等论，承认个体差异、发展的不平衡性，教育应尊重这些差异和不平衡性，为每个儿童提供适切的教育，使他们的天赋、个性得以最佳发展。"教育面前机会平等并不是指机会的同一性"，"机会平等就是向每个儿童提供使个人在入学时存在的天赋得以发展的各种机会。合情合理的是，不能抱有这样的希望，即完全同样地对待每一个学生的意义上去实现机会平等。相反，可以说应当为所有儿童提供在社会差异上区别对待的平等机会"。[③] 综上可见，基础教育领域既要讲平等原则，即人人都受同等的教育，又要讲差异原则，即"人人都受适切的教育"。[④] 那么，这两个原则分别在什么情况下适用呢？冯建军认为，前一个原则适用于义务教育阶段，后一个原则适用于高中教育阶段。其理由是，义务教育具有强迫性、普惠性和非竞争性，因此，适用于教育的完

---

① 褚宏启，杨海燕. 教育公平的原则及其政策含义 [J]. 教育研究，2008（1）：10–16.

② 科尔曼. 教育机会均等的观念 [M]// 张人杰，主编. 国外教育社会学基本文选（修订版）. 上海：华东师范大学出版社，2008：146–158.

③ 胡森. 社会背景与学业成就 [M]// 张人杰，主编. 国外教育社会学基本文选（修订版）. 上海：华东师范大学出版社，2008：178–179.

④ 褚宏启. 关于教育公平的几个基本理论问题 [J]. 中国教育学刊，2006（12）：1–6.

全平等。而高中教育不一样。高中教育不属于义务教育的范畴，具有选择性和竞争性，它只能满足部分人的教育需要。至于满足"谁"的需要，要看个体自身的状况如何。也就是说，高中教育机会是按个体的才能大小、发展水平以及自身的选择意愿来进行分配的，能力和选择意愿相同的人受到同等的教育，能力和选择意愿不同的人受到不同的教育。正如在经济领域里，按个人贡献大小分配经济利益是公平的一样，在高中阶段，社会根据学生个体才能与禀赋的差异，按比例给予不同的教育，也是公平的。这就意味着，高中阶段的教育公平是一种"差异性公平"，或者说是一种"能力公平"，旨在使每个人获得与其自身特点和能力相适应的教育。[①]

综上可见，英才中学制度并不违背教育公平原则，而是很好地贯彻了差异化公平的理念。德国民众认为，教育要对人的差异性作出回应，三轨制的中等教育体制是人尽其才的一种有效方式。在英国，虽然不同政党的教育公平观差异显著，在某些历史时期甚至是截然对立的，但在"后综合化"时代，英国工党和保守党在教育公平观上达成了某种平衡。在"第三条道路"的指引下，工党强调以"有差异的平等"代替"绝对平等"、以竞争主义代替平均主义、注重市场选择与政府规制相结合。而英国保守党向来认为要尊重人的差异性，实施有能力差别的教育。在美国，罗尔斯的公平理论指导着美国社会公共事务的开展，公平不仅意味着给所有的人相同的东西，也意味着对不同的人以区别对待，还意味着对弱势群体的补偿性帮助。1972 年，联合国教科文组织国际教育委员会在《学会生存——教育世界的今天和明天》中强调指出，"教育上的平等，要求一种个人化的教育学，要求对个人的潜在才能进行详细的调查研究。机会平等不等于把大家拉平"；"给每一个人平等的机会，并不是指名义上的平等，即对每一个人一视同仁。如目前许多人所认为的那样，机会平等是要肯定每一个人都能受到适当的教育，而且这种教育的进度和方法是适合个人的特点的"。[②] 这表明，教育的平等并不意味着学校要以相同的方式对待所有学生，也不意味着所有的学

---

① 冯建军. 论高中教育机会的差异性公平 [J]. 华中师范大学学报（人文社会科学版），2010（5）: 150–154.
② 联合国教科文组织国际教育发展委员会. 学会生存: 教育世界的今天和明天 [M]. 华东师范大学比较教育研究所，译. 上海: 上海译文出版社，1979 : 115–116.

生都应该拥有相同的学习经验；那种忽视学生的个体差别，用整齐划一的方式对待所有学生的做法，恰恰是在制造教育上的不平等或不公平。[①] 设置英才中学事实上就是一种校际分流。校际分流是以学业能力来安置学生，体现了"差别对待"的教育公平。而"差别对待"又是因材施教的核心内涵。众所周知，因材施教是现代教学论中一个重要的教学原则。它要求学校依据学生已有基础、兴趣爱好、智力水平或类型、学习偏好等的不同，对教学的目标、内容、方法与进度等进行差异化安排，使每个学生都能在原有基础上得到充分的发展。因材施教既可以在校际水平（重点校与普通校）、班际水平（重点班与普通班），还可以在同一个教学班内部（如分层教学）。依据学生学业成绩的不同，把学生分到不同层次的高中进行学习，属于"能力分组"的范畴，是因材施教原则在校际水平的体现与反映。这样做的最大好处是，可有效地减少同一学校内部学生之间的个体差异，方便教师针对不同层次和水平的学生开展教学，以避免在混合学校中部分成绩好、学习能力强的资优生"吃不饱"、学习潜力得不到充分发挥，以及部分成绩差、学习能力有缺陷的学习困难生"吃不了"、学习错误得不到矫正这两种情况的出现。[②] 概言之，校际分流与因材施教有着共同的价值追求，这便是"差别对待"的教育公平。

第二节　英才中学制度的内容设计

英才教育制度是一个体系，而不是单个政策文件。基于对六国英才中学制度内容的整体审视，本研究从政策立法、识别选拔、高阶课程、教学改革、师资培训和教学研究等六个方面提出完善英才中学制度的相关建议。

一、政策立法：英才中学制度的国际趋势

20 世纪 60 年代，美国经济学家舒尔茨（T. W. Schultz）和贝克尔（G. Becker）提出了人力资本理论。人力资本理论认为促进经济增长的因素中有关人的因素

---

① 夏正江. 对因材施教中的"休谟问题"的考察 [J]. 基础教育，2009（3）: 6–11.
② 夏正江，蒋洁蕾. 重点高中存废的理论迷思 [J]. 全球教育展望，2014（11）: 25–51.

是最有价值的。人力资本是指体现在人身上的资本，是对生产者进行教育、培训等支出及其接受教育的机会成本等的总和。人力资本理论强调教育及教育投资对国民经济增长的贡献率，将教育作为促进经济增长、发展社会经济的重要支撑点。诺贝尔经济学奖获得者罗默（P. M. Romer）从内生增长的角度阐释了教育的经济功能。内生增长理论认为，经济增长的决定性因素并不是原材料、环境、资金等外生性因素，而是技术增长这一内生性因素，其中教育是技术增长的关键要素。面对第四次工业革命，施瓦布（K. Schwab）也明确提出，关键的生产要素不是资本，而是人才；限制创新、竞争力和增长的因素更有可能是人才的匮乏，而不是资本的短缺。①

可以毫不夸张地说，在人类的科学研究和技术发明中，人才是最关键的要素。有什么水平的人才，就可能研发出什么水平的科技成果。② 英才是国家战略性资源，是人力资源中最稀缺的资源；英才教育的使命是培育国家发展所需的各类英才。③ 日本教育家麻生诚曾指出："英才无论在任何社会中，都是绝对必要的。若缺少这部分人才，就必然导致社会的某种衰落。"④ 英才教育具有一般教育所不具备的优越性，发展英才教育是提高国家核心竞争力的战略选择。⑤ 例如，美国《1988 年贾维茨资优生教育法案》把英才儿童与国家安全直接挂钩，认为"英才学生是国家资源，这种资源对于国家的前途至关重要，对于国家的安全与福祉至关重要"⑥。

那么，一个国家和社会如何确保英才源源不断地产生呢？答案便是"英才教育"。褚宏启指出："英才教育具有国家战略意义，现代化强国建设需要有力发

① 施瓦布.第四次工业革命 [M].世界经济论坛北京代表处，李菁，译.北京：中信出版社，2016.
② 薄贵利，郝琳.论加快建设世界一流人才强国 [J].中国行政管理，2020（12）：90-96.
③ 褚宏启.追求卓越：英才教育与国家发展——突破我国英才教育的认识误区与政策障碍 [J].教育研究，2012（11）：28-35，67.
④ 张英伯，李建华.英才教育之忧：英才教育的国际比较与数学课程 [J].数学教育学报，2008（6）：1-4.
⑤ 褚宏启.追求卓越：英才教育与国家发展——突破我国英才教育的认识误区与政策障碍 [J].教育研究，2012（11）：28-35，67.
⑥ Spielhagen F R, Brown E F. Excellence versus equity : Political forces in the education of gifted students[C]// Cooper B S, Cibulka J G, Fusarelli L D, eds.Handbook of Education Politics and Policy. New York : Routledge, 2008 : 377.

展英才教育。"① "进入 21 世纪，很多国家对英才教育的重视进入一个前所未有的新阶段，英才教育与国家发展之间的联系被空前强化，各国都希望通过英才教育追求教育的卓越，进而实现国家的卓越，提升国家在全球化时代的国际竞争力。"②

有鉴于此，无论是西方发达资本主义国家，如美国、英国、德国，还是我们的邻国日本、韩国以及其他一些国家地区都将英才教育制度上升到国家战略发展的高度，通过英才中学等形式促进英才学生智力尽可能开发，为提升国际竞争力储备战略性人才，扩大国际影响力。英才教育立法已成为英才中学制度的最主要表现。美国作为英才教育体系最完善的国家，从 20 世纪 50 年代起就致力于探索适切的英才教育政策立法（见表 7-1）。1978 年的《初等和中等教育法案》将《英才儿童教育法》作为独立法案形式呈现，标志着以"英才教育"正式命名的法案的产生。随后出台的《1988 年贾维茨资优生教育法案》意味着美国英才教育开始关注内容的公平（少数族裔学生或来自社会下层家庭的学生的英才教育机会公平）。在美国，各州都有英才教育方面的立法权。第一批对英才教育进行立法的州有加利福尼亚州、宾夕法尼亚州和佐治亚州，时间在 1961—1964年。20 世纪 70 年代，有 9 个州通过了英才教育的法律法规，但大多数只是表达了法律意向，并不具有操作性。1994 年，美国已有 38 个州通过立法的形式明确了英才教育政策，其中 37 个州包含选拔政策，33 个州包含培养服务政策。2008—2009 年，进行英才教育政策立法的州已达到 32 个，其中 28 个州的英才教育政策中包含选拔政策，26 个州包含培养服务政策。③

① 褚宏启.追求卓越：英才教育与国家发展——突破我国英才教育的认识误区与政策障碍 [J]. 教育研究，2012（11）：28-35，67.
② 褚宏启.中国教育发展方式的转变：路径选择与内生发展 [J]. 华东师范大学学报（教育科学版），2018（1）：1-14，159.
③ 戴耘，蔡金法.英才教育在美国 [M]. 杭州：浙江教育出版社，2013：23-24.

表 7-1　美国英才教育法案列举

法案（政策）名称	颁布年份
《国防教育法》	1958
《初等和中等教育法案》	1965
《初等和中等教育修订法案》	1949
《马兰报告》	1972
《特殊项目法案》	1974
《英才儿童教育法》	1978
《1988 年贾维茨英才资优生教育法案》	1988
《国家卓越：美国人才发展的需求》	1993
《1994 年贾维茨资优生教育法案》	1994
《教育改革方案》	2000
《残障个体教育法修正案》	2004

　　韩国是资优教育"后发国家"（显性的英才教育开展比较晚，但发展非常迅速）的典型代表，英才教育立法始于 2000 年。韩国《英才教育振兴法》的出台，赋予了英才中学合法地位，确保了英才中学的实质性建设。就我国而言，英才教育制度还缺乏整体设计，英才教育政策体系不完善，尤其是尚未将英才教育立法提上日程。为了缩小与世界发达国家之间经济、科技方面的差距，进一步强化我国的国际地位，我国有必要加快英才教育立法的步伐，赋予英才中学、英才班级、英才项目以真正合法的地位。

二、识别选拔：英才中学制度的关键环节

　　识别选拔制度要回答的是"哪些儿童有资格进入英才中学就读"。国际社会给出了多种答案。"英才"定义的 1.0 版本赋予"英才"永久化和绝对化的性质，通过单一的智商测试来识别英才。这一阶段，最常用的智商测试工具有比奈—西蒙量表、韦氏量表等。"英才"定义的 2.0 版本区分了智力的不同类型，将特殊才能、非智力因素等纳入英才鉴别的范畴。比如，美国《马兰报告》规定英才儿童是指那些具有较高能力的人，能够在下列一个或几个方面显示出超常潜力者：一般智力；特殊的学术才能（在一个甘愿为之作出努力的领域如数学、科学、语言艺术或外语等具有突出的才能）；创造性或富有成效的思维（创造新颖、复

杂、丰富思想的突出才能）；领导才能（鼓励他人达到共同目的的突出才能）；视觉和表演艺术才能（在绘画、雕塑、戏剧、舞蹈、音乐或其他艺术领域具有突出的才能）；心理动作能力（在竞技、技巧或要求大运动或精细运动协调的其他技艺方面具有突出的才能）。[1] 兰祖利提出了衡量英才儿童的三环理论。他指出创造型英才同时具备三种能力。第一种能力是高于平均水平的能力，具体包括普通能力和特殊能力。普通能力指智力、语言表达及逻辑推理能力、记忆力等，可通过标准化测验（智力测验等）来测量；特殊能力指个体获得特定知识和技能的能力，如音乐和舞蹈能力，需要通过特定的成就或者潜力测验来衡量。[2] 第二种能力是对任务的执着，具体包括对学习的热情、责任感等，反映了一种勇于实践和完成任务的态度。第三种能力是创造力。创造力不仅指学生在创造力测验中表现出来的创造力，也指学生在发现问题和解决问题的过程中所呈现的独到的见解与方法。[3] "英才"定义的 3.0 版本综合了多个视角。加涅（F. Gagné）认为，高天赋的儿童并不一定会取得高学业成就，很多英才儿童是"天赋隐藏者"，因此不能将"天赋"（giftedness）和"才能"（talent）两个词等同起来。"天赋指的是拥有和使用未经训练的和自发表达的先天能力（被称为杰出的天赋），在同龄人中大约有 10% 的儿童在某一领域表现出杰出的天赋。"[4] 加涅进而将天赋分为智力、创造性、社会情感和感觉运动四个领域，每一能力领域又可分解为若干类目。加涅指出，任何一个领域都可采用已有的研究成果来开展鉴别和教育工作。比如，智力领域比较经典的理论或模型有卡罗尔（J. B. Carroll）的三级能力系统 [5]、加德纳（H. Gardner）的多元智能理论 [6]、斯腾伯格（R. J. Sternberg）的智力三元理论 [7]。随着知识的不断更新，任一领域的分类都将更加多元。在上

---

① 戴耘，蔡金法 . 英才教育在美国 [M]. 杭州：浙江教育出版社，2013：18.

② 戴耘，蔡金法 . 英才教育在美国 [M]. 杭州：浙江教育出版社，2013：64.

③ 戴耘，蔡金法 . 英才教育在美国 [M]. 杭州：浙江教育出版社，2013：65.

④ Gagné F. Transforming gifts into talents：The DMGT as a developmental theory[J].High Ability Studies，2004（2）：119-147.

⑤ Carroll J B. Human Cognitive Abilities：A survey of Factor-analytic Studies[M].Cambridge：Cambridge University Press，1993.

⑥ Gardner H. Frames of Mind：The Theory of Multiple Intelligences [M].New York：Basic Books，1983.

⑦ Sternberg R J. Beyond IQ：A Triarchic Theory of Human Intelligence[M].Cambridge：Cambridge University Press，1985.

述四个领域中，智力领域的测量工具最完善、信效度最高，相对最科学[①]；社会情感领域的测量最为薄弱，目前主要借助自我评价、家长评价、同学评价来完成。[②] 加涅认为，对任一能力范畴的天赋而言，只要方法适切，都能够转化成若干不同领域的学业表现。才能体现在学术（语言、科学等）、艺术（视觉、戏剧、音乐等）、商业（销售、创业、管理）、运动、技术等领域。某一才能的显现有赖于一个或多个天赋领域的品质。有天赋的儿童不一定表现出较高的才能，但是没有某方面的天赋，则一定不会形成某一领域的特定才能。从天赋到才能，有一个转化过程，如果转化的通道被关闭，那么儿童的天赋就被埋没和浪费。除此之外，加涅还认为英才儿童的成长有赖于个人因素（个人的性格特点、健康程度；自我意识；需要、兴趣、内在动机、努力程度等）、环境因素（社会环境、家庭文化氛围；重要他人，父母、教师、同伴、导师等；遭遇的关键事件、突发事件等）和机会。从天赋和才能两个层面定义英才儿童，对长久以来选拔英才儿童只看重学业表现的现象有一定的纠偏作用。英才儿童的选拔应当是多层次和综合化的：不仅要关注儿童的天赋潜能，也要参照儿童的学业表现；不仅要考察儿童的个体特征，也要关怀他们所处的家庭和社会环境；不仅要聚焦儿童在校的行为表现，也要参看他们在家的具体表现。唯有多层次、多渠道的综合化选拔，才能最大限度地将真正有潜能的英才儿童选拔出来，才能不浪费潜在的人力资源。

就当前各国的英才识别与选拔来方式来看，主要有主观识别、客观识别和特殊群体识别三大类。其中，主观识别是指对被鉴定儿童相关的人员（父母、教师、同龄人或被鉴定者自己）对其心理特征、行为表现进行主观判断和评价。主观鉴定是当前英才儿童鉴定环节中最基础的鉴别方法，包括家长提名、教师提名、同龄人提名以及自我提名等形式。客观识别是一种采用标准化的试卷、量表来鉴别儿童天赋才能的方法，具体包括智力测验、能力倾向测验、成绩测验、学业水平考试以及超水平测试等。此外，英才学生在不同文化群体中的分

① Jensen A. R. The 'G' Factor：The Science of Mental Ability[M].Westport：Preager，1989.
② Gagné F. Transforming gifts into talents：The DMGT as a developmental theory[J].High Ability Studies，2004（2）：119-147.

布比例是相当的。但是，识别工具的客观化、标准化致使识别来自多元文化背景或弱势家庭的英才儿童这一工作困难重重。这部分英才即便有天赋才能，也很难在学业表现中有出色表现。有鉴于此，识别英才儿童需要考虑其特殊背景，采用灵活有效的鉴定方法，尽可能地排除干扰因素。诚如褚宏启所建议的："采用多样化的选拔方法来甄选英才儿童，既运用标准化成就测验、标准化智力测验、标准化性向测验、创新能力测验等客观测验，也重视教师、家长、学生自身以及同伴的主观推选。同时，在甄选中应该坚守公平原则，注意弱势群体中英才儿童的选拔（英才儿童也出自'寻常百姓家'），要运用合宜的方式方法，把来自偏远地区、农村地区、少数民族、贫困家庭的英才儿童选拔出来，使他们的良好潜能获得充分发展的机会。另外，由于个体发展的差异性，英才儿童的英才特征可能会出现不同的年龄阶段，因此，对英才儿童的选拔，应该贯穿从学前到高等教育的整个教育过程。"[①]

各国的英才中学基本上采用主观选拔和客观选拔相结合的方式，但由于二者均有缺陷，一些英才中学还采用面试的方式考察学生的综合能力。这值得我国重点中学借鉴。就我国而言，当前重点中学主要按照中考成绩来选拔英才。中考作为一种标准化考试，有一定的优势，比如操作较为简单、成绩客观公正、易于大范围开展识别，但是仅仅将中考成绩作为衡量标准显得较为简单粗暴。首先，中考成绩是一个综合成绩，依据综合成绩进行校际分流，对促进学生发展起不了多大的作用。比如，两个学生中考成绩不相上下，但他们的兴趣、需要、学习动机、行为习惯各不相同，在进行校际分流时，能否完全忽视这些非认知因素差异的存在？如果回答是肯定的，那岂不是承认非认知因素对个体的学业成绩乃至将来的成才没有任何实质性的影响？到目前为止，似乎找不到支持这一结论的相关研究。其次，学生个体之间既有同一能力维度的纵向差异，又有不同能力维度的横向差异。正如多元智能理论所揭示的，人与人之间的智力差异不仅体现在智力水平上，还体现在每个人擅长的智力类型上。不能笼统地说一个人聪明不聪明，而是要说一个人怎样聪明、在什么方面聪明。既然如

---

① 褚宏启. 追求卓越：英才教育与国家发展——突破我国英才教育的认识误区与政策障碍 [J]. 教育研究，2012（11）：28–35，67.

此，在确定谁有资格进入重点学校时，究竟该采用单一的智力标准还是多元的智力标准？在入学招生中，采用过于单一、狭隘的智力标准去衡量学生，对学生今后的成长与发展会带来怎样的影响？会不会因此埋没真正的天才？最后，学生的中考成绩未必能真实地反映学生的自然能力或学习潜力。同样的考分，不同的学生付出的努力程度不同。有的很用功，使尽了全力，有的可能十分的力气才用了一半。[①] 因此，仅仅依靠中考成绩来识别英才的做法会导致选拔出来的学生并不见得是真正意义上的英才，故而重点中学的识别选拔制度改革势在必行。可行的方法是给予重点中学一定的招生选拔自主权，以改革项目的方式推进招生选拔的变革，探索符合英才教育本质规律的识别选拔方式。

三、高阶课程：英才中学制度的深层内涵

英才教育的课程模式是实施英才教育的关键，英才教育理念的落实、教育目标的达成都必须以课程作为主要载体，英才教育的课程对教育质量起着决定性的作用。[②] 英才中学制度应对课程设计进行一定的引导和规定。韩国国家英才教育项目标准的出台和实施规范了英才教育课程教学开发的过程与范式，强化了资优教育内容的开发，建立了资优教育质量管理体系。美国、英国为英才学生开发了高智慧含量的课程，譬如，美国的 AP 课程、英国的 A-level 课程、国际文凭组织的 IBDP 课程等。这类课程为学有余力的高中生设置了富有挑战性的学习任务，有助于培养他们的批判性思维能力、问题解决能力、科学研究能力等。

国内重点中学尚未普及这类高智慧含量课程，但令人欣慰的是，一些高校已联合顶尖重点高中进行了相关探索。譬如，2003 年，华东师范大学第二附属中学与上海交通大学合作，率先将一些大学必修课程搬到高三年级，这是较早的"大学先修课程"的尝试。2012 年，上海理工大学和上海理工大学附属中学建立"学分互认"机制，上海理工大学的学生可以以选修课的形式学习上海理工大学大一的英语、机器人、计算机、机械制造等通识课程。2012 年，北京市教委委托北京师范大学石中英教授牵头开展了"北京市大学先修课程的可行性研

① 夏正江，蒋洁蕾. 重点高中存废的理论迷思 [J]. 全球教育展望，2014（11）：25–51.
② 易泓. 美国英才教育的课程模式 [J]. 上海教育科研，2013（9）：62–63.

究"项目。北京四中、人大附中、清华附中、北师大实验中学、北师大附中、北师大二附中、北京市十一中学、北京市十二中学等8所重点高中参与了该项目。一些地方教育行政部门积极牵头出台旨在促进大学先修课程建设的官方政策文件。譬如，2012年，浙江省教育厅发布《浙江省高等学校面向普通高中学生开发开设大学先修课程的指导意见》，其中规定："先修课程由高校独立开发或与普通高中合作，鼓励利用现代教育技术，开发网络先修课程，先修课程可以在高校开设或在普通高中开设。普通高中建立选课指导制度，合理安排并提前公布先修课程模块开设时间、地点、任课教师相关信息，让学生在教师指导下自主选课，有计划地到普通本科院校、高等职业学校修习先修课程。"2013年，北京大学开出了北大版的"中国大学先修课程"。首批课程包括微积分、电磁学、大学化学、中国古代文化和中国通史（古代部分）。之后，北大又推出了线性代数、几何学、力学、热学、光学、近代物理、化学前沿、经典名篇选读、世界历史、人文地理、环境科学、心理学、生命科学、微观经济学、宏观经济学、计算机科学等十余门先修课程。这些课程以选修课程的形式在部分高中开设，供学有余力的高二学生选修。从上述例子来看，我国大学先修课程经历了从"个别学校自发开设"向"政府层面引导开设"的转变，课程开发的形式主要有高中和高等院校合作、高中自主开设、高等院校牵头开设等。这些实践对深化高中课程改革，衔接中学和大学课程内容，促进学有余力的学生加速学习等都有重要价值。但同时也应当看到，这些尝试只在小范围内进行，且面向少数学生。一些参加过北大中国大学先修课程的高中生的真实案例[①]反映出这类课程问题重重。有鉴于此，2014年，中国教育学会联合国内多所知名大学、一流高中及教育科研服务机构共同组织大学先修课程试点项目。该项目得到了教育部的支持，并被列为教育部人文社会科学研究专项任务项目。首批研发了微积分、线性代数、文学写作、通用学术英语、物理力学、微观经济学、宏观经济学等8门精品课程。2014年9月，全国首批试点学校正式开始授课。这一举措的意义自不必说，但

---

① 知乎上曾发起一个主题为"对北大试行的'中国大学先修课程'有何期待与看法"的讨论。一些参加过这一课程的高中生结合自身的亲身经历给出了详细的看法。譬如，深圳中学的胡耀宗介绍了他修习"电磁学"后的一些感受，参见：http://www.zhihu.com/question/21078247。

我们应当清醒地认识到：中国大学先修课程与美国的 AP 课程尚有一定差距；民众对中国大学先修课程的认知尚不全面；课程内容和结构还不完善；课程考试分数的公信力有待加强；课程开展的保障性措施有待跟进（比如：师资从哪里来？如何培训师资？）；先修课程与高中已有课程之间的关系有待进一步厘清；等等。概言之，我国大学先修课程的建设任重而道远，绝大部分的重点高中仍然与这一课程无缘。

与大学先修课程相类似的是 IBDP 课程。该课程是由国际文凭组织开发的面向 16—19 岁学生的高难度课程，在全世界范围内具有极高的公信力，被全世界顶尖大学所认可。该课程由六大学习领域（第一语言、第二语言、个人与社会、实验科学、数学、艺术）构成，核心课程有知识论课程，创意、行动与服务课程，以及扩展性论文。该课程在中国尚未普及，目前只有少数顶尖重点中学和国际学校引进了该课程。2014 年，国内共有 63 所高中开设了 IBDP 课程。据国际文凭组织官方统计数据，2022 年国内开设 IBDP 课程的学校数量达到了 149 所。在国内，该课程的服务对象是那些渴望出国留学的国内高中生和在国内求学的国际学生。由此看来，该课程的受众面十分狭小，且对改善我国高中课程结构的借鉴意义并不大。但也有一些学校借鉴该课程的理念和模式改进本校课程结构。譬如，上海中学借鉴 IBDP 课程中知识论课程的核心理念开发了 CPS 课程（创造·实践·服务课程）。1994 年，上海市大同中学在中国教育国际交流协会的支持和指导下，引进了 IBDP 课程中处于中心地位的知识论课程。1995 年上半年，成立了大同中学知识论教学实验课题组，组织人员翻译与知识论课程相关的英文材料，邀请国内外专家对有关教师进行培训。1995 年下半年，正式实施该课程。

综上可见，我国重点中学应不断致力于开发符合高中生学习特点和成长需求的高智慧含量课程，充分利用高校、企业等的资源进行联合开发，在"互联网 +"背景下建设高质量的适宜于英才学生的在线智慧课程。

四、教学改革：英才中学制度的题中应有之义

近年来，英才中学教学方式已从以知识讲授为主转变为以学生自主合作探

究为主。比如，日本通过课程改革增加了"综合学习时间"，学生可以开展综合性探究学习。日本超级科学高中每个月都会举行高中生的课题研究发表会，发表会一般邀请大学教授、高中教师以及其他行业精英作为嘉宾提供指导。在发表会上，高中生介绍所研究课题的进展及结论，行业精英则给予点评。整个过程犹如大学、研究所中的课题开题论证、结题汇报，或者研讨会中的研究成果发表。

英才中学制度要引导英才中学进行持续性的教学改革，通过学习方式变革、学习资源的扩展来确保英才学生的高质量学习。英才中学应关注学生的学习特征（比如智商极高、学习能力极强、对某一领域具有强烈的学习兴趣等）和发展需要（探究知识、成为某一领域的专家等），给予他们独立学习与研究的机会。"对于聪明学生来说，让他们独立地承担某个研究项目或课题，从事独立的学习与研究，这对他们的发展是很有好处的。"①

国际上的英才教育研究专家提出了不少课程教学模式，其中，芭氏卡（T. Van Tassel–Baska）的综合课程教学模式值得借鉴。芭氏卡的综合课程教学模式是基于英才学生的三大学习特征（学习速度比一般学习者快，辨认复杂问题的能力比一般学习者强，热衷于采取行动解决复杂问题）提出的。②芭氏卡认为，英才学生的课程教学设计是一个综合过程，应考虑教学目标、学习成果、教学活动、教学策略、教材和评估准则等各个层面。她指出，分类教学的前提是教师能够关注英才学生的学习特征，而且不重复指导英才学生已经掌握了的核心课程，以避免枯燥乏味的重复学习。基于此，她提出了综合课程教学模式。该课程教学模式具有六大特质：加速化、复杂性、有深度、挑战性、创意性、抽象性。③第一，教师有必要加速教学，以提升教学深度或减少重复学习的步骤，将省下的课堂时间用来学习深入的知识与学问。芭氏卡主张采用"先诊断，后开处方"的方法（diagnostic–prescriptive approach）了解英才学生对学习内容和技能的

---

① 夏正江.一个模子不适合所有的学生：差异教学的原理与实践[M].上海：华东师范大学出版社，2008：327.
② 戴耘，蔡金法.英才教育在美国[M].杭州：浙江教育出版社，2013：74.
③ 戴耘，蔡金法.英才教育在美国[M].杭州：浙江教育出版社，2013：77.

认识与运用程度，然后据此设置教学目标，开展具体教学。第二，设置复杂学习任务以确保学生在学习过程中运用高阶思维。教师可通过让学生钻研各类教材、向学生介绍抽象课题、向学生提出棘手问题、增加学生在解决问题时须考虑的变量等方式，加强教学内容的复杂性。第三，教学要有深度。教师要制造机会让学生依据主题进行探索和研究。英才学生需根据主题范围设置研究任务、搜集资料、进行调查，最后得出研究结论。第四，提升教学的挑战性。教师采用高难度、具有争议性或跨学科的课题，组织学生进行讨论，运用启发式教学法引导学生厘清基本概念、深度掌握知识。第五，开展富有创意性的教学。教师应给予英才学生选择他们感兴趣的话题或方法的机会，通过新颖的教学方法，比如角色扮演、辩论、作品发表等方式，帮助学生提高学习效果。第六，提升教学的抽象性。教师应引导英才学生提升抽象思维能力，运用归纳法等方法理解一门学科或一个领域的基本概念命题。概念之，适用于英才学生的教学方法有别于普通学生，其应当更具挑战性、体现高难度，侧重高阶思维能力以及研究性学习能力的培养。

当前，我国英才中学的教学设计并不足以满足英才学生的智力发展需要。第一，以高考为中心来设计、组织和实施的教学活动普遍缺乏智慧含量，亟须转变为以"真正促进学生智力发展"为中心来组织教学活动。唯有如此，教师才会去研究何谓学生的智力发展，如何促进学生的智力发展，怎样的教学活动有助于促进学生的智力发展，学生智力发展的路径是否相同，如何评价学生的智力发展，等等。第二，教学活动和教学内容难以满足英才学生多元智能发展的需要。理想状态下，教师所设计的教学内容和教学活动应当是分层次的，能够满足不同学习风格、智力结构、能力倾向的学生的学习需要。第三，教学方法和教学组织形式尚不够精致，促进英才学生智力发展的效果有待商榷。一方面，当前我国重点中学中静态教学活动多于动态教学活动。表现为：学生坐在教室里听讲、解题较多，做实验、社会调查、课题研究等较少；教师主导的师生问答多，学生自主讨论、圆桌学习等较少；传统的讲授多，自主合作探究的学习方式相对少；等等。另一方面，重点中学的分层教学普遍不够精细化。当前，重点中学在促进学生多元智能发展方面的普遍做法有三种：一是分班教学，通过设置重点班、实验班、创新班等满足顶尖学生的发展需要；二是按学科能力分组，将某一学科成绩特别优异（特别有天赋）的学生集中在一起，为他们提供特别的小班教学；三是必修课走班，为学生提供符合其能力水平、兴趣方向的各层次的教学。分班教学、按学科能力分组教学面向的是重点中学内部少数的顶尖学生。一些经济发达地区的顶尖高中在这方面做得相对较好。这些学校为促进顶尖学生的发展可谓煞费苦心，采取加速学习、拓展学习内容、提前学习大学课程、与大学合作教学等方式满足学生的学习需要，另外还为顶尖学生配备专门的科研导师，带领其进行项目学习、开展研究性活动等。但大部分重点中学的重点班、实验班、创新班目前的指向"仍以升学为主，一些面向极少数学生的活动相当一部分是指向各种竞赛（典型的如奥赛），学校开展的社团活动、选修课等更多是较为平面的活动，较多指向兴趣的发展"，课程与教学活动的挑战性和深度较为缺乏。[1] 再来看必修课走班。笔者就重点高中"分层走班"的做法进行了相关访谈。一些受访校长谈到，"走班制"在某种程度上走偏了，依然是"戴着镣铐跳舞"。有校长指出，真正的走班制应当按照学生的兴趣和意愿来进行，但是在具体操作过程中，往往是按照学习成绩来"走"的，说白了其实就是校内的能力分组。有的重点高中为了教学和管理的便利性，往往通过一些"手段"来限制走班，比如限定可选择的组合等。由此可见，即便目前重点中学采取了种种差异化的教学方式，但仍不够精致，尚不能满足所有学生多元智能发展的需求，离真正的差异化教学相去甚远。由此可见，我国英才中学的教学改革任重道远，需要借鉴国际上英才教育教学模式的最新研究成果，按照英才学生的内在发展需求及心理发展特征设计、组织和实施教学活动。

五、师资培训：英才中学制度的人力保障

赞科夫指出，凡是教别人的人所应具备的一系列品质，也是学校教师应当具备的。[2] 苏霍姆林斯基认为，教师应当知道的东西，要比他教给学生的东西多

---

① 郑太年，赵健.国际视野中的资优教育：拔尖创新人才培养的理论、政策与实践[M].上海：华东师范大学出版社，2012：58.
② 赞科夫.和教师的谈话[M].北京：教育科学出版社，1980：22.

10 倍、20 倍。[①] 研究表明，较之那些未受过任何培训的教师，经过专门的英才教育培训的教师更有可能识别英才学生的学习需求，热情地对待英才学生，支持英才学生以及英才教育项目的发展，使用更有效地促进英才学生学习的教学策略，并设计更具差异化和挑战性的课程。[②] 但各国英才中学办学过程中的困境之一，就是能胜任英才教育的师资力量不充足。2010 年《美国州情报告》指出，美国很多州并未配备专职英才教育教师，大部分普通教师未曾接受关于英才学生的特殊性和需求方面的培训，教师的在职培训中也没有涉及英才学生的识别及英才教育教学方法等内容，那些专门针对英才学生的教学项目的英才教育教师也并没有被要求接受此类培训。[③] 甚至有相当一部分教师反对英才教育。比如，一些教师认为，有困难、有特殊需要的学生比英才儿童更需要支持，而英才儿童能够完全依靠自己获得学业上的成就；社会有责任照顾弱小的成员，英才很强大，因此不需要任何进一步的支持。[④] 部分教师不支持对英才学生采取跳级、分组等措施，认为加速安置方案对英才学生是有害的[⑤]，加速会给英才学生带来情绪和社交方面的困难[⑥]，学生在加速时会错过许多重要的学习内容[⑦]。教师对英才学生和英才教育的偏见严重干扰了英才教育的实施，开展英才教育教师的专门培训显得尤为迫切和紧要。

从国际比较来看，美、英、日等国将英才教育师资培训作为促进英才教育（提高英才中学办学质量）的关键举措。比如，美国早在《1988 年贾维茨资优生教育法案》中就提出，中小学教师要提升满足英才学生特殊教育需求的能力。

① 苏霍姆林斯基. 给教师的建议 [M]. 北京：教育科学出版社，1984：226–227.

② Owley J.Teaching strategies to facilitate learning for gifted and talented students[J].Australian Journal of Gifted Education，2008（2）：36–42.

③ 付艳萍. 美国资优教育政策探究 [J]. 外国教育研究，2014（3）：33–40.

④ David H.The importance of teachers'attitude in nurturing and educating gifted children[J].Gifted and Talented International，2016（1）：71–80.

⑤ Allodi M W，Rydelius P.Gifted children their school environments，mental health and specific needs：A study of Swedish teachers'knowledge and attitudes[R].Paper Presented at the European Council for High Ability Conference，Prague，2008：32–54.

⑥ Watts G.Teacher attitudes to the acceleration of the gifted：A case study from New Zealand gifted and talented[J].Journal of the National Association for Gifted Children，2006（1）：11–19.

⑦ Antoun M，Kronborg L，Plunkett M.Investigating lebanese primary school teachers'perceptions of gifted and highly able students[J].Gifted and Talented International，2020（35）：1–19.

《2001年贾维茨资优生教育法案》更进一步认为，美国联邦教育部要向各个州或地方教育机构（包括私立教育机构）提供资金，用于对从事英才教育服务的教师以及其他英才教育服务人员进行培训。美国联邦政府2015年颁布的《让每个学生成功法》尤其强调英才教育教师的培养。该法案把促进英才教育教师专业发展作为英才学生成长与发展的重要因素，要求各州地方教育当局提高教师、校长及其他学校领导者的英才教育能力，包括识别英才学生特殊学习需求的能力，以及利用英才教育服务、资源和教学方法来为所有学生服务的能力。[1] 由此可见，美国的英才教育制度尤为强调英才教育师资的培养。当前，美国英才教育师资的培训主要面向两类人群，一类是英才教育的专职人员（比如英才中学的教师），另一类是普通教师（任教于普通班级，班级内有英才学生）。美国大部分州对英才教育专职教师的能力标准和培训作出要求，只有少部分州将英才教育培训扩展到普通教师群体。概言之，美国英才教育师资培训政策包括以下几方面内容。第一，限定了从事英才教育专任教师的资格。《2014—2015美国英才教育州情报告》指出，在29个基于调查反馈的州中有19个州要求专职英才教育教师获得一定的资格认证。[2] 纽约州要求所有从事英才教育的教师必须同时获得该州普通教师资格证和英才教育拓展证书；并且规定了教师获得该证书的条件——参加并通过英才教育内容专业测试，完成50小时受监督的英才教育实习，且在获得该州批准的英才教育研究生教育计划中选修12学分的课程。[3] 第二，要求英才教育教师接受在职培训。专职的英才教育教师入职后还要接受一定的教师专业发展培训。美国亚拉巴马州、阿拉斯加州、内布达斯加州、北卡罗来纳州、俄克拉荷马州、得克萨斯州以及弗吉尼亚州等7个州明确要求专职英才教育教师每年必须接受在职培训。[4] 第三，规定了英才教育教师的3条培养路径，即"以获得

① U.S.Department of Education.Every Student Succeeds Act [EB/OL].[2021-12-25].https：//Gov/policy/elsec/leg/essa/index.html.

② National Association for Gifted Children and the Council of State Directors of Programs for the Gifted. 2014-2015 State of the States in gifted education：Policy and practice data[EB/OL].[2021-12-23]. http：//www.nagc.org /sites/default /files/key% 20reports/2014-2015% 20State% 20of%20the%20States%20%28final%29.pdf

③ Matthews D J . How do you get to Carnegie Hall? Gifted education in New York city[M]//Shavinina L. V. . International Handbook on Giftedness. Berlin：Springer，2009：1365-1384.

④ 付艳萍 . 美国英才教育师资培养：政策与实践路径 [J]. 基础教育，2019（5）：103-112.

学位为导向的直接性培养""以获得资格认证为导向的替代性培养""以经验为导向的碎片化培养"。其中，"以获得学位为导向的直接性培养"主要是指在研究生阶段开设专门的英才教育课程，通过完成英才教育学位课程从而获得专门的英才教育学位。在美国 1700 多所拥有教师资格认证资质的大学和学院中，有115 所提供培养英才教育教师的学历教育。学历教育的课程内容大同小异，涵盖英才学生的特点及发展需求、英才教育课程与教学方法、英才教育项目的设计与管理、英才教育研讨会以及英才教育实习，等等。"以获得资格认证为导向的替代性培养"是指教师候选人不必接受英才教育方面的学历教育，通过选修一定的课程就可获得开展英才教育的教师资格。[①] 比如，英才教育师资缺乏的北卡罗来纳州就开展了大范围的英才教育教师资格认证。该州开发了英才教育课程模块，包括"英才教育入门""差异化课程：课程框架的实施 I""教学／学习策略：课程框架的实施 II""英才教育中的问题（实习课程）"4 个课程模块。修读上述课程并获得相应学分就能通过英才教育教师资格认证。"以经验为导向的碎片化培养"是指教师利用暑期或周末时间接受短期的碎片化的教师培训服务。[②] 美国一些高校或科研机构为教师提供专门的英才教育培训项目。比如，兰祖利创造力、英才教育与才能发展研究中心（Renzulli Center for Creativity, Gifted Education, and Talent Development）每年暑期都会组织英才教育"研究学院"，为教育者提供英才教育理论与实践策略的学习平台，使教育者有能力为所有学生提供兼具参与性与拓展性的学习内容。高校或研究中心创办的面向中小学生的暑期学校或夏令营也是英才教育教师的培训契机。此外，高校或科研院所设计的网络学习课程是英才教育教师获取相关信息的途径。[③]

当前，我国并没有建立起完善的英才教育师资培训体系，重点中学的教师与普通中学的教师可能在学历、教学能力及竞赛指导经验等方面有一定的区别，但在知识结构上并没有显著差别。重点中学的教师并没有接受专门化的英才教育培训，他们凭借自身经验开展英才教育实践。从职前教师的培养来看，我国

---

① 付艳萍. 美国英才教育师资培养：政策与实践路径 [J]. 基础教育，2019（5）：103–112.
② 付艳萍. 美国英才教育师资培养：政策与实践路径 [J]. 基础教育，2019（5）：103–112.
③ 付艳萍. 美国英才教育师资培养：政策与实践路径 [J]. 基础教育，2019（5）：103–112.

高校并没有针对英才教育设置专门的课程或研究方向，仅仅只是在特殊教育专业中涉及一小部分相关内容，绝大部分的职前教师并没有接受有关英才教育的课程与教学培训。从国家政策层面来看，中央和地方政府并没有出台提升英才教育教师质量的相关政策。可见，我国英才中学的师资培训在理论及实践方面都存在很大的欠缺。诚如褚宏启所言："我国需要政府组织培训大量教师在普通班级或者在英才班级中实施英才教育，需要政府建立英才教育的教师资格制度和培养培训制度。"[①]

六、教育研究：英才中学制度的有效推动

从国际比较来看，德国、英国、美国、日本、韩国等国的英才中学制度在产生与变革中拥有强大的研究力量的支持。换言之，英才中学制度是建立在稳定的研究机构的持续性、前沿性研究的基础之上的。比如，美国是英才教育研究最发达的国家，在 20 世纪初期就设置了英才教育研究中心，联邦教育部或州政府给予研究中心相应的经费支持。美国的许多高校也成立了英才教育研究中心，比如普渡大学就有专门的英才教育研究中心，致力于推动英才教育的研究及政策制定。可以毫不夸张地说，美国所有的英才教育政策背后都有研究报告作为理论基础，甚至有些研究报告直接成为英才教育政策和法案，1972 年的《马兰报告》就是例证。日本英才教育事业近年发展迅速，日本文部科学省专门成立了科学技术振兴机构，负责英才教育的组织、协调以及研究工作。

英才培养质量有赖于英才教育研究的广度、深度和科学性。什么是英才？如何识别英才？如何培养英才？这三个问题是英才教育研究最根本的问题。不同研究答案直接会影响英才中学的办学方向和办学质量。基于上述三个基本问题，可以生发出一系列值得研究的子问题，比如针对"什么是英才"，可以延伸出"英才具有哪些典型的心理特征""英才的社会性发展有哪些独特之处""英才是否一定具有优异的学业表现"等问题。只有在高质量的英才教育研究的指导下，英才中学办学和英才培养才不会迷失方向。

---

① 褚宏启.追求卓越：英才教育与国家发展——突破我国英才教育的认识误区与政策障碍 [J].教育研究，2012（11）：28-35，67.

就我国而言，长期以来，英才教育研究相对滞后，"在研究范围与研究质量上与国外相比有很大差距"①。因此，未来研究应"重点加强我国英才儿童甄选标准、英才教育课程、英才教育模式、英才教育评估标准、英才教育教师培训课程、英才教育政策与立法的研究，为英才教育实践改进与政策完善提供强有力的智力支持"②。

---

① 褚宏启.追求卓越：英才教育与国家发展——突破我国英才教育的认识误区与政策障碍 [J]. 教育研究，2012（11）: 28–35，67.
② 褚宏启.追求卓越：英才教育与国家发展——突破我国英才教育的认识误区与政策障碍 [J]. 教育研究，2012（11）: 28–35，67.

参考文献

一、中文部分

奥恩斯坦，汉金斯 . 课程：基础、原理和问题 [M]. 柯森，主译 . 南京：江苏教育出版社，2002.

奥尔德里奇 . 简明英国教育史 [M]. 诸惠芳，译 . 北京：人民教育出版社，1987.

薄贵利，郝琳 . 论加快建设世界一流人才强国 [J]. 中国行政管理，2020（12）：90-96.

陈矩弘 . "文化大革命"时期福建教育革命研究 [D]. 福州：福建师范大学，2004.

陈韶峰 . 重点中学的存在价值：兼议重点中学所受之非议 [J]. 学校管理，1994（1）：8-9.

陈守林，等 . 新中国教育大事纪略 [M]. 长春：吉林大学出版社，1990.

谌启标 . 韩国基础教育改革中的英才教育计划 [J]. 外国中小学教育，2005（5）：9-12.

迟恩莲，曲恒昌 . 中外教育改革的指导思想与对策 [M]. 北京：北京师范大学出版社，1996.

褚宏启，杨海燕 . 教育公平的原则及其政策含义 [J]. 教育研究，2008（1）：10–16.

褚宏启 . 关于教育公平的几个基本理论问题 [J]. 中国教育学刊，2006（12）：1–4.

褚宏启 . 追求卓越：英才教育与国家发展——突破我国英才教育的认识误区与政策障碍 [J]. 教育研究，2012（11）：28–35，67.

辞海编辑委员会 . 辞海 [Z]. 上海：上海辞书出版社，1999.

崔录，李波 . 国外中学教育概况 [M]. 北京：光明日报出版社，1987.

戴维·苏萨 . 天才脑与学习 [M]. "认知神经科学与学习"国家重点实验室脑与教育应用研究中心，译 . 北京：中国轻工业出版社，2005.

戴耘，蔡金法 . 英才教育在美国 [M]. 杭州：浙江教育出版社，2013.

范国睿 . 新世纪重点中学改革与发展的思考 [J]. 山东教育科研，2001（2）：33–37.

方勋臣 . 重点中学可以休吗？ [J]. 教育参考，1996（2）.

冯建军 . 论高中教育机会的差异性公平 [J]. 华中师范大学学报（人文社会科学版），2010（5）：150–154.

冯建军 . 普通高中教育资源公平配置问题与对策研究：以江苏省为例 [J]. 教育发展研究，2010（12）：1–7.

福尔 .1945 年以来的德国教育：概览与问题 [M]. 肖辉英，等译 . 北京：人民教育出版社，2002.

抚顺市社会科学院 . 抚顺年鉴 1997[M]. 沈阳：辽宁人民出版社，1997.

付艳萍 . 美国高中资优教育发展研究 [D]. 上海：华东师范大学，2016.

付艳萍 . 美国英才教育师资培养：政策与实践路径 [J]. 基础教育，2019（5）：103–112.

付艳萍 . 美国资优教育政策探究 [J]. 外国教育研究，2014（3）：33–40.

傅禄建 . 应当办好重点中学 [J]. 教育参考，1996（1）.

傅松涛，范明丽 . 美国天才儿童教育：学习权利社会保障的历史反思与启示 [J]. 比较教育研究，2006（11）：33–39.

高金峰，杨小微 . 从"倾斜"到示范：重点中学的存废之争及其超越 [J]. 基础教育，2011（2）：55–60.

高奇 . 新中国教育历程 [M]. 石家庄：河北教育出版社，1996.

顾明远 . 教育大辞典（增订合编本）（上、下）[M]. 上海：上海教育出版社，1998.

郭宇宽.精英和民粹，各有一亩三分地 [N].南方周末，2009–09–03.

国家教委.关于评估验收 1000 所左右示范性普通高级中学的通知 [EB/OL].（1995–
　　07–03）[2021–12–25].http：//www.chinalawedu.com/falvfagui/fg22598/21545.shtml.

韩骅.世纪交替中的德国中等教育 [J].比较教育研究，1993（2）：46–49.

杭州大学中德翻译中心，德国巴伐利亚文教部.德国巴伐利亚州教育制度 [M].杭
　　州：杭州大学出版社，1998.

何晓文.德育引领创新：华东师范大学第二附属中学创新人才培养的探索与实践
　　[M].上海：华东师范大学出版社，2009.

何雪莲.重点学校：从理念回归常识——与杨东平教授商榷 [J].教育科学研究，
　　2010（6）：20–23.

贺国庆.战后德国文理中学的发展与变革 [J].外国教育研究，1999（2）：17–20.

贺淑曼.天生我材必有用：英才教育学（修订版）[M].北京：教育科学出版社，2014.

胡金木.公平与效率的二重协奏：以改革开放以来"重点学校"政策的变迁为线
　　索 [J].中国教育学刊，2009（2）：10–13.

胡森.国际教育百科全书（9）[M].贵阳：贵州教育出版社，1990.

胡森.社会背景与学业成就 [M]// 张人杰，主编.国外教育社会学基本文选（修订
　　版）.上海：华东师范大学出版社，2008.

扈中平.教育目的论 [M].武汉：湖北教育出版社，2004.

扈中平.教育目的中个人本位论与社会本位论的对立与历史统一 [J].华南师范大
　　学学报（社会科学版），2000（2）：87–94.

黄华.从多轨制到双轨制：德国基础教育学制改革实证研究介评 [J].教育研究与
　　实验，2012（1）：40–45.

霍益萍.普通高中现状调研与问题讨论 [M].上海：华东师范大学出版社，2010.

姜英敏."高中平准化"时代的落幕：韩国高中多样化改革浅析 [J].比较教育研究，
　　2010（6）：43–47.

姜英敏.韩国高中入学制度改革刍议 [J].比较教育研究，2014（11）：69–73.

蒋永红.衡水中学的"水"究竟是什么？ [EB/OL].（2015–08–10）[2021–12–30].
　　http：//www.360doc.com/content/15/0810/10/6108446_490685008.shtml.

教育部普通教育一司 . 中学教育经验选编 [M]. 北京：人民教育出版社，1980.

金红莲 . 韩国英才考试选拔制度受到置疑 [J]. 基础教育参考，2005（6）：28.

金京泽 . 韩国科学英才教育的特色 [J]. 全球教育展望，2003（11）：72–76.

金生鈜 . 精英主义教育体制与重点学校 [J]. 教育研究与实验，2000（4）：18–21.

靳林 . 重点学校的形成及未来发展 [D]. 长春：东北师范大学，2007.

卡扎米亚斯，马西亚拉斯 . 教育的传统与变革 [M]. 福建师范大学教育系，等，合译 . 北京：文化教育出版社，1981.

科尔曼 . 教育机会均等的观念 [M]// 张人杰，主编 . 国外教育社会学基本文选（修订版）. 上海：华东师范大学出版社，2008.

孔凡琴 . 多维视阈下的英国高中教育办学模式研究 [D]. 长春：东北师范大学，2011.

雷晓云 . 精英教育：一个仍需关注的课题——兼论精英与精英教育的质的规定性 [J]. 现代大学教育，2001（4）：69–72.

李安增，王立胜 .1976—1982 年中国当代史 [M]. 北京：新华出版社，2004.

李绘，周玲 . 关于义务教育阶段重点学校、重点班的思考 [J]. 教学与管理，2004（10）：11–12.

李建民 . 从隐性到显性：日本英才教育政策及实践路径分析 [J]. 比较教育研究，2018（1）：30–36.

李进 . 上海教育发展 60 年重大事件纪实 [M]. 上海：上海教育出版社，2010.

李娜 . 英国布莱尔执政时期的重要教育政策研究 [D]. 上海：华东师范大学，2008.

李其龙，孙祖复 . 战后德国教育研究 [M]. 南昌：江西教育出版社，1995.

李其龙 . 德国教育 [M]. 长春：吉林教育出版社，2000.

李其龙 . 联邦德国教育与经济发展 [M]. 北京：人民教育出版社，1982.

李其龙 . 让每一个学生的特长得到充分发展：德国普通高中阶段课程研究 [J]. 全球教育展望，2002（3）：6，18–21.

李学彬 . 让所有中小学校来个大竞赛 [N]. 中国青年报，1981–11–21.

联合国教科文组织国际教育发展委员会 . 学会生存 [M]. 上海：上海译文出版社，1979.

梁忠义 . 日本注重英才教育的趋势 [J]. 外国教育研究，1979（1）：48–54.

林晓东.中国留学生在美国的课堂里遇到的最大挑战 [EB/OL].[2021–12–30].
　　http://blog.sina.com.cn/u/1741419815.

刘继和，赵海涛.韩国英才教育制度及启示 [J].比较教育研究，2012（12）：59–63.

刘凯.创建示范性高中不利于欠发达地区县域高中教育的均衡发展：甘肃省高中
　　教育资源县域内配置失衡问题研究 [J].中小学管理，2005（12）：12–13.

刘清华.美国大学先修课程 60 年：卓越与公平的互动 [J].高等教育研究，2014
　　（11）：102–109.

刘远碧.改革开放以来我国义务教育阶段的重点学校制度问题及其思考 [J].内蒙
　　古师范大学学报（教育科学版），2008（12）：11–16.

卢春.美国"科学、技术、工程和数学"（STEM）高中述评 [J].外国教育研究，
　　2011（12）：12–16.

卢乃桂，许庆豫.我国 90 年代学校分层及其教育平等效应分析 [J].教育研究与
　　实验，2001（4）：22–25，49.

卢梭.爱弥尔 [M].北京：人民教育出版社，1965.

陆兴发.韩国高中教育的发展和改革 [J].外国教育资料，1993（2）：77–81.

逯长春.浅谈"重点中学"政策对我国教育质量的长期影响 [J].教育探索，2012
　　（5）：23–25.

罗珏润.调整巩固提高 办好重点学校：试论重点学校的由来、作用及其发展方向
　　[J].黄石教师进修学院学报，1985（1）：49–53.

罗满元.体制创新与文化惯性 [N].中国青年报，2011–11–28（02）.

罗燕，文雯，马迪，等.精英的特质与选拔："清华大学本科新生入学调查"工具
　　的研究报告 [J].清华大学教育研究，2015（1）：53–59.

罗震雷.韩国科技英才的摇篮：京畿科学高等学校简介 [J].现代特殊教育，1997
　　（1）：48.

吕晓红.重点学校与基础教育之内在联系论略 [J].教育评论，1988（1）：36–39.

麻生诚，岩永雅也.创造的才能教育 [M].町田：玉川大学出版部，1997.

麻晓亮，李耀青，安雪慧.西部县级普通高中学校规模及办学条件研究 [J].中小
　　学管理，2008（12）：25–28.

马蓉.英国文法学校的历史特征及其教育启示[J].世界教育信息，2008（3）：58-60.

马少兵.重点高中相关利益主体博弈分析[J].教学与管理，2009（2）：5-7.

马婷婷.教育生态学视角下普通高中教育资源配置问题及对策研究：以宁夏回族自治区W市普通高中为例[D].长春：东北师范大学，2012.

麦克法夸尔，费正清.剑桥中华人民共和国史（1949—1965）[M].上海：上海人民出版社，1990.

美国新闻与世界报道.美国高中排名[EB/OL].[2021-11-16].http：//www.university-list.net/us/rank/school-100006.html.

潘习敏.试谈办重点学校的几个方面问题[J].内蒙古社会科学，1982（3）：27-30.

彭正梅.分轨还是合规：关于德国中等教育三元制的一些争论的考察[J].基础教育，2012（6）：112-118.

朴钟鹤.韩国英才教育的历史沿革与特点[J].比较教育研究，2010（4）：67-71.

钱理群.我的教师梦[M].上海：华东师范大学出版社，2008.

屈廖健，贺绍栋.重点学校制度的社会学再批判[J].江苏教育学院学报（社会科学），2011（2）：4-6.

瞿葆奎.英国教育改革[M].北京：人民教育出版社，1993.

瞿葆奎.联邦德国教育改革[M].北京：人民教育出版社，1991.

桑新民.90年代教育发展的趋势和提出的教育哲学课题[J].教师教育研究，1990（3）：6-12.

陕西师范大学教育研究所.陕甘宁边区教育资料（小学教育部分）[M].北京：教育科学出版社，1981.

沈文钦.自由教育与美好生活：施特劳斯学派自由教育观述评[J].北京大学教育评论，2006（1）：33-45.

施瓦布.第四次工业革命[M].世界经济论坛北京代表处，李菁，译.北京：中信出版社，2016.

束晓霞.走向优质均衡："重点高中"的发展困境与路径选择[J].江苏教育研究，2011（2A）：24-27.

S. 斯坦塞 . 美国的英才教育 [J]. 国外社会科学，1986（3）：43–44.

宋庆清 . 日本公立普通高中多样化改革研究 [D]. 上海：上海师范大学，2014.

宋全成，曹宪忠 . 论日本战后的教育改革 [J]. 日本研究，1993（2）：86–89.

宋石男 . 当代中国没有精英教育 [EB/OL].（2014–09–01）[2021–12–25].http：//
　　edu.qq.com/a/20140901/018067.htm.

苏霍姆林斯基 . 给教师的建议 [M]. 杜殿坤，编译 . 北京：教育科学出版社，1984.

隋子辉 . "无产阶级政治" 指导下的北京市中小学教育（1949—1966）[D]. 北京：
　　首都师范大学，2012.

孙昂 . 零距离看美国中学教育：从纽约中考到中国学生就读美国高中 [M]. 哈尔
　　滨：黑龙江教育出版社，2012.

孙昂 . 美国私立高中及其招生流程（上）[J]. 少年儿童研究，2015（5）：30–33.

孙传宏 . 直面于事情本身：对重点学校存废之争的审视 [J]. 教育参考，1996（5）.

孙金鑫，王刚 . 用好 "后发优势"：对中国英才教育政策的反思与建议 [J]. 教育科
　　学研究，2020（4）：16–23，61.

孙进 . 变革中的教育体制：新世纪德国普通中等教育改革 [J]. 比较教育研究，
　　2010（7）：36–40.

孙启林 . 战后韩国教育研究 [M]. 南昌：江西教育出版社，1995.

孙祖复 . 西德完全中学高级阶段的两次改革（上）[J]. 外国教育资料，1987（3）：
　　19–26.

索丰，孙启林 . 韩国基础教育 [M]. 上海：同济大学出版社，2015.

田慧生，田中耕治 .21 世纪的日本教育改革：中日学者的视点 [M]. 北京：教育科
　　学出版社，2009.

田以麟 . 今日韩国教育 [M]. 广州：广东教育出版社，1996.

汪辉，李志永 . 日本教育战略研究 [M]. 杭州：浙江教育出版社，2014.

汪怿 . 新时代人才强国战略：格局、变局、布局 [J]. 南京社会科学，2021（12）：
　　1–11，20.

王承绪，徐辉 . 战后英国教育研究 [M]. 南昌：江西教育出版社，1992.

王承绪 . 英国教育 [M]. 长春：吉林教育出版社，2000.

王定华. 德国基础教育质量提高问题的考察与分析 [J]. 中国教育学刊, 2008（1）: 10–16.

王定华. 为造就拔尖人才奠定基础：美国纽约三所重点高中调查 [J]. 课程·教材·教法, 2001（3）: 65–67.

王芳. 如何通过高中阶段赢得教育优势：对美国弗吉尼亚州大里士满地区公立高中的考察 [J]. 全球教育展望, 2014（3）: 73–87.

王后雄. "重点学校"问题及其背后之坎 [J]. 中国教育学刊, 2009（8）: 19–22.

王兰娟. 中世纪英国文法中学初探 [J]. 首都师范大学学报（社会科学版）, 2005（S1）: 8–16.

王善迈. 基础教育"重点校"政策分析 [J]. 教育研究, 2008（3）: 64–66, 89.

王棠, 徐仁声. 全面发展呢, 还是重点发展呢?[J]. 人民教育, 1955（4）: 52–53.

王蔚起. 从重点中学到示范性高中的转型研究 [D]. 长沙：湖南师范大学, 2010.

王香丽. 基础教育阶段重点学校制度对我国教育公平的影响 [J]. 教育评论, 2010（6）: 3–6.

王雪双, 孙进. 培育未来的科技英才：国外科学高中的培养模式与启示 [J]. 外国中小学教育, 2015（6）: 20–26.

吴俊升. 教育哲学大纲 [M]. 福州：福建教育出版社, 2011.

吴颖民. "重点学校"应向"优质教育品牌"转型 [J]. 中小学管理, 2004（3）: 18–21.

吴兆宏. 重点中学教育现象还将延续 [J]. 教育参考, 1996（2）.

武计苓. 保守与渐进：二战后英国公学改革研究 [D]. 上海：华东师范大学, 2017.

勿忽视资优教育 [N]. 新民晚报, 2005–05–25.

夏正江. 一个模子不适合所有的学生：差异教学的原理与实践 [M]. 上海：华东师范大学出版社, 2008.

夏正江. 重点中学损害教育平等吗?[J]. 教育发展研究, 2008（23）: 25–29.

夏正江, 蒋洁蕾. 重点高中存废的理论迷思 [J]. 全球教育展望, 2014（11）: 25–51.

肖广军. 韩国科学英才教育经验及启示 [J]. 教学与管理, 2014（24）: 154–156.

肖辉英.联邦德国五十年代经济奇迹探析 [J].世界历史，1998（5）：41–49.

肖甦.天赋与卓越：国际视野下英才教育的政策与实践 [M].上海：上海教育出版社，2020.

邢铁.文革后期中学生活忆述 [J].文史精华，2011（6）：30–35.

熊万曦.美国高中国际文凭课程发展研究 [J].比较教育研究，2015（3）：30–36.

徐辉，郑继伟.英国教育史 [M].长春：吉林人民出版社，1993.

阎琨，吴菡，张雨颀.社会责任感：拔尖人才的核心素养 [J].华东师范大学学报（教育科学版），2021（12）：28–41.

杨德广，宋丽丽.我国应着力于"超常"学生的选拔和培养：兼论"钱学森之问"的破解 [J].教育发展研究，2019（22）：1–9.

杨东平.告别重点学校 [J].南风窗，2005（7上）：33–35.

杨东平.中国教育公平的理想与现实 [M].北京：北京大学出版社，2006.

杨慧敏.美国基础教育 [M].广州：广东教育出版社，2004.

叶之红.关于拔尖创新人才早期培养的基本认识 [J].教育研究，2007（6）：36–42.

易红郡.从冲突到融合：20 世纪英国中等教育政策研究 [M].长沙：湖南教育出版社，2005.

易泓.美国英才教育的课程模式 [J].上海教育科研，2013（9）：62–63.

游永恒.深刻反省我国的教育"重点制" [J].教育学报，2006（2）：36–42.

友友.伊顿公学和精英教育 [M].北京：电子工业出版社，2011.

虞小茜.我在美国顶级私立高中游学 [J].课堂内外·高中版（A 版），2006（12）：16–19.

袁振国.论中国教育政策的转变：对我国重点中学平等与效益的个案研究 [M].广州：广东教育出版社，1999.

原青林.揭示英才教育的秘诀：英国公学研究 [M].哈尔滨：黑龙江人民出版社，2005.

岳建军.教育均衡发展视阈下"重点学校"的反思与其转型 [J].教育探索，2012（4）：89–91.

赞科夫.和教师的谈话 [M].杜殿坤，译.北京：教育科学出版社，1980.

张炳元. "重点学校"及其政策理应成为历史：兼与方勋臣同志商榷 [J]. 教育参考，
　　1996（5）.

张华. "重点学校"的消亡与"特色学校"的回归：与傅禄建同志商榷 [J]. 教育参
　　考，1996（2）.

张华. 我国高中教育发展方向：走向综合化 [J]. 全球教育展望，2014（3）：3-12.

张家勇. 日本高中考试招生制度探析 [J]. 世界教育信息，2013（21）：53-57.

张健柏. 解读精英教育之一 [EB/OL].（2009-08-08）[2021-12-25]. http：// mingchengbb95.
　　blog. 163. com/ blog/ static.

张可创，李其龙. 德国基础教育 [M]. 广州：广东教育出版社，2005.

张乐天. 告别理想：人民公社制度研究 [M]. 上海：东方出版中心，1998.

张淑细. 英国公学及其改革的历史演变 [J]. 教学与管理（中学版），2001（2）：
　　77-79.

张英伯，李建华. 英才教育之忧：英才教育的国际比较与数学课程 [J]. 数学教育
　　学报，2008（6）：1-4.

赵晋平. 从理科高中看日本的精英教育 [J]. 外国教育研究，2004（5）：24-28.

赵茜，席蓉，张慧丹，等. 普通高中招生政策对于教育公平的回应：2013 年各省
　　《中考招生工作实施意见》分析 [J]. 上海教育科研，2014（3）：5-9.

浙江省教育厅. 高等学校面向普通高中学生开发开设大学先修课程的指导意见
　　[EB/OL].（2012-10-12）[2021-12-30].http：//jwc.zisu.edu.cn/info/1161/1260.
　　htm.

郑太年，赵健. 国际视野中的资优教育：拔尖创新人才培养的理论、政策与实践
　　[M]. 上海：华东师范大学出版社，2012.

郑也夫. 吾国教育病理 [M]. 北京：中信出版社，2013.

中国教育年鉴编辑部. 中国教育年鉴（1949—1981）[M]. 北京：中国大百科全书
　　出版社，1984.

中国教育年鉴编辑部. 中国教育年鉴（1985—1986）[M]. 北京：中国大百科全书
　　出版社，1986.

中国教育年鉴编辑部. 中国教育年鉴 1994[M]. 北京：中国大百科全书出版社，1994.

中国普通高中教育发展战略研究课题组 . 中国普通高中教育发展战略研究 [M]. 北京：教育科学出版社，2011.

中国人民政治协商会议延安市委员会文史资料委员会 . 延安文史资料（第 6 辑）[M]. 延安：中国人民政治协商会议延安市委员会，1992.

中央教育科学研究所 . 中华人民共和国教育大事记（1949—1982）[M]. 北京：教育科学出版社，1984.

中泽涉，鲍威，冯倩倩 . 日本的影子教育：聚焦高中阶段的课外补习支出 [J]. 北京大学教育评论，2015（3）：17–28.

钟启泉 . "重点校"政策可以休矣 [J]. 教育参考，1996（1）.

周峰，高慎英 . 优质学校成因及其创建路径 [J]. 教育科学研究，2009（4）：28–31.

周海霞 . GB 还是 G9？：德国文理中学教育制度改革之再改革 [J]. 外国中小学教育，2013（8）：22–27.

周全华 . "文化大革命"中的"教育革命" [M]. 广州：广东教育出版社，1999.

周雁翎，周志刚 . 隐匿的对话：通识教育与自由教育的思想论争 [J]. 教书育人（高教论坛），2012（6）：17–23.

朱荣臻 . 河南省级示范性高中体育资源现状调查研究 [D]. 郑州：郑州大学，2011.

祝怀新 . 英国基础教育 [M]. 广州：广东教育出版社，2004.

禚琳 .19 世纪中叶至 20 世纪初英国公学的发展研究 [D]. 天津：天津师范大学，2019.

佐藤孝弘 . 日本教育不公平问题分析 [J]. 教育与经济，2010（2）：64–68.

二、外文部分

Abdulkadiroğlu A, Angrist J D, Pathak P A.The elite illusion：Achievement effects at Boston and New York exam schools [J].Econometrica, 2014（1）：137-196.

Aldrich R，Dean D，Gordon P.Education and Policy in England in the Twentieth Century[M].London：Routledge，1991.

Allodi M W，Rydelius P.Gifted children their school environments，mental health and specific needs：A study of Swedish teachers' knowledge and attitudes[R]. Paper Presented at the European Council for High Ability Conference, Prague, 2008.

An action plan for fixing the specialized high school admissions process[EB/OL]. [2021-09-12].http：//bronxboropres.nyc.gov/pdf/bxbp-actionplan-shsat.pdf.

Antoun M, Kronborg L, Plunkett M.Investigating lebanese primary school teachers' perceptions of gifted and highly able students[J].Gifted and Talented International, 2020（35）: 1-19.

Atkinson R D, Hugo J, Lundgren D, Shapiro M J, et al.Addressing the STEM challenge by expanding specialty math and science high schools[J].NCSSSMST Journal, 2007（2）, 14-23.

Betts J R, Rice L A, Zau A C, et al. Does School Choice Work? Effects on Student Integration and Achievement[M]. San Francisco：Public Policy Institute of California, 2006.

Bifulco R, Cobb C, Bell C. Can interdistrict choice boost student achievement? The case of connecticut's interdistrict magnet school program[J].Educational Evaluation and Policy Analysis, 2009（4）: 323-345.

Blair J C.Comprehensives have failed[EB/OL].（2011-01-30）[2020-06-28].http：// www.telegraph.co.uk.

Carrington N G, Bailey S B.How do preservice teachers view gifted students? Evidence from a NSW study[J].The Australia Journal of Gifted Education, 1999（1）: 18-22.

Carroll J. B. Human Cognitive Abilities：A survey of Factor-analytic Studies[M]. Cambridge：Cambridge University Press, 1993.

Chitty C.Towards a New Education System：The Victory of the New Right? [M]. London：Routledge, 1989.

Cobb C D, Bifulco R, Bell C. Evaluation of Connecticut's inter district magnet schools[EB/OL]. [2021-12-25].http：//www.education.uconn.edu/research/

CEPA/assets/Final Magnet Report.pdf.

ComRes.MIP Grammar Schools Poll[EB/OL].[2021-12-25].http：//www.ngsa.org.uk/ downloads/MIP_Grammar_Schools_Survey_April_2015.pdf.

Cooper C R.Myth 18：It is fair to teach all children the same way[J].Gifted Child Quarterly，2009（4）：283-285.

David D.Report on Independent Day Schools and Direct Grant Grammar Schools[M]. London：Her Majesty's Stationery Office，1970.

David H.The importance of teachers'attitude in nurturing and educating gifted children[J].Gifted and Talented International，2016（1）：71-80.

Davis T M. School choice and segregation："Tracking" racial equity in magnet schools[J].Education & Urban Society，2014（4）：399-433.

Demmer M.Arbeiterkinder müssen Superschüler sein ...um nach der Grundschule aufs Gymnasium zu gehen[N].Erziehung und Wissenschaft，2009-01-05.

Do away with grammar schools; they won't fix our broken education system[EB/ OL].（2013-12-18）[2021-12-25]. http：//www. telegraph. co. uk/education/ educationopinion/10524956/Do - away - with - grammar - schools - they - wont - fix - our - broken - education - system.html.

Edwards T.Separate But Equal? A Levels and GNVQs[M].London：Routledge，1997.

Ehmke，et al.PISA 2003-Der Bildungsstand der Jugendlichen in Deutschland- Ergebnisse des 2[M]. NewYork：International en Vergleiches，2004.

Elitist Britain? [EB/OL].（2014-08-28）[2021-12-25].https：//www.gov.uk/ government/uploads/system/uploads/attachment_data/file/347915/Elitist Britain- Final.pdf.

Esposito C L. School type and mathematics achievement：A comparison of magnet and public secondary schools using the Educational Longitudinal Study of 2002 Data Set[D]. Storrs：University of Connecticut，2010.

Eton College Admissions Booklet 2015-2016[EB/OL].[2021-12-25].http：//www. etoncollege.com/userfiles/files/Eton%20College%20Admissions%20Booklet%20

2015%20-%202016.pdf.

Eton College.Report and financial statements for the year ended 31 August 2014[EB/OL]. （2015-07-31）[2021-12-25].https：//www.cam.ac.uk/system/files/annual_report_2015.pdf.

Fend H.Schwerer Weg nach oben：Das Elternhaus entscheidet über den Bildungserfolg-unabhängig von der Schulform[N].Die Zeit，2008-01-04.

Frankenberg E，Siegel-Hawley G.The forgotten choice? Rethinking magnet schools in a changing landscape[EB/OL]. [2021-12-25].https：//civilrightsproject.ucla.edu/research/k-12-education/integration-and-diversity/the-forgotten-choice-rethinking-magnet-schools-in-a-changing-landscape.

Gagné F. Transforming gifts into talents：the DMGT as a developmental theory[J]. High Ability Studies，2004（2）：119-147.

Gardner H. Frames of Mind：The Theory of Multiple Intelligences [M].New York：Basic Books，1983.

Gary A. Davis，Sylvia B. Rlmm. Education of the Gifted and Talented（fourth edition）[M].Boston：Allyn and Bacon，1998.

Gifted Education Database.「국가 영재교육 프로그램 기준: 초·중학교 수학「개발 목적 [EB/OL].[2021-12-25].https：//ged.kedi.re.kr/intro/course/prostandard2.do.

Gifted Education Datebase. 영재교육 대상자 현황 추이 [EB/OL].[2021-12-25].https：//ged.kedi.re.kr/stss/main.do#download.

대치동아재 . 영재학교 비판 [EB/OL].（2019-05-20）[2021-12-25].https：//i-mentor.tistory.com/109.

Gootman E.In elite N.Y. schools，a dip in Black and Hispanics[N].New York Times，2006-08-18.

Harold P.The recruitment of elites in British society since 1800[J].Journal of Social History，1978（2）：222-234.

Houston Independent School District.Assessment of student performance in magnet programs 2006-2007[EB/OL].[2021-12-25].http：//www.houstonisd.org/

ResearchAccountability/Home/SP_Magnet/2007/Intro 2006-07.pdf.

Independent Schools Council.Year 13 exam results 2015 summary[EB/OL].（2015-12-16）[2021-12-25].http：//www.isc.co.uk/media/2907/2015_examresults_infographic_year13_isc.pdf.

Jensen A. R. The 'G' Factor：The Science of Mental Ability[M].Westport：Preager, 1989.

Jr Finn C E，Hockett J . Exam schools from the inside：Racially diverse，subject to collective bargaining，fulfilling a need[J]. Education Next，2012（12）.

Kariya T.Kaisoka Nihon to Kyoiku Kiki [M].Tokyo：Yushindo，2001.

King R.School and College：Studies of Post-sixteen Education[M].London：Routledge & Kegan，1976.

LaGuardia High School[EB/OL].[2020-11-16].https：//en.wikipedia.org/wiki/Fiorello_H._LaGuardia_High_School#cite_note-7.

Leffers J.Gesamtschule folgenlos，bildung wird vererbt[N].Der Spiegel，2008-01-03.

Lowe R.Education in the Post-War Years：A Social History[M].London：Routledge，1988.

Maclure S.Educational Documents：England and Wales，1816 to the Present Day[M].London：Methuen & Co.Ltd，1965.

Mazie S.Equality，race and gifted education：An egalitarian critique of admission to New York City's specialized high schools[J].Theory and Research in Education，2009（7）:5-25.

Matsumura，N.Giftedness in the culture of Japan[M]//Phillipson S，McCann M eds.Conceptions of Giftedness：Sociocultural Perspectives. Mahwah，NJ：Lawrence Erlbaum，2007.

Mickelson R A，Bottia M，Southworth S.School choice and segregation by race，class，and achievement[EB /OL].[2021-12-25].https：//nepc.colorado.edu/sites/default/files/CHOICE-08-Mickelson-FINAL-EG043008.pdf.

NAIS.How does NAIS serve its members?[EB/OL].（2021-09-12）[2021-11-02].

http：//www.nais.org/About/Pages/About-NAIS.aspx?src=utility.

National Center for Education Statistics.Characteristic of private schools in the united states：Results from the 2011-12 private school universe survey[EB/OL].（2013-03-16）[2021-11-12].http：//nces.ed.gov/pubs2013/2013316.pdf.

National Honor Society[EB/OL].[2021-10-23].http：//www.nhs.us/tabid/2126/default.aspx.

Opinion：The grammar school debate—An opportunity for distinctiveness?[EB/OL].（2012-01-26）[2021-12-25].http：//www.libdemvoice.org/opinion-the-grammar-school-debate-an-opportunity-for-distinctiveness-26805.html.

Owley J.Teaching strategies to facilitate learning for gifted and talented students[J].Australian Journal of Gifted Education，2008（2）：36-42.

Pathways to an elite education：Exploring strategies to diversify NYC's specialized high schools[EB/OL].[2021-09-02].http：//fiscalresearchcenter.issuelab.org/resources/21246/21246.pdf.

Penta M Q. Comparing student performance at program magnet，year-round magnet，and mon-magnet elementary schools[J].Evaluation and Research Report，2001（1）：1-12.

Pepper S.China's Universities：Post-Mao Enrollment Policies and Their Impact on the Structure of Secondary Education：A Research Report[M].Ann Arbor：University of Michigan，1984.

Phillips D.Education in Germany[M].London：Routledge，1995.

Pring R，Walford G.Affirming the Comprehensive Ideal[M].London：The Falmer Press，1997.

Reigate Grammar School. Entry at 11+ for entry in September 2022[EB/OL].[2021-12-25].https：//www.reigategrammar.org/admissions/entry-at-11/.

Rouse A L.The England of Elizabeth[M].Basingstoke，Hampshire：Palgrave Macmillan，1950.

Santos F.To be black at Stuyvesant High[N].The New York Times，2012-02-25.

Schagen I, Schagen S.Analysis of national value-added datasets to assess the impact of selection on pupil performance[J].British Educational Research Journal, 2003 (4): 561-582.

Siegel-Hawley G, Frankenberg E.Magnet school student outcomes: What the research says[EB/OL]. [2021-12-25].http: //www.prrac.org/pdf/DiversityResearchBriefNo6.pdf.

Spielhagen F R, Brown E F. Excellence versus equity: Political forces in the education of gifted students[M]// Cooper B S, Cibulka J G, Fusarelli L D, eds. Handbook of Education Politics and Policy .New York: Routledge, 2008.

Stanford offers admission to 2144 students, expands financial aid program [EB/OL]. (2015-03-27) [2021-09-10].https: //news.stanford.edu/news/2015/march/new-admits-finaid-032715.html.

Stephens W B.Education in Britain, 1750-1914[M].London: University College London, 1998.

Sternberg R J. Beyond IQ: A triarchic Theory of Human Intelligence[M]. Cambridge: Cambridge University Press, 1985.

Sternberg R J. The concept of intelligence and ite role in lifelong learning and success[J]. American Psychologist, 1997 (10): 1030-1037.

Stone L.The education revolution in England (1560-1640) [J].Past & Present, 1964 (28): 41-80.

Toppo G. 'Nation at Risk': The best thing or the worst thing for education?[EB/OL]. (2008-04-26) [2021-09-20].http: //www.usatoday.com/news/education/2008-04-22-nation-at-risk_N.htm.

Strauss R M.Reconstructing Los Angles magnet schools: Representations in newspapers[J].Peabody Journal of Education, 2004 (2): 98-121.

Sugiyama Y.Mothers of Mathematics Olympiad Students[M].Tokyo: Sho-gakukan, 2005.

Stone T.Do away with grammar schools: They won't fix our broken education

system[EB/OL].（2013-01-18）[2020-12-27].http：//www.telegraph.co.uk/
　　education/educationopinion/10524956/Do-away-with-grammar-schools-they-
　　wont-fix-our-broken-education-system.html.

The battle over who gets into elite public schools[EB/OL].（2019-05-09）[2020-08-25].
　　https：//www.edweek.org/leadership/the-battle-over-who-gets-into-elite-public-
　　high-schools/2019/05.

The Editors of Encyclopaedia Britannica.Public school British education[EB/OL].
　　[2021-12-25].https：//www.britannica.com/topic/public-school.

The great grammar school debate：See the experts' arguments for and against selective
　　education[EB/OL].（2014-11-26）[2021-12-25].http：//www.buckinghamtoday.
　　co.uk/news/more-news/the-great-grammar-school-debate-see-the-experts-
　　arguments-for-and-against-selective-education-1-6439432.

The making of a Harvard Feeder School [EB/OL].（2013-12-13）[2021-12-03].
　　https：//www.thecrimson.com/article/2013/12/13/making-harvard-feeder-
　　schools/.

The meaning of merit：Alternatives for determining admission to New York city's
　　specialized high schools[EB/OL].[2021-11-02].https：//www.naacpldf.org/wp-
　　content/uploads/CSS_MeaningOfMerit_finalWeb.pdf.

The role of selective high schools in equalizing educational outcomes：Using place-
　　based affirmative action to estimate heterogeneous effects by neighborhood
　　socioeconomic status[EB/OL].[2021-11-15].https：//www.minneapolisfed.org/
　　institute/working-papers/17-02.pdf.

Toppo G.'Nation at risk'：The best thing or the worst thing for education?[EB/OL].
　　（2008-04-26）[2021-09-20].http：//www.usatoday.com/news/education/2008-
　　04-22-nation-at-risk_N.htm.

Tücke M.Psychologie in der Schule，Psychologie für die Schule：Eine themenzentrierte
　　Einführung in die Psychologie für（zukünftige）Lehrer [M].Münster：LIT Verlag，
　　2005.

U.S.Department of Education.Office of Non-Public Education[EB/OL].（2021-06-29）
　　[2021-10-23].http：//www2.ed.gov/about/offices/list/oii/nonpublic/index.html.

Walford G.Private Schooling：Tradition，Change and Diversity[M].Liverpool：Paul
　　Chapman Publishing Ltd，1997.

Watts G.Teacher attitudes to the acceleration of the gifted：A case study from New
　　Zealand gifted and talented[J].Journal of the National Association for Gifted
　　Children，2006（1）：11-19.

Wiarda J-M.A new class of education[N].Guardian，2009-09-21.

Winstanley C.Too Clever by Half[M].London：Trentham Books Limited，2004.

Wright L B.Life and Letters in Tudor and Stuart England[M].New York：Cornell
　　University Press，1962.

Yale College by the numbers[EB/OL].[2021-10-09].https：//oir.yale.edu/yale-college-
　　numbers.

広島県立西条農業高等学校.令和3年度入学者選抜（I）（推薦入試）実施要
　　項[EB/OL].[2021-12-24].http：//www.saijyo-ah.hiroshima-c.ed.jp/r03nyushi/
　　R03senbatu1jissiyoukou.pdf.

이윤주.영재고 올해부터 중복 응시 불가…40%는 지역인재 뽑아[EB/OL].
　　（2021-05-02）[2021-12-25].https：//www.hankookilbo.com/News/Read/
　　A2021050215010000806.